GUIDE TO PRONUNCIATION

Ukrainian symbol	English equivalent
а	a in art
б	b in belt
в	v in very
г	h in her
ґ	g in get
д	d in day
е	e in end
є	ye or ie in yes
ж	zh in measure
з	z in zip
и	i in milk
і	i in steel
ї	yi in yippee
й	y in may
к	k in kind
л	l in tell
м	m in much
н	n in new
о	o in oil
п	p in pet
р	r in roof
с	s in sorry
т	t in tie
у	u in zoo
ф	f in far
х	ch in Bach
ц	ts in cats
ч	ch in child
ш	sh in shue
щ	shch in Irish church
ю	yu in unit
я	ya in young
ъ	'

ABBREVIATIONS USED IN THIS DICTIONARY

adj	adjective
adv	adverb
coll	collective
conj	conjunction
f	feminine
interj	interjection
m	masculine
n	neuter (Ukrainian-English Section)
n	noun (English-Ukrainian Section)
num	numeral
part	particle
pl	plural
prep	preposition
pron	pronoun
v	verb

UKRAINIAN-ENGLISH
DICTIONARY

А

абза́ц [abzats] *m* paragraph, section
аби́ [abi] *conj* that, in order that, in order to, if only
абіде [abide] *adv* wherever, no matter where
абиколи [abikoli] *adv* some time or other, any time
абикуди [abikudi] *adv* wherever, in any direction, at any place
абихто [abikhto] *pron* whoever, no matter who
абичий [abichiy] *pron* whose, whosoever
абищо [abishcho] *pron* anything at all
абияк [abiyak] *adv* somehow, no matter how
або́ [abo] *conj* or, else
аванту́ра [avantura] *f* adventure
авантурник [avanturnik] *m* adventurer
авдито́рія [avditoriya] *f* auditorium, listeners
авдіє́нція [avdiyentsiya] *f* audience
авже́ [avzhe] *adv* indeed, certainly, of course
авто́бус [avtobus] *m* bus, omnibus
автомобі́ль [avtomobil] *m* automobile, car
автонапува́лка [avtonapuvalka] *f* filling station
а́втор [avtor] *m* author
авторите́т [avtoritet] *m* authority

а́втошля́х [avtoshl'akh] *m* road, highway

адре́са [adresa] *f* address, direction

аж [azh] *conj* till, until, as much as, up to

а́збука [azbuka] *f* alphabet

академі́чний [akademichniy] *adj* academical

акомпаньяме́нт [akompanyament] *m* accompaniment

акт [akt] *m* deed, process

акр [akr] *m* acre, measure of land

акто́р [aktor] *m* actor, player

акце́нт [aktsent] *m* accent, accentuation, expression

але́ [ale] *conj* but, still, though, yet

а́нгел [anghel] *m* angel

а́ні [ani] *conj* not even, not so much as, neither, nor

апо́строф [apostrof] *m* apostrophe

апте́ка [apteka] *f* pharmacy, drug store

аре́шт [aresht] *m* jail, prison

аритме́тика [aritmetika] *f* arithmetic

а́рмія [armiya] *f* army

арти́кул [artikul] *m* article, term, paragraph

арти́ст [artist] *m* artist, actor, dancer, painter

атле́т [atlet] *m* athlete

ато́ [ato] *conj* otherwise, else, or; *adv* certainly, quite so

а́хати [akhati] *v* lament, sigh, moan

ая́кже [ayakzhe] *adv* of course, certainly, why not

Б

ба́ба [baba] *f* grandmother, old woman
ба́вити [baviti] *v* amuse, entertain
бага́тий [baghatiy] *adj* rich, wealthy
бага́то [baghato] *adv* much, many, richly
бага́тство [baghatstvo] *n* abundance, wealth
бажа́ти [bazhati] *v* desire, wish, yearn for
база́р [bazar] *m* bazaar, market place
байду́же [bayduzhe] *adv* indifferently,
equal, same
байду́жний [bayduzhniy] *adj* indifferent,
unconcerned
ба́йка [bayka] *f* tale, fable, trifle
баль [bal'] *m* ball, dance, banquet, feast
банду́ра [bandura] *f* bandura (an instrument)
банк [bank] *m* bank
ба́нька [ban'ka] *f* phial, ampulla, vial
бара́бо́ля [barabol'a] *f* potato
бара́н [baran] *m* ram
ба́рва [barva] *f* color, tint
бари́тися [baritis'a] *v* delay, prolong,
procrastinate
бати́г [batigh] *m* whip, switch
батьки́вщи́на [bat'kivshchina] *f* fatherland,
native country, inheritance
ба́тько [bat'ko] *m* father
ба́чити [bachiti] *v* see, view
бджола́ [bdzhola] *f* bee

безба́рвний [bezbarvniy] *adj* colorless, pale
безбо́жний [bezbozhniy] *adj* godless, irreligious
безглу́здий [bezghluzdiy] *adj* stupid, dull, absurd
безголо́в'я [bezgholovya] *n* anarchy, disorder, disaster
безгра́мотний [bezghramotniy] *adj* illiterate, unlearned
бездо́мний [bezdomniy] *adj* homeless
безжу́рний [bezzhurniy] *adj* carefree, cheerful, joyful
безконе́чний [bezkonechniy] *adj* endless, infinite
бе́злад [bezlad] *m* disorder, confusion, dissonance, anarchy
безпе́ка [bezpeka] *f* safety, security
безпе́чний [bezpechniy] *adj* certain, secure
безпоща́дний [bezposhchadniy] *adj* merciless
безра́дний [bezradniy] *adj* helpless
безробі́тний [bezrobitniy] *adj* unemployed, unoccupied, jobless
безси́лий [bezsiliy] *adj* powerless, weak, impotent
безсоро́мний [bezsoromniy] *adj* shameless, impudent, immodest
безсумні́вний [bezsumnivniy] *adj* doubtless, certain, reliable
безтала́нний [beztalanniy] *adj* unlucky, unfortunate

безýмний [bezumniy] *adj* insane, mad, foolish

бензúна [benzina] *f* benzene, gasoline

бéрег [beregh] *m* shore, coast, bank

берегтú [bereghti] *v* take care of, protect, guard; preserve

берéза [bereza] *f* birch

бéрезень [berezen'] *m* March

бесíда [besida] *f* language, conversation; discourse, talk

бесíдник [besidnik] *m* speaker, orator

бик [bik] *m* bull, steer

бúстрий [bistriy] *adj* quick, rapid, swift; cunning

бúтва [bitva] *f* battle, fight, combat

бúти [biti] *v* beat, hit, strike

бúтися [bitis'a] *v* fight, strugle, combat

бібліотéка [biblioteka] *f* library

Бíблія [bibliya] *f* Bible, the scriptures

бíгати [bighati] *v* run

бідá [bida] *f* misfortune, calamity, need, harm

бíдний [bidniy] *adj* poor, miserable, needy, indigent

бій [biy] *m* fight, battle, contest

бік [bik] *m* side, flank, edge

білúзна [bilizna] *f* wash, linen

бíлка [bilka] *f* squirrel

бíля [bil'a] *prep* near, about, at, on; *adv* almost, somewhat

біль [bil'] *m* ache, pain

більйóн [bilyon] *m* billion

більш [bil'sh] *adv* more, any longer, more greatly

бíльший [bil'shiy] *adj* greater, taller, older, considerable

більш-менш [bil'sh-mensh] *adv* more or less

біогрáфія [bioghrafiya] *f* biography

біолóгія [biologhiya] *f* biology

біфстéкс [bifsteks] *m* beefsteak

бíчний [bichniy] *adj* side, lateral

благáння [blaghan'a] *n* supplication, prayer

благословéння [blaghosloven'a] *n* blessing, benediction

благословúти [blaghosloviti] *v* bless, praise, glorify

блúжній [blizhniy] *m* neighbor, kin, fellow man

близ [bliz] *m* neighborhood, proximity

близькúй [bliz'kiy] *adv* near, close, familiar, intimate

блúзько [bliz'ko] *adv* approximately, closely

блúмати [blimati] *v* glitter, sparkle, blink

блúск [blisk] *m* splendor, lucidity

блúскати [bliskati] *v* lighten, flash

блискýчий [bliskuchiy] *adj* glimmering, brilliant, bright

блúснути [blisnuti] *v* flash, burst out

блідúй [blidiy] *adj* pale, wan

блуд [blud] *m* error, fault
блю́за [bl'uza] *f* blouse, jacket
бо [bo] *conj* for, because
Бог [bogh] *m* God
бо́ком [bokom] *adv* sideways, to the side
бокс [boks] *m* boxing, fist fight
болі́ти [boliti] *v* suffer pain, be ailing
боло́то [boloto] *n* swamp, mud, dirt
болю́чий [bol'uchiy] *adj* aching, sore,
painful
боля́чка [bol'achka] *f* abcess, rankling wound
борг [borgh] *n* credit, trust
боргува́ти [borghuvati] *v* credit, sell (buy)
on credit
борода́ [boroda] *f* beard, chin
борони́ти [boroniti] *v* defend, prohibit
боро́тися [borotis'a] *v* fight, wrestle
боротьба́ [borot'ba] *f* fight, combat, struggle
борщ [borshch] *m* borshch, beet soup
бо́сий [bosiy] *adj* barefoot
бо́ханець [bokhanets'] *m* loaf
боя́тися [boyatis'a] *v* fear, dread
брак [brak] *m* lack, want, absence, defect
бракува́ти [brakuvati] *v* lack, be absent, be
wanting
бра́ма [brama] *f* gate, portal
бра́нець [branets'] *m* captive, recruit
брат [brat] *m* brother
бра́ти [brati] *v* take, receive, obtain
бра́тися [bratis'a] *v* begin, undertake

бра́тній [bratniy] *adj* brotherly, friendly
бра́тство [bratstvo] *n* fraternity, comradeship
бреха́ти [brekhati] *v* lie, bark
брехня́ [brekhn'a] *f* lie, fiction
бридки́й [bridkiy] *adj* ugly, nasty
бриль [bril'] *m* hat
бри́тва [britva] *f* razor
брова́ [brova] *f* eyebrow
броди́ти [broditi] *v* wander, wade
брудни́ти [brudniti] *v* dirty, soil
бува́ти [buvati] *v* be, happen, exist
бу́вший [buvshiy] *adj* former, past
бу́день [buden'] *m* work day, ordinary day
буди́льник [budil'nik] *m* alarm clock
буди́нок [budinok] *m* building, structure
будо́ва [budova] *f* construction, building
будува́ти [buduvati] *v* build, fabricate
бу́дучий [buduchiy] *adj* future, coming
бу́дьто [bud'to] *conj* as if, as though
будь-хто́ [bud'-khto] *pron* anyone, anybody
будь-чи́й [bud'-chiy] *pron* anybody's
будь-що́ [bud'-shcho] *pron* anything
будь-яки́й [bud'-yakiy] *pron* whoever,
anyone
бу́йний [buyniy] *adj* violent, wild
бу́ква [bukva] *f* letter
буква́р [bukvar] *m* primer reader
бу́лка [bulka] *f* roll, bun
бу́льба [bul'ba] *f* potato, tuber
бунт [bunt] *m* riot, mutiny

бу́ря [bur'a] *f* storm, tempest
буря́к [bur'ak] *m* beet
бу́ти [buti] *v* be, exist, become
бюро́ [b'uro] *n* office, bureau
бюст [b'ust] *m* bust

В

в [v] *prep* in, at, to, on, upon, within
ва́га [vagha] *f* weight, load, scale
ва́жити [vazhiti] *v* weigh, measure, balance
важки́й [vazhkiy] *adj* heavy, disagreeable, hard
ва́жко [vazhko] *adv* heavily, ponderously
важли́вий [vazhliviy] *adj* significant, important, heavy
вака́ції [vakatsiyi] *n pl* vacation
вали́ти [valiti] *v* throw down, overturn, upset
валі́за [valiza] *f* suitcase, handbag
валю́та [val'uta] *f* value, stock, worth
ва́нна [vana] *f* bathtub
ванта́жити [vantazhiti] *v* load, burden, ship
варе́ник [varenik] *m* boiled dough stuffed with either cheese, potato or fruit
ва́рення [varen'a] *n* cooking, food
варе́ння [varen'a] *n* jam, preserved fruit
вари́ти [variti] *v* boil, cook

ва́ртість [vartist'] *f* value, price, cost

вартува́ти [vartuvati] *v* keep watch, guard over, be worth, cost

варя́г [var'agh] *m* Varangian

вас [vas] *pron* you

вахля́р [vakhl'ar] *m* fan

вбира́ти [vbirati] *v* dress, put in order, decorate, absorb

вбира́тися [vbiratis'a] *n* dress oneself

вважа́ти [vvazhati] *v* mind, pay attention, consider, watch

вве́чері [vvecheri] *adv* in the evening

вво́дити [vvoditi] *v* lead in, introduce, lead into error

вво́зити [vvoziti] *v* import, bring in

вгада́ти [vghadati] *v* guess, conjecture

вгина́ти [vghinati] *v* bend inwards, push inside

вго́лос [vgholos] *adv* loudly

вго́ру [vghoru] *adv* uphill, upwards

вгоща́ти [vghoshchati] *v* entertain one's guest, feast

вдава́ти [vdavati] *v* imitate, copy, affect, pretend

вда́рити [vdariti] *v* strike, hit, beat

вді́ве́ць, вдова́ [vdivets', vdova] *m, f* widower, widow

вдово́лений [vdovoleniy] *adj* satisfied, pleased, delighted

вдово́лення [vdovolen'a] *n* satisfaction, delight

вдо́ма [vdoma] *adv* home, at home

вдо́світа [vdosvita] *adv* at dawn, before sunrise

вдру́ге [vdrughe] *adv* once more, again

вдя́чний [vd'achniy] *adj* grateful, thankful

вдя́чність [vd'achnist'] *f* thankfulness, gratitude

ведмі́дь [vedmid'] *m* bear

ве́жа [vezha] *f* tower

везти́ [vezti] *v* carry, transport

Вели́кдень [velikden'] *m* Easter

вели́кий [velikiy] *adj* large, important

ве́лич [velich] *f* greatness, sublimity, majesty

величина́ [velichina] *f* greatness, size, bulk

ве́льми [vel'mi] *adv* greatly, exceedingly, most

вельосипе́д [vel'osiped] *m* bicycle

ве́на [vena] *f* vein, artery

верблю́д [verbl'ud] *m* camel

ве́ресень [veresen'] *m* September

верну́ти [vernuti] *v* return, bring back, restore, turn

верта́ти [vertati] *v* return, restore

верх [verkh] *m* top, upper part, crest

весе́лий [veseliy] *adj* cheeful, joyous

весели́тися [veselitis'a] *v* cheer, rejoice, amuse oneself

весе́лість [veselist'] *f* gaiety, gladness, good humor

весе́лка [veselka] *f* rainbow

ве́село [veselo] *adv* merrily, cheerfully

весі́лля [vesil'a] *n* wedding, wedding feast

весна́ [vesna] *f* spring

вести́ [vesti] *v* lead, conduct, direct

весь [ves'] *pron* whole, total, complete

ве́чір [vechir] *m* evening, eve

вже [vzhe] *adv* already, ready

вжива́ти [vzhivati] *v* use, employ, enjoy

взагалі́ [vzaghali] *adv* altogether, above all, in general

взад [vzad] *adv* back, backwards

взір [vzir] *m* pattern, example, type

взуття́ [vzut'a] *n* footwear

взя́ти [vz'ati] *v* take, take away

ви [vi] *pron* you

вибача́ти [vibachati] *v* forgive, excuse

ви́бачення [vibachen'a] *n* forgiveness, apology

вибива́ти [vibivati] *v* beat, knock out

вибира́ти [vibirati] *v* select, take out, excavate

вибіга́ти [vibighati] *v* run out

ви́бір [vibir] *m* choice, selection

ви́бори [vibori] *noun pl* elections

ви́будувати [vibuduvati] *v* build up, erect, raise, rear

ви́вірка [vivirka] *f* squirrel

виво́дити [vivoditi] *v* lead, take out

виво́зити [vivoziti] *v* transport, clear away, remove

вивча́ти [vivchati] *v* learn, teach, instruct

вигі́дний [vighidniy] *adj* convenient, favorable, easy

вигляда́ти [vighl'adati] *v* look

виго́да [vighoda] *f* convenience, accommodation, comfort

виго́нити [vighoniti] *v* drive out, exile, turn out

виготовля́ти [vighotovl'ati] *v* prepare, make ready

вигріва́ти [vighrivati] *v* warm, make warm

видава́ти [vidavati] *v* give out, spend, issue

видаве́ць [vidavets'] *m* editor, publisher

вида́ння [vidan'a] *n* edition, giving a daughter in marriage

виде́льце [videl'tse] *n* fork

види́мий [vidimiy] *adj* evident, clear, visible

ви́діти [viditi] *v* see, view

ви́дний [vidniy] *adj* clear, visible, evident

ви́дужати [viduzhati] *v* recover health, grow better

ви́зволення [vizvolen'a] *n* release, deliverance, liberation

ви́зволити [vizvoliti] *v* free, set at liberty, release

ви́здоровити [vizdoroviti] *v* make well, cure

визича́ти [vizichati] *v* lend, loan

визнача́ти [viznachati] *v* set, settle, designate
ви́значний [viznachniy] *adj* distinguished, excellent
виїжджа́ти [viyizhdzhati] *v* set out, depart
ви́їзд [viyizd] *m* departure
ви́їмок [viyimok] *m* exception
ви́йняти [viyn'ati] *v* take out, extract
ви́йняток [viyn'atok] *m* exception
ви́йти [viyti] *v* go out
викида́ти [vikidati] *v* eject, bring up, avoid, reproach
викі́нчувати [vikinchuvati] *v* finish, close, accomplish
ви́кликати [viklikati] *v* call out
ви́копати [vikopati] *v* dig out
викре́слювати [vikresl'uvati] *v* cancel, sketch, draw
ви́крутка [vikrutka] *f* screwdriver
викру́чувати [vikruchuvati] *v* turn up, screw up
ви́купатися [vikupatisya] *v* bathe, wash
викупля́ти [vikupl'ati] *v* buy, ransom
вилива́ти [vilivati] *v* overflow, spill
вимага́ти [vimaghati] *v* require, demand, claim
вимі́на [vimina] *f* barter, exchange, interchange
ви́міняти [vimin'ati] *v* barter, exchange
вимі́рювати [vimir'uvati] *v* measure, survey

вимо́ва [vimova] *f* pronunciation, excuse, reproach

вимовля́ти [vimovl'ati] *v* pronounce, utter

вимо́га [vimogha] *f* requirement, necessity

вина́ [vina] *f* guilt, offense, fault

ви́нагоро́да [vinaghoroda] *f* reward, gratuity

винагоро́джувати [vinaghorodzhuvati] *v* reward, recompense

ви́нахід [vinakhid] *m* invention, discovery

ви́нен [vinen] *adj* guilty, owing

ви́нести [vinesti] *v* carry out, remove, elevate, praise

вино́ [vino] *n* wine, spade (of cards)

виногра́д [vinoghrad] *m* grapes, grape vine

вино́сити [vinositi] *v* wear out, take or carry away

випада́ти [vipadati] *v* fall out

ви́падок [vipadok] *n* accident, case, chance

випива́ти [vipivati] *v* drink out, empty

випи́тувати [vipituvati] *v* inquire, investigate

випомина́ти [vipominati] *v* reproach, warn

ви́правдати [vipravdati] *v* justify, apologize, discharge

виправля́ти [vipravl'ati] *v* dress, send, equip, correct

ви́працювати [viprats'uvati] *v* work out, elaborate

випуска́ти [vipuskati] *v* let out, set free, drop

ви́раз [viraz] *m* utterance, term, expression

вираховувати [virakhovuvati] *v* calculate, count

вирізати [virizati] *v* cut out, carve, slaughter

виробити [virobiti] *v* work out, produce

виростати [virostati] *v* grow up

вирубати [virubati] *v* cut out, kill off

висипати [visipati] *v* pour out, scatter

висихати [visikhati] *v* dry up, waste, wither

вислати [vislati] *v* send, dispatch, deport

вислухати [vislukhati] *v* hear, lend an ear

високий [visokiy] *adj* high, tall, superior

висота [visota] *f* altitude, height

вити [viti] *v* weave, twist

витирати [vitirati] *v* wipe out, efface

витримати [vitrimati] *v* resist, endure

витягати [vit'aghati] *v* extract, stretch out, exact, obtain

вихід [vikhid] *m* exit, way out

виховати [vikhovati] *v* bring up, breed, educate

виходжувати [vikhodzhuvati] *v* look, face, front

виходити [vikhoditi] *v* come out, issue, appear

вичекати [vichekati] *v* wait with patience

вичислювати [vichisl'uvati] *v* count out, calculate

вишня [vishn'a] *f* cherry tree

вище [vishche] *adv* higher

ви́яснення [viyasnen'a] *n* explanation, clarification

вия́снювати [viyasn'uvati] *v* explain, clarify, clear up

вівто́рок [vivtorok] *m* Tuesday

вівця́ [vivts'a] *f* sheep, ewe

від [vid] *prep* from, since

відбува́ти [vidbuvati] *v* complete, perform

відва́га [vidvagha] *f* courage, spirit

відва́жний [vidvazhniy] *adj* courageous, brave, resolute

відві́дати [vidvidati] *v* visit, call on

відв'яза́ти [vidv'azati] *v* unbind, loosen

відгомін [vidghomin] *m* echo, reaction, reception

ві́дгук [vidghuk] *m* echo, response, report, noise, intelligence

ві́ддаль [vidal'] *f* distance, remoteness

ві́ддих [vidikh] *m* distance, remoteness

віддиха́ти [vidikhati] *v* breathe, respire, rest

відді́лювати [vidil'uvati] *v* part, divide, separate

віде́о [video] *n* videotape recorder

віджива́ти [vidzhivati] *v* revive, come back to life

відійти́ [vidiyti] *v* go away, leave, digress, die

ві́дки [vidki] *adv* from where, whence

відкида́ти [vidkidati] *v* throw back, abandon, reject

відкладáти [vidkladati] *v* lay aside, save

відкóли [vidkoli] *adv* since, how long since?

відкривáти [vidkrivati] *v* uncover, expose, detect

відкрýчувати [vidkruchuvati] *v* untwist, screw off

відмикáти [vidmikati] *v* open, unlock

відмíна [vidmina] *f* alteration, variation, conjugation

відмовлáти [vidmovl'ati] *v* deny, repeat, charm, answer

відморóжувати [vidmorozhuvati] *v* freeze, suffer frost bite

відóмий [vidomiy] *adj* known, famous

відóмість [vidomist'] *f* information, intelligence

відповідáти [vidpovidati] *v* answer, correspond with, warrant

відповíдний [vidpovidniy] *adj* conforming, suitable

відпочивáти [vidpochivati] *v* rest, refresh oneself

відпочúнок [vidpochinok] *m* rest, respite

відрáзу [vidrazu] *adv* at once, suddenly

відрó [vidro] *n* bucket, pail

відсилáти [vidsilati] *v* send back, dismiss, return

відспíвувати [vidspivuvati] *v* sing a song, answer by singing

відтáк [vidtak] *adv* then, afterwards

відта́м [vidtam] *adv* from there, thence
відтоді́ [vidtodi] *adv* from then
відхі́д [vidkhid] *m* departure, parting
відхо́дити [vidkhoditi] *v* move away, go off, stand back
відчиня́ти [vidchin'ati] *v* open, disclose
відчува́ти [vidchuvati] *v* feel, experience, sympathize
відчуття́ [vidchutya] *n* feeling, sensitivity, sympathy
війна́ [viyna] *f* war
ві́йсько [viys'ko] *n* soldiers, army
вік [vik] *m* age, century
вікно́ [vikno] *n* window
ві́льний [vil'niy] *adj* free, unmarried, spare, loose
ві́льно [vil'no] *adv* freely, easily
він, вона́, воно́, вони́ [vin, vona, vono, voni] *pron* he, she, it, they
вінча́ти [vinchati] *v* unite in marriage, crown
ві́ра [vira] *f* belief, trust
ві́рити [viriti] *v* believe, keep faith
ві́рний [virniy] *adj* loyal, faithful, true, just, right
ві́рно [virno] *adv* faithful, correctly
вірш [virsh] *m* verse
ві́сім [visim] *num* eight
вісімдеся́т [visimdes'at] *num* eighty
вісімна́дцять [visimnadts'at'] *num* eighteen

вíсник [visnik] *m* messenger, announcer
вíстка [vistka] *f* news, rumor
вітáти [vitati] *v* welcome, invite
вíтер [viter] *m* wind, breeze
вíтка [vitka] *f* twig, branch
вітчúзна [vitchizna] *f* fatherland
вíчний [vichniy] *adj* eternal, immortal
вíшати [vishati] *v* hang up, suspend
в'їзд [vyizd] *m* entry, arrival
вкóло [vkolo] *adv* around, about
владúка [vladika] *m* lord, sovereign
влáсне [vlasne] *adv* just, really, exactly
влáсний [vlasniy] *adj* own, proper
вниз [vniz] *adv* down, downward
внóсити [vnositi] *v* bring in
вночí [vnochi] *adv* at night
вовк [vovk] *m* wolf
вóвна [vovna] *f* wool
вогóнь [voghon'] *m* fire, discharge
водá [voda] *f* water
водогрáй [vodoghray] *m* fountain, waterspout
водóйма [vodoyma] *f* reservoir
водянúй [vod'aniy] *adj* aquatic, watery
возúти [voziti] *v* carry, transport
волíти [voliti] *v* prefer, like better
волóсся [volos'a] *n* hair
вóля [vol'a] *f* freedom, will
вонá [vona] *pron* she
вонú [voni] *pron* they
вонó [vono] *pron* it

ворог [vorogh] *m* enemy, adversary
вороже [vorozhe] *adv* with hostility
ворожий [vorozhiy] *adj* hostile
ворон [voron] *m* raven
ворона [vorona] *f* crow
ворота [vorota] *noun pl* gates, entrance, entryway
воскресати [voskresati] *v* resurrect, revive
воскресіння [voskresin'a] *n* resurrection
воювати [voyuvati] *v* war, wage war
вояк [voyak] *m* soldier, warrior
вперед [vpered] *adv* before, first, forward!
вписатися [vpisatis'a] *v* register
вправа [vprava] *f* exercise, practice
вправний [vpravniy] *adj* trained, capable, used to
вправо [vpravo] *adv* to the right
враження [vrazhen'a] *n* impression, sensation
вранці [vrantsi] *adv* in the morning
врешті [vreshti] *adv* at last, at length, finally
врода [vroda] *f* beauty, grace
врожай [vrozhay] *m* harvest, crop
врожайність [vrozhaynist'] *f* fertility
врозріз [vrozriz] *adv* contrary
врозсип [vrozsip] *adv* dispersedly
вростати [vrostati] *v* grow in
вручення [vruchen'a] *n* handling
все [vse] *pron* everything, though
Всевишній [vsevishniy] *m* Almighty

вселе́нна [vselena] *f* universe, world
вселя́ти [vsel'ati] *v* install, quarter
вселя́тися [vsel'atis'a] *v* settle, abide
всемогу́тність [vsemoghutnist'] *f* omnipotence, almightiness
всенаро́дній [vsenarodniy] *adj* nationwide
всере́дині [vseredini] *pron* inside, in the middle
всє́світ [vsesvit] *n* universe, cosmos
всеси́льний [vsesilniy] *adj* omnipotent
всє́-таки [vse-taki] *adv* though, for all that, nevertheless
всиле́ння [vsilen'a] *n* suggestion, hint, prompting, threading a needle
всиля́ти [vsil'ati] *v* suggest, hint, prompt, thread a needle
в си́лу [v silu] *adv* hardly
вслід [vslid] *adv* after, following
всміха́тися [vsmikhatis'a] *v* smile
встава́ти [vstavati] *v* stand up, get up, rise
встид [vstid] *m* shame, bashfulness
вставля́ти [vstavl'ati] *v* insert, put in
вступа́ти [vstupati] *v* enter, step in
всю́ди [vs'udi] *adv* everywhere, anywhere
вся́кий [vs'akiy] *pron* every kind of
втє́ча [vtecha] *f* flight, escape, retreat
втира́ти [vtirati] *v* rub in, wipe
втіка́ч [vtikach] *m* refugee
вто́млений [vtomleniy] *adj* fatigued, languid
втра́та [vtrata] *f* loss, damage

втрача́ти [vtrachati] *v* lose, forfeit, waste, give up

ву́голь [vugol'] *n* coal, pit

вуди́ти [vuditi] *v* to fish

вуж [vuzh] *m* grass snake, serpent

ву́зьки́й [vuz'kiy] *adj* narrow, straightened, restricted

ву́лиця [vulits'a] *f* street

ву́личка [vulichka] *f* lane, alley

вус [vus] *m* mustache

вуста́ [vusta] *noun pl* lips

ву́хо [vukhc] *n* ear

вхід [vkhid] *m* entrance, entry

вхо́дити [vkhoditi] *v* enter, go into details

в'яза́ти [vyazati] *v* tie, unite, connect

в'я́зень [vyazen'] *m* prisoner, inmate

в'язни́ця [vyaznits'a] *f* prison

Г

га́дка [ghadka] *f* thought, intention

гаї́вка [ghayivka] *f* Easter spring song

гай [ghay] *m* grove, wood

га́лас [ghalas] *m* noise, fuss, cry

га́лка [ghalka] *m* crow, pebble

галу́зка [ghaluzka] *f* small branch

га́лузь [ghaluz'] *f* branch, twig

га́льма [ghal'ma] *f* brakes, obstacle

га́ньба́ [ghan'ba] *f* shame, disgrace, reproach
ганьби́ти [ghan'biti] *v* blame, censure
гаптува́ти [ghaptuvati] *v* embroider
гара́зд [gharazd] *adv* very, exceedingly
гарбу́з [gharbuz] *m* pumpkin
га́рний [gharniy] *adj* beautiful, fine
га́рно [gharno] *adv* well, fine, admirably
га́ряче́ [ghar'ache] *adv* hotly, eagerly, passionately
гаря́чий [ghar'achiy] *adj* hot, burning, strong, recent
гаря́чка [ghar'achka] *f* fever
гас [ghas] *m* gasoline, petrol
гаси́ти [ghasiti] *v* extinguish
герб [gherb] *m* coat of arms, crest
герої́чний [gheroyichniy] *adj* heroic
геро́й [gheroy] *m* hero
ги́нути [ghinuti] *v* die, be lost
гілля́ [ghil'a] *f* branch, twig
гірки́й [ghirkiy] *adj* bitter, sad, caustic
гі́рко [ghirko] *adv* bitterly, sadly
гірськи́й [ghirs'kiy] *adj* mountain, mountainous
гість [ghist'] *m* guest, caller
гла́дити [ghladiti] *v* smooth, iron, caress
гладі́нь [ghladin'] *f* smoothness
гладки́й [ghladkiy] *adj* smooth, flat, slippery, fat, polite
глиби́нь [ghlibin'] *f* depth, abyss
глибо́кий [ghlibokiy] *adj* profound, deep

глибо́ко [ghliboko] *adv* deeply
глухи́й [ghlukhiy] *adj* deaf, dull, dark
глуши́ти [ghlushiti] *v* deafen, stun, stunt
гляда́ч [ghl'adach] *m* observer, searcher, spectator
гляді́ти [ghl'aditi] *v* look at, view, supervise
гна́ти [ghnati] *v* drive away, pursue, run swiftly
гнили́й [ghniliy] *adj* rotten, corrupt, lazy
гни́ти [ghniti] *v* rot, decay
гнів [ghniv] *m* anger, indignation
гні́ватися [ghnivatis'a] *v* be angry, fume
гніздо́ [ghnizdo] *n* nest, comfortable home
гну́ти [ghnuti] *v* curve, bow
говори́ти [ghovoriti] *v* speak, converse
годи́на [ghodina] *f* hour, time
годи́нник [ghodinik] *m* watch, clock
годи́ти [ghoditi] *v* please, satisfy
годи́тися [ghoditis'a] *v* fit, suit, agree, bargain
годува́ти [ghoduvati] *v* feed, fatten
го́лий [gholiy] *adj* naked, uncovered
голи́ти [gholiti] *v* shave
голи́тися [gholitis'a] *v* shave oneself, be shaved
го́лка [gholka] *f* needle
голова́ [gholova] *f* head, comprehension, leader
го́лод [gholod] *m* famine, scarcity
голо́дний [gholodniy] *adj* hungry, famished

голодувати [gholoduvati] *v* hunger, starve

голос [gholos] *m* voice, sound

голосити [gholositi] *v* speak loudly, sob, wail, proclaim

голосний [gholosniy] *adj* loud, noisy, famous, renowned

голосно [gholosno] *adv* loudly, noisily

голосування [gholosuvan'a] *n* act of voting

голосувати [gholosuvati] *v* vote, ballot

голуб [gholub] *m* pigeon

голубий [gholubiy] *adj* azure, columbine

голубити [gholubiti] *v* to pet, caress, fondle

голубка [gholubka] *f* dove; dear, darling

голубці [gholubtsi] *coll* cabbage rolls

голяр [ghol'ar] *m* barber

голярня [ghol'arn'a] *f* barber shop

гомін [ghomin] *m* noise, echo, resonance

гомоніти [ghomoniti] *v* sound, murmur, spread gossip

гонити [ghoniti] *v* drive, pursue

гопак [ghopak] *m* hopak (Ukrainian dance)

гора [ghora] *f* mountain, height, eminence

гордий [ghordiy] *adj* proud, majestic

гордість [ghordist'] *f* pride

горіти [ghoriti] *v* burn, flame

горло [ghorlo] *n* throat

город [ghorod] *m* city, town

горнило [ghornilo] *n* fireplace, hearth, melting-pot

горну́ти [ghornuti] *v* gather together, embrace

горну́тися [ghornutis'a] *v* press closely together, embrace one another, to apply oneself to, to be eager about

горобе́ць [ghorobets'] *m* sparrow

горо́д [ghorod] *m* kitchen garden

горо́дина [ghorodina] *f* vegetables

городи́ти [ghoroditi] *v* fence, enclose

горщо́к [ghorshchok] *m* pot, flower pot

госпо́дар [ghospodar] *m* master of the house, host

господарюва́ти [ghospodar'uvati] *v* to keep the house, manage or administer an estate

господи́ня [ghospodin'a] *f* housekeeper, mistress of the houshold, landlady, hostess, wife, housewife

гости́на [ghostina] *f* visit, entertainment, hospitality

гости́нний [ghostiniy] *adj* hospitable, friendly

гости́нність [ghostinist'] *f* hospitality

гости́ти [ghostiti] *v* entertain, be a host, be a guest

го́стрий [ghostriy] *adj* sharp, smart, subtle, severe, biting

гостри́ти [ghostriti] *f* to sharpen, grind

го́стро [ghostro] *adv* sharply, strictly, attentively, abruptly

гото́вий [ghotoviy] *adj* ready, apt

готóвити [ghotoviti] *v* prepare, arrange, cook

гра [ghra] *f* game, play, sport

граб [ghrab] *m* elm-tree, hornbeam

грáбар [ghrabar] *m* digger, grave-digger, undertaker

град [ghrad] *m* hail, volley

грамáтика [ghramatika] *f* grammar

грáмота [ghramota] *f* reading and writing, document, decree, edict, diploma, scroll

грáмотний [ghramotniy] *adj* literate

границя [ghranits'a] *f* boundary, confines

грáти [ghrati] *v* play

грач [ghrach] *m* gambler, player, musician

грéбінь [ghrebin'] *m* comb, crest, ridge

грéчка [ghrechka] *f* buckwheat

гриб [ghrib] *m* mushroom

грива [ghriva] *f* mane, long thick heir

гризти [ghrizti] *v* to gnaw, nibble, bite, to crack nuts

гримíти [ghrimiti] *v* thunder, roar

грíзний [ghrizniy] *adj* threatening, severe

грім [ghrim] *m* thunder

грíти [ghriti] *v* warm, heat

грíх [ghrikh] *m* sin, transgression

гріш [ghrish] *m* money, small coin

грішити [ghrishiti] *v* sin, trespass

громáда [ghromada] *f* crowd, assembly

громáдити [ghromaditi] *v* gather, mass, collect

грóші [ghroshi] *noun pl* money, coins

гру́бий [ghrubiy] *adj* stout, big, obese, thick
гру́день [ghruden'] *m* December
гру́ди [ghrudi] *f* bust, breast
гру́ша [ghrusha] *f* pear, pear tree
губа́ [ghuba] *f* lip, mouth
губи́ти [ghubiti] *v* lose, destroy
гу́бка [ghubka] *f* sponge
гук [ghuk] *m* noise, roar
гуля́ти [ghul'ati] *v* lead a merry life, promenade
гу́мор [ghumor] *m* humor, mood, disposition
густи́й [ghustiy] *adj* thick, dense, deep
гу́сто [ghusto] *adv* thickly, frequently, abundantly

Ґ

ґа́нок [ganok] *m* balcony, porch
ґара́ж [garazh] *m* garage, car shed
ґу́дзик [gudzik] *m* button
ґу́ля [gul'a] *f* lump, boil, tumor
ґу́ма [guma] *f* gum, rubber

Д

дава́ти [davati] *v* give, grant, allow
да́вній [davniy] *adj* former, old, remote
дале́кий [dalekiy] *adj* far, remote
дарма́ [darma] *adv* in vain, for nothing
дарува́ти [daruvati] *v* donate, bestow upon

дару́нок [darunok] *m* gift, donation
да́та [data] *f* date, datum
дба́ти [dbati] *v* care, mind
два [dva] *num* two
два́дцять [dvadts'at'] *num* twenty
двана́дцять [dvanadts'at'] *num* twelve
две́рі [dveri] *noun pl* doors, exit
двійня́та [dviyn'ata] *noun pl* twins
двір [dvir] *m* court, yard
дві́сті [dvisti] *num* two hundred
де [de] *adv* where
дев'ятна́дцять [dev'atnadts'at'] *num* nineteen
де́в'ять [dev'at'] *num* nine
деі́нде [deynde] *adv* elsewhere
деклямá́ція [dekl'amatsiya] *f* recitation, declamation
де́коли [dekoli] *adv* sometimes, now and then
де́нний [deniy] *adj* daily, diurnal
день [den'] *m* day, daytime
де́рево [derevo] *n* tree, wood
дерев'я́ний [derevyaniy] *adj* wooden, heartless
держа́ва [derzhava] *f* state, country, kingdom
держа́ти [derzhati] *v* hold, support, suffer
де́рти [derti] *v* tear, skin, strip
десь [des'] *adv* somewhere, probably
де́хто [dekhto] *pron* someone, somebody
де́що [deshcho] *pron* some, any, rather, a little

джерело́ [dzherelo] *n* source, cause, origin
джінси [dzhinsi] *noun pl* jeans
дзвін [dzvin] *m* bell
дзвони́ти [dzvoniti] *v* ring, sound
дзе́ркало [dzerkalo] *n* mirror, speculum
диви́тися [divitis'a] *v* look at, view
ди́вний [divniy] *adj* marvellous, odd
ди́во [divo] *n* marvel, miracle, prodigy
дивува́тися [divuvatis'a] *v* wonder, marvel, be surprised
дикта́тор [diktator] *m* dictator
дим [dim] *m* smoke
дими́ти [dimiti] *v* smoke
ди́ня [din'a] *f* melon
дириге́нт [dirighent] *m* conductor
диску́сія [diskusiya] *f* discussion
дискутува́ти [diskutuvati] *v* discuss, dispute
дити́на [ditina] *f* child, infant
дитя́ [dit'a] *n* child, infant
ди́хати [dikhati] *v* breathe, gasp
дібро́ва [dibrova] *f* grove of leafy trees
ді́вчина [divchina] *f* maiden, servant girl
дід [did] *m* grandfather, old man
дієвідмі́на [diyevidmina] *f* conjugation
ді́йсний [diysniy] *adj* real, true
ді́йсно [diysno] *adv* indeed, really, in fact
ділити [diliti] *v* part, distribute
ді́ло [dilo] *n* deed, thing, affair
дім [dim] *m* house, building, family
діра́ [dira] *f* hole, gap

діставати [distavati] *v* get, reach for
для [dl'a] *prep* for, to, in order
дно [dno] *n* bottom, ground
до [do] *prep* to, at, as far as, till
доба [doba] *f* day and night, time, season
добре [dobre] *adv* well, fine
добривечір [dobrivechir] *greet* good evening
добридень [dobriden'] *greet* good day
добрий [dobriy] *adj* kind, charitable, honest
добро [dobro] *n* property, well-being
добробут [dobrobut] *m* welfare, prosperity, comfort
добувати [dobuvati] *v* obtain, procure
довгий [dovghiy] *adj* lengthy, lasting
довго [dovgho] *adv* long, lengthily, tediously
довідатися [dovidatis'a] *v* inquire, pay visit
довір'я [dovirya] *n* trust, credit
довкола [dovkola] *adv* around
доганяти [doghan'ati] *v* overtake, reach, gain
догляд [doghl'ad] *m* supervision, attendance, care
договір [doghovir] *m* agreement, treaty
догори [doghori] *adv* up, upwards
додавати [dodavati] *v* add, augment, increase
додолу [dodolu] *adv* downward, to earth, away!
додому [dodomu] *adv* home, homewards
дозвіл [dozvil] *m* permission, consent, license
дозвілля [dozvil'a] *n* leisure, liberty

дозволя́ти [dozvol'ati] *v* permit, suffer
дозріва́ти [dozrivati] *v* ripen, mature, contemplate
доїжджа́ти [doyizhdzhati] *v* ride up, reach
до́каз [dokaz] *m* proof, argument, evidence
докі́нчувати [dokinchuvati] *v* end, terminate, close
доли́на [dolina] *f* valley
до́ля [dol'a] *f* luck, destiny
домага́тися [domaghatis'a] *v* demand, claim
домовля́тися [domovl'atis'a] *v* ask, agree
доно́сити [donositi] *v* carry to, reach, inform, denounce
до́нька [don'ka] *f* daughter
допі́зна [dopizna] *adv* till late
допові́да́ч [dopovidach] *m* narrator, speaker, informer
до́повідь [dopovid'] *f* report, information
доро́га [dorogha] *f* road, trip
дороги́й [doroghiy] *adj* dear, precious
доро́слий [dorosliy] *adj* full-grown, adult
доруча́ти [doruchati] *v* hand over, deliver, charge, entrust
до́свід [dosvid] *m* experience, practice, test
до́сить [dosit'] *adv* enough, sufficiently
до́сі [dosi] *adv* till now, as yet
до́слід [doslid] *m* investigation, experiment
достига́ти [dostighati] *v* mature, reach
досто́йний [dostoyniy] *adj* worthy, honorable, deserving

до́ступ [dostup] *m* access, approach
досяга́ти [dos'aghati] *v* reach, procure
дотепе́р [doteper] *adv* till now, hitherto
доте́пний [dotepniy] *adj* witty, ingenious
до́тик [dotik] *m* touch, contact
до́шка [doshka] *f* board, plank
дощ [doshch] *m* rain
драби́на [drabina] *f* ladder
дрижа́ти [drizhati] *v* tremble, shudder
дрібни́й [dribniy] *adj* slightly, a little bit
дріма́ти [drimati] *v* slumber, doze
дрочи́ти [drochiti] *v* tease, provoke, excite
друг [drugh] *m* friend, companion
дружи́на [druzhina] *f* wife, company, team
друк [druk] *m* print, type
друка́р [drukar] *m* printer, typographer
друкува́ти [drukuvati] *v* print, publish
дуб [dub] *m* oak tree
ду́жий [duzhiy] *adj* powerful, healthy
ду́ма [duma] *f* thought, ballad
ду́мати [dumati] *v* think, believe
ду́мка [dumka] *f* thought, opinion,
suggestion, mind
ду́рень [duren'] *m* fool
дури́ти [duriti] *v* deceive, make a fool of
дурни́й [durniy] *adj* stupid, crazy, dull
ду́ти [duti] *v* blow, pout
дух [dukh] *m* spirit, air, warmth, breath,
smell, courage
душа́ [dusha] *f* soul, heart, conscience

дя́дька [d'ad'ka] *m* uncle
дя́кувати [d'akuvati] *v* thank

Е

еге́ [eghe] *adv* yes, indeed, certainly
егоі́зм [eghoyizm] *m* egoism
егоі́ст [eghoyist] *m* egoist
екза́мен [ekzamen] *m* examination
екза́рх [ekzarkh] *m* exarch, bishop
економі́ст [ekonomist] *m* economist
еконо́мія [ekonomiya] *f* economics, thrift
екра́н [ekran] *m* screen
еле́ктрика [elektrika] *f* electricity
елемента́рний [elementarniy] *adj*
elementary, rudimentary
еміґра́нт [emigrant] *m* emigrant
енергі́йний [energhiyniy] *adj* energetic
ене́ргія [energhiya] *f* energy
енциклопе́дія [entsiklopediya] *f* encyclopedia
епізо́д [epizod] *m* episode
епі́тет [epitet] *m* epithet
епо́ха [epokha] *f* epoch, era
е́ра [era] *f* era
ескімо́с [eskimos] *m* Eskimo
еспа́нець [espanets'] *m* Spaniard
есте́т [estet] *m* aesthete
естра́да [estrada] *f* platform, estrade
е́тика [etika] *f* ethics

Є

Євангелія [yevangheliya] *f* gospel
єднати [yednati] *v* unite, gain
єдність [yednist'] *f* concord, solidarity
єпископ [yepiskop] *m* bishop

Ж

жаба [zhaba] *f* frog, paddock
жага [zhagha] *f* thirst, longing, eagerness
жадати [zhadati] *v* demand, desire, require
жадібний [zhadibniy] *adj* greedy, tempting, enticing
жадний [zhadniy] *adj* greedy, anxious
жадоба [zhadoba] *f* thirst, lust
жаліти [zhaliti] *v* pity
жалоба [zhaloba] *f* complaint, charge
жалоба [zhaloba] *f* mourning, mourning dress
жаль [zhal'] *m* sorrow, regret, compassion
жар [zhar] *m* heat, ardor, flame
жарт [zhart] *m* joke, fun
жартівливий [zhartivliviy] *adj* joking, funny, playful
жартувати [zhartuvati] *v* jest, sport, play
жах [zhakh] *m* terror, anguish

ждáти [zhdati] *v* wait, expect
женúх [zhenikh] *m* lover, bridegroom
жéртва [zhertva] *f* sacrifice, victim
жéртвувати [zhertvuvati] *v* offer, sacrifice, donate
живúй [zhiviy] *adj* living, brisk, eager, vivid
живíт [zhivit] *m* abdomen, stomach
жúти [zhiti] *v* live, reside
жúто [zhito] *m* rye
життéпис [zhit'epis] *m* biography
життя́ [zhit'a] *n* existence, lifetime, vivacity
жíнка [zhinka] *f* woman, spouse
жнúво [zhnivo] *n* crop, harvest
жóвнір [zhovnir] *m* soldier
жóвтень [zhovten'] *m* October
жóвтий [zhovtiy] *adj* yellow
жóдний [zhodniy] *adj* not any, none
жонáтий [zhonatiy] *adj* married
жорстóкий [zhorstokiy] *adj* brutal, inhuman, savage
журбá [zhurba] *f* grief, concern
журúтися [zhuritis'a] *v* be afflicted, take care of

З

з [z] *prep* of, from, for, by, with, through

за [za] *prep* during, in the time of, for, at, beyond, behind, out of, abroad, after, by on, upon

забáва [zabava] *f* entertainment, game

забавлятися [zabavl'atis'a] *v* divert, amuse oneself

забирáти [zabirati] *v* take along, take away

забороняти [zaboron'ati] *v* forbid

забувáння [zabuvan'a] *n* forgetting, oblivion

забувáти [zabuvati] *v* forget, neglect

завдáння [zavdan'a] *n* lesson, task

зáвжди [zavzhdi] *adv* always, ever

завíдувати [zaviduvati] *v* direct, manage

завóзити [zavoziti] *v* convey, fill, cover with

завойóвувати [zavoyovuvati] *v* conquer, master

зáвсіди [zavsidi] *adv* always, ever

зáвтра [zavtra] *adv* tomorrow

завчасý [zavchasu] *adv* early, betimes

зав'язувати [zavyazuvati] *v* tie, bind, knit

зáгадка [zaghadka] *f* puzzle

заглядáти [zaghl'adati] *v* look into, peep in

задáча [zadacha] *f* exercise, lesson, problem

зáдній [zadniy] *adj* posterior, rear

задовóлений [zadovoleniy] *adj* satisfied, delighted with

задовóлення [zadovolen'a] *n* satisfaction, pleasure, delight

зáдум [zadum] *m* project, purpose

зáєць [zayets'] *m* rabbit, hare

заждати [zazhdati] *v* await, expect
зажурений [zazhureniy] *adj* worried, sorrowful
зажуритися [zazhuritis'a] *v* grieve, worry
зазначити [zaznachiti] *v* mark, note, indicate
заїжджати [zayizhdzhati] *v* arrive at, call on the way
займати [zaymati] *v* stir, occupy, touch
зайняття [zayn'at'a] *n* occupation, capture
закаблук [zakabluk] *m* heel
закид [zakid] *m* reproach, objection
заклик [zaklik] *m* appeal, invocation
закликати [zaklikati] *v* call in, invite, exclaim
законний [zakoniy] *adj* legal, rightful
закопати [zakopati] *v* bury in the ground, plant
закривати [zakrivati] *v* cover, conceal
закупка [zakupka] *f* goods purchased
закуток [zakutok] *m* corner, a place apart
заливати [zalivati] *v* overflow, spill on
залишати [zalishati] *v* leave behind
залізо [zalizo] *n* iron
залюбки [zal'ubki] *adv* with pleasure, eagerly
заля [zal'a] *f* hall, auditorium
замало [zamalo] *adv* too little
замерзати [zamerzati] *v* freeze, freeze over
замикати [zamikati] *v* shut, lock
заміжній [zamizhniy] *adj* married

замість [zamist'] *prep* instead

замовляти [zamovl'ati] *v* hire, order a dinner, suit, reserve a place

заможний [zamozhniy] *adj* well-to-do, opulent

замок [zamok] *m* castle, stronghold

замок [zamok] *m* lock

замочувати [zamochuvati] *v* wet, soak

запал [zapal] *m* enthusiasm, heat, fire

запалювати [zapal'uvati] *v* light, set on fire

запам'ятовувати [zapamyatovuvati] *v* remember, recollect

запах [zapakh] *m* smell, fragrance

запевняти [zapevn'ati] *v* assure, persuade

заперечувати [zaperechuvati] *v* deny, contradict

запирати [zapirati] *v* shut, fasten, confine

запис [zapis] *m* registration, bequest

записувати [zapisuvati] *v* write, inscribe, register

запит [zapit] *m* question, demand

запитувати [zapituvati] *v* ask

запізно [zapizno] *adv* too late

запізнюватися [zapizn'uvatis'a] *v* be late, delay

заплакати [zaplakati] *v* burst out weeping

заплата [zaplata] *f* payment, salary, reward

заплатити [zaplatiti] *v* pay off, recompense

заповідати [zapovidati] *v* declare, bequeath, order

запрова́джувати [zaprovadzhuvati] *v* lead, conduct, introduce, establish

запро́шення [zaproshen'a] *n* invitation

за́раз [zaraz] *adv* immediately, suddenly

за́рис [zaris] *m* sketch, outline

за́робіток [zarobitok] *m* gain, profit, wages

заробля́ти [zarobl'ati] *v* earn, merit

зару́чений [zarucheniy] *adj* engaged

зару́чини [zaruchini] *noun pl* engagement

засві́чувати [zasvichuvati] *v* light, kindle

засво́єний [zasvoyeniy] *adj* appropriated, assimilated

засво́ювати [zasvoyuvati] *v* adopt, master, understand, acquire

засила́ти [zasilati] *v* send to a distant place

засина́ти [zasinati] *v* fall asleep

засипа́ти [zasipati] *v* cover, fill, bury

за́сіб [zasib] *m* means, remedy, supply

засіда́ти [zasidati] *v* sit down

застеля́ти [zastel'ati] *v* cover, spread

засту́джуватися [zastudzhuvatis'a] *v* catch cold

засту́пник [zastupnik] *m* substitute, protector, defender

зате́ [zate] *adv* instead, moreover

заті́сувати [zatisuvati] *v* sharpen, bevel

затри́мати [zatrimati] *v* stop, arrest, withhold

затяга́ти [zat'aghati] *v* drag to a place

затя́млювати [zat'aml'uvati] *v* remember, recall

затьмíння [zat'min'a] *n* eclipse, process of obscuring

зáхід [zakhid] *n* west, occident

захмáрений [zakhmareniy] *adj* clouded, gloomy

захóвувати [zakhovuvati] *v* keep, preserve

заходúти [zakhoditi] *v* begin walking, stretch clothing by wearing

зацвітáти [zatsvitati] *v* begin blossoming, become moldy

зацікáвлюватися [zatsikavl'uvatis'a] *v* become interested

зачáти [zachati] *v* begin, set out

зачекáти [zachekati] *v* wait, stay

зачепúти [zachepiti] *v* hook, provoke, touch in passing

зáчин [zachin] *m* beginning, origin

зачинáти [zachinati] *v* begin

зачинятú [zachin'ati] *v* close, shut

зáщо? [zashcho] *adv* why? wherefore?

заява [zayava] *f* declaration, demand

заявлятú [zayavl'ati] *v* state, manifest

зберігáти [zberighati] *v* preserve, put away

збирáти [zbirati] *v* gather, clear away, summon

збирáтися [zbiratis'a] *v* be gathered, meet, prepare, be about, intend

збúтки [zbitki] *noun pl* tricks, follies

збір [zbir] *m* gathering, meeting, harvest, convention

збоку [zboku] *adv* on one side, sideways
збрехати [zbrekhati] *v* tell a lie
збуджувати [zbudzhuvati] *v* awake, excite
збудований [zbudovaniy] *adj* built, constructed
збудувати [zbuduvati] *v* build, fabricate, found
звати [zvati] *v* call, name
зватися [zvatis'a] *v* be called
звертатися [zvertatis'a] *v* turn, apply to, lean
звести [zvesti] *v* lead, deceive, bring together
звечора [zvechora] *adv* in the evening
звикати [zvikati] *v* accustom oneself
звичай [zvichai] *m* custom, practice, mode
звичайний [zvichayniy] *adj* common, ordinary, usual
звичайно [zvichayno] *adv* usually, habitually
звичка [zvichka] *f* habit, use
звідки [zvidki] *adv* from where?
звідомлення [zvidomlen'a] *n* information, account
звідси [zvidsi] *adv* from here, hence
звільна [zvil'na] *adv* slowly, little by little
звір [zvir] *m* wild beast, brute, cruel person
звіт [zvit] *n* report, account
звітування [zvituvan'a] *n* reporting
звітувати [zvituvati] *v* make a report

зворýшений [zvorusheniy] *adj* moved, excited

зворýшення [zvorushen'a] *n* excitement, emotion

зворýшувати [zvorushuvati] *v* excite, shake

звук [zvuk] *m* resonance, sound

звучáти [zvuchati] *v* sound

звýчний [zvuchniy] *adj* tuneful, sonorous

звýчність [zvuchnist'] *f* resonance

зв'язувати [zvyazuvati] *v* bind, join

згáдка [zghadka] *f* mention, recollection

згáдувати [zghaduvati] *v* mention, think of

зганяти [zghan'ati] *v* gather together, drive away

згúнути [zghinuti] *v* perish, be lost

згóда [zghoda] *f* agreement, harmony

згóджуватися [zghodzhuvatis'a] *v* agree, accept

згóрда [zghorda] *adv* proudly, arrogantly

згýба [zghuba] *f* loss, disaster

згубúти [zghubiti] *v* lose, ruin

здавáти [zdavati] *v* surrender, yield

здáвна [zdavna] *adv* long ago, formerly

здалекá [zdaleka] *adv* from afar, at a distance

здíбний [zdibniy] *adj* capable, qualified, useful

здíбність [zdibnist'] *f* ability, talent

здобувáти [zdobuvati] *v* conquer, acquire, afford

здовж [zdovzh] *adv* lengthwise, in length
здоро́вий [zdoroviy] *adj* healthy, strong
зеле́ний [zeleniy] *adj* green, verdant
зе́лень [zelen'] *f* herbage, green plant, green color
земля́ [zeml'a] *f* earth, ground, territory
земля́к [zeml'ak] *m* countryman
зерно́ [zerno] *n* seed, corn
з'є́днувати [zyednuvati] *v* unite, join
зима́ [zima] *f* winter
зів'я́лий [zivyaliy] *adj* faded, withered
зів'я́нути [zivyanuti] *v* fade away, wither
зійти́ [ziyti] *v* descend, rise, spring
зір [zir] *m* sight, glance
зірва́ти [zirvati] *v* pluck, tear
з'їзд [zyizd] *m* convention, meeting
зла́зити [zlaziti] *v* crawl, descend, get loose
зла́мувати [zlamuvati] *v* break, violate
злий [zliy] *adj* bad, ill, irritated
злі́ва [zliva] *adv* on the left, from the left side
злі́сний [zlisniy] *adj* ill-natured, spiteful
злість [zlist'] *f* anger, malice
зло [zlo] *n* evil, mischief
зло́ба [zloba] *f* spite, evil
зло́дій [zlodiy] *m* thief
зло́чин [zlochin] *m* crime, misdeed, wickedness
злу́ка [zluka] *f* union, tie
зляка́ти [zl'akati] *v* frighten, scare

змага́ння [zmaghan'a] *n* competition, aspiration

змага́тися [zmaghatis'a] *v* complete, exert oneself

змерза́ти [zmerzati] *v* be cold, feel frozen

змива́ти [zmivati] *v* wash off

змі́на [zmina] *f* change, alteration, turn

зміни́ти [zminiti] *v* change, barter

змі́ряти [zmir'ati] *v* finish measuring

змі́ст [zmist] *m* contents, index

змісти́ти [zmistiti] *v* contain, place

змісти́тися [zmistitis'a] *v* find room enough

змісто́вний [zmistovniy] *adj* concise, substantial

змі́шувати [zmishuvati] *v* mix, confuse, put out of order

змока́ти [zmokati] *v* get wet

зму́чуватися [zmuchuvatis'a] *v* grow tired, suffer through life

зму́шувати [zmushuvati] *v* force, constrain

знаве́ць [znavets'] *m* expert

знайо́мий [znayomiy] *adj* known, familiar

знайо́мити [znayomiti] *v* make known, present

знайо́мство [znayomstvo] *n* acquaintance

знайти́ [znayti] *v* find, meet, discover

знак [znak] *m* mark, signal

знаме́но́ [znameno] *n* sign, standard, flag

зна́ний [znaniy] *adj* known, famous

зна́ння́ [znan'a] *n* knowledge, skill

знати [znati] *v* know, be acquainted with
значення [znachen'a] *n* meaning, importance
значити [znachiti] *v* mean, signify
значити [znachiti] *v* mark, brand
зневага [znevagha] *f* insult, indignity, scorn
зневажати [znevazhati] *v* insult, abuse, disgrace
зневіра [znevira] *f* despair, hopelessness, skepticism
зневірюватися [znevir'uvatis'a] *v* be disillusioned, be in despair
знемагати [znemaghati] *v* become weak, fall ill
знемога [znemogha] *f* exhaustion, enfeeblement
знеохочений [zneokhocheniy] *adj* discouraged, indifferent
знеохочуватися [zneokhochuvatis'a] *v* be discouraged, be apathetic
знижати [znizhati] *v* lower, reduce
знизу [znizu] *adv* below, from below
знищувати [znishchuvati] *v* destroy, waste
знімок [znimok] *m* photo, snapshot
знов [znov] *adv* again, anew
зносити [znositi] *v* bring down, abolish, take a fancy
зносити [znositi] *v* wear, use up
зовсім [zovsim] *adv* completely, quite
зодягати [zod'aghati] *v* dress, clothe
зойк [zoyk] *m* scream, lamentation

зокре́ма [zokrema] *adv* apart, particularly
золоти́й [zolotiy] *adj* gold, golden
зо́лото [zoloto] *n* gold
зоря́ [zor'a] *f* star
зо́шит [zoshit] *m* scribbler, notebook
з-пе́ре́д [z-pered] *prep* from before, from in front of
з-під [z-pid] *prep* from beneath
з-помі́ж [z-pomizh] *prep* from among
з-по́над [z-ponad] *prep* from above
з-посере́д [z-posered] *prep* from the midst of
зра́да [zrada] *f* treason, treachery
зра́джувати [zradzhuvati] *v* betray
зразо́к [zrazok] *m* pattern, type
зрив [zriv] *m* explosion, impetus
зрі́дка [zridka] *adv* rarely, scarcely
зрі́лий [zriliy] *adj* ripe, mature
зрі́ст [zrist] *m* growth, increase, advancement
зроби́ти [zrobiti] *v* make ready, fulfill
зрозумі́лий [zrozumiliy] *adj* intelligible, clear, comprehensive
зроста́ти [zrostati] *v* be brought up, grow
зруб [zrub] *m* cutting down, framework
зуб [zub] *m* tooth
зуми́сне [zumisne] *adv* intentionally, on purpose
зупини́ти [zupiniti] *v* stop, stunt
зу́пи́нка [zupinka] *f* short stop, retention

зу́стріч [zustrich] *f* meeting, facing
зустріча́ти [zustrichati] *v* meet, receive
зустрі́чний [zustrichniy] *adj* he who meets,
he who is met
зшива́ти [zshivati] *v* sew up
зять [z'at'] *m* son-in-law

I

ігра́ [ighra] *f* game, play, sport
ідеа́л [ideal] *m* ideal
із [iz] *prep* (usually between two
consonants or after a consonant or before
a word beginning with a consonant) see **з**
із-за [iz-za] *prep* from behind, without,
beyond
іко́на [ikona] *f* icon, image (of a saint)
ілю́зія [il'uziya] *f* illusion, self-delusion
ілюстра́тор [il'ustrator] *m* illustrator
іміґра́нт [imigrant] *m* immigrant
імпре́за [impreza] *f* undertaking,
arrangement, management
іна́кше [inakshe] *adv* differently, otherwise,
else
інститу́т [institut] *m* institute
інструме́нт [instrument] *m* instrument
інтеліґе́нт [intelighent] *m* intellectual,
member of the intelligentsia

і́нший [inshiy] *adj* other, another
іржа́ [irzha] *f* rust
і́скра [iskra] *f* spark, sparkle, flash
існува́ння [isnuvan'a] *n* existence
існува́ти [isnuvati] *v* exist, be, live
і́спит [ispit] *m* examination, test
іспи́тувати [ispituvati] *v* examine, test
істо́рія [istoriya] *f* history, narrative
іти́ [iti] *v* go, walk

Ї

їда́ [yida] *f* food, fare, meal, eating,
eatables, victuals
їда́льня [yidal'n'a] *f* dining room, refectory
їдь [yid'] *f* corrosive quality, poison,
venom, formic acid
ї́жа [yizha] *f* food, nourishment
їзда́ [yizda] *f* drive, driving, ride, riding
ї́здити [yizditi] *v* drive, ride, go, come in a
vehicle, travel, journey, voyage
ї́сти [yisti] *v* eat, sup, have a meal

Й

й [y] *conj* and, also, even

К

кабі́на [kabina] *f* cabin
кабіне́т [kabinet] *m* office, study
ка́ва [kava] *f* coffee
кава́лок [kavalok] *m* piece, part, bit, fragment
каве́рна [kaverna] *f* cave, cavern
каву́н [kavun] *m* watermelon
ка́дка [kadka] *f* vat, tub
кади́ти [kaditi] *v* incense, flatter
каза́н [kazan] *m* kettle, boiler, pot
каза́ння [kazan'a] *n* sermon, preaching
каза́ти [kazati] *v* say, speak, tell, talk, order, command, bid, cause
ка́зка [kazka] *f* tale, fable, fib, story
кайда́ни [kaydani] *pl* chains, fetters, shackles
календа́р [kalendar] *m* calendar
кали́на [kalina] *f* cranberry tree, cranberry
калі́ка [kalika] *f* cripple
калі́чити [kalichiti] *v* mutilate, cripple, hurt
калю́жа [kal'uzha] *f* mire, puddle, slough
камени́стий [kamenistiy] *adj* stony, rocky
камізе́лька [kamizel'ka] *f* vest, waistcoat
камі́н [kamin] *m* fireplace, fireside
ка́мінь [kamin'] *m* stone, rock
кана́л [kanal] *m* channel, duct, strait
кана́па [kanapa] *f* sofa, divan

кандида́т [kandidat] *m* candidate, aspirant
канцеля́рія [kantsel'ariya] *f* bureau, office
ка́пати [kapati] *v* drop, drip
капелю́х [kapel'ukh] *m* hat
ка́пля [kapl'a] *f* drop
капу́ста [kapusta] *f* cabbage
ка́ра [kara] *f* punishment, penalty
кара́ти [karati] *v* punish, chastise
кар'є́ра [karyera] *f* career
ка́рий [kariy] *adj* hazel, brown
ка́рта [karta] *f* map, card
карти́на [kartina] *f* picture, painting, illustration
карто́пля [kartopl'a] *f* potato
кастру́ля [kastrul'a] *f* saucepan, stewpot
катастро́фа [katastrofa] *f* catastrophe, disaster
като́лик [katolik] *m* Catholic
кача́ти [kachati] *v* roll, spread by rolling
ка́чка [kachka] *f* duck
ка́ша [kasha] *f* gruel, groats, cereal food
ка́шель [kashel'] *m* cough
ка́шляти [kashl'ati] *vt* cough
кашта́н [kashtan] *m* chestnut
ка́ятися [kayatis'a] *v* repent, regret, rue, confess
кая́ття [kayat'a] *n* repentance, moral amendment
квадра́т [kvadrat] *m* square, quadrate
квадра́товий [kvadratoviy] *adj* square

квапитися [kvapitis'a] *v* be in a hurry, be eager, aspire to

квас [kvas] *m* sourness, leaven, ferment

квасоля [kvasol'a] *f* bean

квиток [kvitok] *m* receipt, ticket

квітень [kviten'] *m* April

квітка [kvitka] *f* flower

квітчати [kvitchati] *v* adorn, embellish

квочка [kvochka] *f* hen, layer

кельнер [kel'ner] *m* waiter, valet

кидати [kidati] *v* cast, launch

килим [kilim] *m* rug, carpet

кип'яток [kipyatok] *m* boiling water

кит [kit] *m* whale

кишеня [kishen'a] *f* pocket

кіл [kil] *m* stake, pale

кілька [kil'ka] *f* some, a few

кількість [kil'kist'] *f* quantity

кімната [kimnata] *f* room, chamber

кінець [kinets'] *m* end, limit, extremity

кіно [kino] *n* cinema, movies

кіноапарат [kinoaparat] *m* movie camera

кінцевий [kintseviy] *adj* final, last, ultimate

кінчати [kinchati] *v* finish, work out, pass over

кінь [kin'] *m* horse

кість [kist'] *f* bone, die

кіт [kit] *m* cat

кладовище [kladovishche] *n* burial ground

кла́нятися [klan'atis'a] *v* bow, adore, cringe, greet

кла́сти [klasti] *v* put, set, place

кле́їти [kleyiti] *v* glue, paste

клей [kley] *m* glue, size

клен [klen] *m* maple

кли́кати [klikati] *v* call, exclaim, invite

клі́мат [klimat] *m* climate

клі́тка [klitka] *f* cage, framework of a building

кло́піт [klopit] *m* trouble, disquiet

клюб [kl'ub] *m* club

ключ [kl'uch] *m* clue

кля́са [kl'asa] *f* class

клясти́ [kl'asti] *v* curse, swear

кни́га [knigha] *f* book, volume

книга́р [knighar] *m* bookseller

книга́рня [knigharn'a] *f* bookstore

кобза́р [kobzar] *m* kobzar, kobzar player and singer

кове́рт [kovert] *m* envelope, case

ковза́н [kovzan] *m* skate

ко́взатися [kovzatis'a] *v* skate, glide, slide

ковзьки́й [kovz'kiy] *adj* slippery

ко́гут [koghut] *m* cock, rooster

ко́жний [kozhniy] *pron* each, every

кожу́х [kozhukh] *m* pelt, fur coat

коза́к [kozak] *m* Ukrainian warrior, Cossack

ко́лесо [koleso] *n* circle, ring, bicycle, wheel

коли́ [koli] *adv, conj* when, ever, when suddenly

колинебудь [kolinebud'] *adv* at any time, ever

коли́сь [kolis'] *adv* formely, some day or other

колі́но [kolino] *n* knee

ко́лір [kolir] *m* color

ко́лія [koliya] *f* railway, wheel-track

ко́ло [kolo] *n* circle, wheel

ко́ло [kolo] *prep* near, about

коло́ти [koloti] *v* sting, prick

коля́дка [kol'adka] *f* Christmas carol

колядува́ти [kol'aduvati] *v* carol

кольоро́вий [kol'oroviy] *adj* colorful, variegated

кома́р [komar] *m* mosquito

коміте́т [komitet] *m* committee

комо́ра [komora] *f* storehouse, pantry

компактди́ск [kompaktdisk] *m* compact disc

конгре́с [kongres] *m* congress

ко́нто [konto] *n* account

конце́рт [kontsert] *m* concert

копа́ти [kopati] *v* dig, excavate

кори́сно [korisno] *adv* usefully, effectively

ко́ристь [korist'] *f* profit, advantage

ко́рінь [korin'] *m* root

коро́ва [korova] *f* cow

коро́ль [korol'] *m* king

коро́ткий [korotkiy] *adj* short, brief

котри́й [kotriy] *pron* who, what, any

коха́ння [kokhan'a] *n* love, affection

коха́ти [kokhati] *v* love, have a passion for

коштува́ти [koshtuvati] *v* cost, be worth

краве́ць [kravets'] *m* tailor

краді́ж [kradizh] *m* theft, stolen goods

краєви́д [krayevid] *m* landscape, scene

краї́на [krayina] *f* land, region, country

край [kray] *m* country, side, end, edge

край [kray] *prep* near, beside, by

кра́йній [krayniy] *adj* last, ultimate

кра́ма́р [kramar] *m* shopkeeper, dealer

крамни́ця [kramnits'a] *f* shop, store

кра́пля [krapl'a] *f* drop

кра́сний [krasniy] *adj* beautiful, nice

красномо́вець [krasnomovets'] *m* eloquent speaker

кра́ще [krashche] *adv* better

кра́яти [krayati] *v* cut, carve

кредитка́рта [kreditkarta] *f* credit card

креме́зний [kremezniy] *adj* strong, lusty

кри́вда [krivda] *f* grievance, harm

кри́вдити [krivditi] *v* harm, injure

криви́й [kriviy] *adj* crooked, oblique

кри́во [krivo] *adv* obliquely, awry

крик [krik] *m* noise, cry, clamor

крило́ [krilo] *n* wing

кри́тик [kritik] *m* critic

кри́тика [kritika] *f* criticism, censure

критикувати [kritikuvati] *v* censure, find fault with, carp

кричати [krichati] *v* cry, clamor

кришка [krishka] *f* small bit, crumb

крізь [kriz'] *prep* through, by

кріпак [kripak] *m* serf

кріпити [kripiti] *v* strengthen, refresh

крісло [krislo] *n* chair

кров [krov] *f* blood

кросовки [krosovki] *noun pl* sneakers

круглий [krughliy] *adj* round, circled

кряж [kr'azh] *m* mountain crest, dorsal spine

куди [kudi] *adv* where, which way

кудибудь [kudibud'] *adv* anywhere

кузен, кузина [kuzen, kuzina] *m, f* cousin

кулемет [kulemet] *m* machine gun

куля [kul'a] *f* ball, sphere, bullet

культура [kul'tura] *f* culture, cultivation

культурний [kul'turniy] *adj* cultured

кум, кума [kum, kuma] *m, f* godfather, godmother

купатися [kupatis'a] *v* bathe oneself

купець [kupets'] *m* merchant, customer

купівля [kupivl'a] *f* purchase, bargain

купіль [kupil'] *m* bath, bathing

купувати [kupuvati] *v* buy, purchase

курити [kuriti] *v* smoke

курка [kurka] *f* hen, chicken

курорт [kurort] *m* health resort

курс [kurs] *m* course

ку́сень [kusen'] *m* large piece
кусо́к [kusok] *m* piece
кут [kut] *m* angle, corner
ку́хар [kukhar] *m* cook
ку́хня [kukhn'a] *f* kitchen, kitchen stove
кучеря́вий [kucher'aviy] *adj* curly, bushy
куштува́ти [kushtuvati] *v* taste, try for flavor

Л

ла́ва [lava] *f* bench
ла́вра [lavra] *f* monastery, abbacy
ла́гідний [laghidniy] *adj* mild, delicate, smooth
ла́гідність [laghidnist'] *f* mildness, gentleness, kindness
лад [lad] *m* order, harmony
ла́дан [ladan] *m* incense, frankincense
ладна́ти [ladnati] *v* fit, settle matters, agree
ла́зерний диск [lazerniy disk] *m* laser disc
ла́зити [laziti] *v* creep, crouch, walk with difficulty
ла́йка [layka] *f* rebuke, cursing, quarrel
лако́мий [lakomiy] *adj* greedy, tempting
лама́ти [lamati] *v* break, refract, infringe
ла́нка [lanka] *f* link of a chain, necklace, hook

ланцю́г [lants'ugh] *m* chain
ла́па [lapa] *f* paw, large hand
ла́ска [laska] *f* grace, kindness, affection
láskáвий [laskaviy] *adj* favorable, gracious
ле́бідь [lebid'] *m* swan
лев [lev] *m* lion
лева́да [levada] *f* meadow
леге́ня [leghen'a] *f* lung
ле́гкий [leghkiy] *adj* light, easy
ле́гко [leghko] *adv* lightly, easily
легкова́жний [leghkovazhniy] *adj* frivolous, inconsiderate
ле́две [ledve] *adv* hardly, scarcely, no sooner
лежа́ти [lezhati] *v* lie, repose, be situated
ле́ктор [lektor] *m* lecturer
лекту́ра [lektura] *f* reading
ле́кція [lektsiya] *f* lesson, lecture
леті́ти [letiti] *v* fly, run, fall
ли́жва [lizhva] *f* ski
лиза́ти [lizati] *v* lick
ли́нва [linva] *f* rope, cable
ли́пень [lipen'] *m* July
лиску́чий [liskuchiy] *adj* shining, brilliant
лист [list] *m* letter, leaf, sheet
листі́вка [listivka] *f* postcard
листо́вно [listovno] *adv* in writing, by means of a letter
листо́к [listok] *m* leaf, note, leaflet
листоно́ша [listonosha] *m* postman, lettercarrier

листопа́д [listopad] *m* November
листува́тися [listuvatis'a] *v* correspond by letter
ли́ти [liti] *v* pour, shed, cast
лихи́й [likhiy] *adj* bad, ill, irritated
ли́хо [likho] *n* misfortune, harm, distress
ли́цар [litsar] *m* knight, warrior, hero
лице́ [litse] *n* face, cheek
лиша́ти [lishati] *v* leave, desert, give up
лиша́тися [lishatis'a] *v* remain, stay
лі́вий [liviy] *adj* left, radical
ліво́руч [livoruch] *adv* on the left
лід [lid] *m* ice
лі́зти [lizti] *v* crawl, creep, intrude
лік [lik] *m* remedy, medicine
лі́кар [likar] *m* doctor, physician
лі́коть [likot'] *m* elbow
лікува́ння [likuvan'a] *n* treatment, medication
лікува́ти [likuvati] *v* cure, treat
ліле́я [lileya] *f* lily
ліні́йка [liniyka] *f* line, ruler
лінюва́ти [liniyuvati] *v* draw lines
лі́нія [liniya] *f* line
ліпи́ти [lipiti] *v* glue, stick together
ліс [lis] *m* woods, forest land
літ [lit] *m* flight, flying
літа́ [lita] *noun pl* age, years
літа́к [litak] *m* aeroplane, aircraft
літа́ти [litati] *v* fly, run rapidly

лі́тера [litera] *f* letter of the alphabet, character, type

літера́т [literat] *m* literary man, writer

літерату́ра [literatura] *f* literature

лі́тній [litniy] *adj* summery, of summer

лі́то [lito] *n* summer, year

літу́н [litun] *m* aviator, flier

ліфт [lift] *m* elevator

ліхта́р [likhtar] *m* lamp, lantern, tail light

лічба́ [lichba] *f* count, calculation

лічи́ти [lichiti] *v* count, number

лоб [lob] *m* forehead

лове́ць [lovets'] *m* hunter

ло́ви [lovi] *noun pl* hunting, chase

лови́ти [loviti] *v* catch, take, apprehend

ло́гіка [logika] *f* logic

ло́же [lozhe] *n* bed, couch, stock of a gun

ло́жечка [lozhechka] *f* teaspoon

ло́жка [lozhka] *f* spoon

ло́кшина [lokshina] *f* noodles, vermicelli

ломи́ти [lomiti] *v* break, fracture

лоскота́ти [loskotati] *v* tickle

луг [lugh] *m* plain overgrown with bushes

лузга́ [luzgha] *f* scale (of fish)

лука́ [luka] *f* meadow

луна́ [luna] *f* echo, resonance

луна́ти [lunati] *v* resound, spread

лупи́ти [lupiti] *v* skin, peel

лу́скіт [luskit] *m* crash, clatter, burst

лу́снути [lusnuti] *v* burst, split

люби́ти [l'ubiti] *v* be fond of, love, care for
лю́бка [l'ubka] *f* beloved, sweetheart
любо́в [l'ubov] *f* love, affection
лю́бчик [l'ubchik] *m* lover, favorite
люд [l'ud] *m* people, race, humanity
лю́ди [l'udi] *noun pl* men, people, mankind
лю́дський [luds'kiy] *adj* human, compassionate
лю́лька [l'ul'ka] *f* smoking pipe
лю́тий [l'utiy] *m* February
лю́тий [l'utiy] *adj* fierce, severe, violent
ляга́ти [l'aghati] *v* lie down
ля́мпа [l'ampa] *f* lamp
ля́чно [l'achno] *adv* fearful, awful
льох [l'okh] *m* cavern, cellar

М

ма́бу́ть [mabut'] *adv* perhaps, likely, apparently
ма́впа [mavpa] *f* monkey
магнітофо́н [maghnitofon] *m* tape recorder
магази́н [magazin] *m* warehouse, storehouse
магистра́т [magistrat] *m* municipal hall
має́ток [mayetok] *m* wealth, estate, fortune
ма́зати [mazati] *v* grease, obliterate, dirty
мазь [maz'] *f* ointment, grease
майбу́тній [maybutniy] *adj* future

майбу́тність [maybutnist'] *f* future
ма́йже [mayzhe] *adv* almost, nearly
ма́йка [mayka] *f* T-shirt
майструва́ти [maystruvati] *v* do in a masterful manner, build, fabricate
мали́й [maliy] *adj* little, petty, low
мали́на [malina] *f* raspberry
малиння́к [malin'ak] *m* raspberry juice
ма́ло [malo] *adv* little, small
малюва́ти [mal'uvati] *v* paint, depict, describe
малю́нок [mal'unok] *m* painting, illustration
маля́р [mal'ar] *m* painter, artist
ма́ма [mama] *f* mother
манасти́р [manastir] *m* monastery, cloister
ма́ндри [mandri] *noun pl* travelling, pilgrimage
мандрі́вка [mandrivka] *f* wandering, travel
мандрува́ти [mandruvati] *v* wander, travel
ма́па [mapa] *f* map, chart
мара́ [mara] *f* phantom, spirit, ghost
ма́рити [mariti] *v* dream, be delirious
ма́ркетінг [marketing] *m* marketing
мармеля́да [marmel'ada] *f* marmalade
марні́ти [marniti] *v* grow lean, dwindle, fade away
ма́рно [marno] *adv* to no purpose, in vain
ма́сло [maslo] *n* butter
масля́нка [masl'anka] *f* buttermilk
масни́й [masniy] *adj* fat, greasy

мастити [mastiti] *v* grease, soil, butter
математика [matematika] *f* mathematics
матерія [materiya] *f* material, substance, matter
мати [mati] *v* have, own
мати [mati] *f* mother
махати [makhati] *v* wave, swing
мачати [machati] *v* dip, soak, wet
мачуха [machukha] *f* stepmother
маяти [mayati] *v* flutter, wave, appear and disappear at rapid intervals
меблі [mebli] *noun pl* furniture
мед [med] *m* honey
медівник [medivnik] *m* honey cake
межа [mezha] *f* boundary, landmark
межувати [mezhuvati] *v* border, be contiguous, survey
менше [menshe] *adv* less
менший [menshiy] *adj* smaller, lesser
меню [men'u] *n* menu
мерехтіти [merekhtiti] *v* glimmer, sparkle
меркнути [merknuti] *v* grow dim, vanish
мертвець [mertvets'] *m* dead body, corpse
мертвий [mertviy] *adj* dead, deceased
мерти [merti] *v* die, expire
Месія [mesiya] *m* Messiah
месник [mesnik] *m* avenger, revenger
мести [mesti] *v* sweep
мета [meta] *f* goal, objective
метелик [metelik] *m* butterfly

метíль [metil'] *f* snowstorm

меткúй [metkiy] *adj* quick, alert, clever, alive

метóда [metoda] *f* method, manner

метр [metr] *m* meter

мéтрика [metrika] *f* metrics (of verse), church registry

мéшкáнець [meshkanets'] *m* inhabitant, townsman

мéшкати [meshkati] *v* live, reside, inhabit

мúлий [miliy] *adj* dear, pleasant, delightful

мúлий [miliy] *m* sweetheart, darling

мúлити [militi] *v* soap, lather

мúмо [mimo] *prep* past, beside

минáти [minati] *v* pass over, omit

минýлий [minuliy] *adj* past, bygone

мир [mir] *m* peace, tranquility

мирúтися [miritis'a] *v* be reconciled

мúска [miska] *f* bowl, soup plate

мúслення [mislenya] *n* thinking, mentality

мúслити [misliti] *v* think, consider, dream of

мúсль [misl'] *f* thought, intention

мистéцтво [mistetstvo] *n* art, artistic finish

мистéць [mistets'] *m* artist, master of art

мистéцький [mistets'kiy] *adj* skilful, clever

мúти [miti] *v* wash, lave

мúша [misha] *f* mouse

мíж [mizh] *prep* between, amid

міжнаро́дний [mizhnarodniy] *adj* international

мій, моя́, моє́ [miy, moya, moye] *pron* my, mine

мілки́й [milkiy] *adj* shallow

міль [mil'] *f* moth, mite

мільйо́н [mil'yon] *m* million

мільйоне́р [mil'yoner] *m* millionaire

мілья́рд [mil'yard] *m* milliard

мільярде́р [mil'yarder] *m* multimillionaire

міні́стер [minister] *m* minister

мі́нус [minus] *m* minus sign

міня́ти [min'ati] *v* change, exchange

мі́ра [mira] *f* measure, scale, criterion

міркува́ти [mirkuvati] *v* think, imagine, consider

мі́ряти [mir'ati] *v* measure, aim

міст [mist] *m* bridge

місти́ти [mistiti] *v* place, put, lodge

мі́сто [misto] *n* town, place

мі́сце [mistse] *n* place, situation, position, employment

місце́вий [mistseviy] *adj* local, native

місце́вість [mistsevist'] *f* locality, site

мі́сяць [mis'ats'] *m* moon, month

мі́сячно [mis'achno] *adv* monthly, with moonlight

місь́кий [mis'kiy] *adj* urban, municipal

міх [mikh] *m* sack, bag

міцни́й [mitsniy] *adj* strong, stout, solid

міцні́ти [mitsniti] *v* harden, become tough
міць [mits'] *f* might, power, authority
мішани́на [mishanina] *f* mixture, complication, confusion
міша́ти [mishati] *v* mix, mingle
мішо́к [mishok] *m* sack, bag
міщани́н, міща́нка [mishchanin, mishchanka] *m, f* townsman, townswoman
млине́ць [mlinets'] *m* pancake
млі́ти [mliti] *v* faint, languish
мло́їти [mloyiti] *v* feel sick
мля́вий [ml'aviy] *adj* feeble, faint, lazy
мно́ження [mnozhen'a] *n* multiplication
множина́ [mnozhina] *f* plural
мно́жити [mnozhiti] *v* multiply, increase
мов [mov] *adv* as, as if, it appears that
мо́ва [mova] *f* language, speech
мо́вити [moviti] *v* speak, say
мо́вний [movniy] *adj* verbose, linguistic
мовозна́вець [movoznavets'] *m* linguist
мо́вча́нка [movchanka] *f* silence
мовча́ти [movchati] *v* be silent
моги́ла [moghila] *f* grave, mound
могти́ [moghti] *v* be able, be possible
мо́жна [mozhna] *adv* it is possible
мо́зок [mozok] *m* brain, cerebellum
мо́кнути [moknuti] *v* become wet, be drenched
мо́крий [mokriy] *adj* wet, damp
моли́тва [molitva] *f* prayer, entreaty

моли́тися [molitis'a] *v* pray
молито́вник [molitovnik] *m* prayerbook
молоди́й [molodiy] *adj* young
молоди́к [molodik] *m* young single man
молоди́ця [molodits'a] *f* young married woman
мо́лодь [molod'] *noun pl* youth, young people
молоко́ [moloko] *n* milk
молоча́р [molochar] *m* milkman
молоча́рня [molocharn'a] *f* dairy
моне́та [moneta] *f* coin, money
морга́ти [morghati] *v* wink, blink, twinkle
мо́ре [more] *n* sea
море́ля [morel'a] *f* apricot
морі́г [morigh] *m* grass, lawn
мо́рква [morkva] *f* carrot
моро́з [moroz] *m* frost, cold
моро́зиво [morozivo] *n* ice cream
моро́зний [morozniy] *adj* chilly, frosty
морськи́й [mors'kiy] *adj* naval, marine
мо́рщитися [morshchitis'a] *v* crease, wrinkle
моря́к [mor'ak] *m* seaman, sailor
моска́ль [moskal'] *m* Muscovite, Russian
моско́вський [moskovs'kiy] *adj* of a Muscovite
мо́туз [motuz] *m* rope, line
мотузо́к [motuzok] *m* string, cord
мочи́ти [mochiti] *v* wet, dip
мрець [mrets'] *m* dead body, corpse

мрíти [mriti] *v* appear, be delirious
мрíя [mriya] *f* dream, vision
мрíяти [mriyati] *v* dream, imagine
мряка [mr'aka] *f* fog, heavy mist with drizzle
мрячити [mr'achiti] *v* drizzle
мстити [mstiti] *v* take revenge
мудрець [mudrets'] *m* wise man, philosopher
мудрий [mudriy] *adj* wise, prudent, clever
мудрість [mudrist'] *f* wisdom, prudence
муж [muzh] *m* husband, man
музей [muzey] *m* museum
музика [muzika] *f* music
музика [muzika] *m* musician, lover of music
мука [muka] *f* torment, pangs
мука [muka] *f* meal, flour
муляр [mul'ar] *m* bricklayer
мур [mur] *m* stone wall
мурин [murin] *m* negro
мурувати [muruvati] *v* build with stones, lay bricks
мусіти [musiti] *v* be forced, have to, must
мускул [muskul] *m* muscle
муха [mukha] *f* fly
мучитися [muchitis'a] *v* be tormented, suffer
м'яз [myaz] *m* muscle
м'який [myakiy] *adj* soft, tender
м'яко [myako] *adv* softly, tenderly
м'ясо [myaso] *n* meat, flesh
м'ята [myata] *f* mint

м'яч [myach] *m* ball

Н

на [na] *prep* against, at, by, for, with
набира́ти [nabirati] *v* gather together,
compose, grow big
набі́к [nabik] *adv* aside, out of the way
на́біл [nabil] *m* dairy products
набува́ти [nabuvati] *v* acquire, attain
наве́рх [naverkh] *adv* above, at the top of
на́віть [navit'] *adv* even, not so
наві́що [navishcho] *adv* why? for what
purpose?
навко́ло [navkolo] *adv* round, all around
навми́сне [navmisne] *adv* intentionally, on
purpose
наво́дити [navoditi] *v* lead upon, direct
навпаки́ [navpaki] *adv* on the contrary
навря́д [navr'ad] *adv* hardly
навча́ння [navchan'a] *n* teaching, instruction
навча́ти [navchati] *v* teach, inform
на́гло [naghlo] *adv* suddenly, precipitously
на́гляд [naghl'ad] *m* supervision, watch
наглядá́ти [naghl'adati] *v* look after, oversee
наглядáч [naghl'adach] *m* overseer,
supervisor

нагодувáти [naghoduvati] *v* feed or nourish adequately

нáголос [nagholos] *m* accent, emphasis

нагорóда [naghoroda] *f* reward, gratuity

нагорóджений [naghorodzheniy] *adj* rewarded, decorated

нагорóджувати [naghorodzhuvati] *v* reward, compensate

нагóру [naghoru] *adv* up, upward

над [nad] *prep* above, beyond, on

надвíр [nadvir] *adv* outside

надвíр'я [nadvirya] *n* outdoor, yard-side

надвóє [nadvoye] *adv* in two

надвóрі [nadvori] *adv* outside, outdoors

надíйний [nadiyniy] *adj* hopeful, certain, faithful

надíя [nadiya] *f* hope

надíятися [nadiyatis'a] *v* hope, expect

нáдмір [nadmir] *m* excess, superfluity

надобрáніч [nadobranich] *adv* goodnight

нáдпис [nadpis] *m* inscription

надпи́сувати [nadpisuvati] *v* inscribe

нáдро [nadro] *n* bosom, womb

надрукóваний [nadrukovaniy] *adj* printed, published

надрукувáти [nadrukuvati] *v* print, publish

надтóчувати [nadtochuvati] *v* lengthen, add

надувáти [naduvati] *v* blow, inflate

надхнéння [nadkhnen'a] *n* inspiration

надхóдити [nadkhoditi] *v* come, arrive

назавжди [nazavzhdi] *adv* for ever
назад [nazad] *adv* back, behind
назбирати [nazbirati] *v* gather, collect
назва [nazva] *f* name, title
назвище [nazvishche] *n* surname, family name
називати [nazivati] *v* call, name
називатися [nazivatis'a] *v* be named
назустріч [nazustrich] *adv* towards
наївний [nayivniy] *adj* naive, silly
наїдатися [nayidatis'a] *v* eat one's fill
найбільше [naybil'she] *adv* most, above all
найбільший [naybil'shiy] *adj* greatest, largest
найближче [nayblizhche] *adv* closely
найближчий [nayblizhchiy] *adj* nearest
найвищий [nayvishchiy] *adj* highest
найглибший [nayghlibshiy] *adj* deepest
найдорожчий [naydorozhchiy] *adj* most expensive, the dearest
найкращий [naykrashchiy] *adj* best
найлегший [nayleghshiy] *adj* easiest
найманець [naymanets'] *m* mercenary
наймати [naymati] *v* hire, rent
найменший [naymenshiy] *adj* the least, the smallest
найми [naymi] *noun pl* hire, rent
наймит [naymit] *m* manservant
наймичка [naymichka] *f* woman servant, maid

наймоло́дший [naymolodshiy] *adj* the youngest

найни́жчий [naynizhchiy] *adj* the lowest, the shortest

найрані́ше [nayranishe] *adv* at the very earliest

найто́нший [naytonshiy] *adj* the thinnest

нака́з [nakaz] *m* order, command

нака́зувати [nakazuvati] *v* order, admonish, talk a great deal

наклада́ти [nakladati] *v* put on, impose

на́клеп [naklep] *m* false accusation

накле́ювати [nakleyuvati] *v* paste on

накрива́ти [nakrivati] *v* cover, spread over

накриття́ [nakrit'a] *n* shelter, covering

нале́жати [nalezhati] *v* belong, pertain

налива́ти [nalivati] *v* pour in, fill up

нали́сник [nalisnik] *m* pancake spread with cheese or jam and rolled

намалюва́ти [namal'uvati] *v* paint, depict

наме́т [namet] *m* tent

нами́сник [namisnik] *m* cupboard

нами́сто [namisto] *n* necklace

намо́ва [namova] *f* persuasion, incitement

намовля́ти [namovl'ati] *v* persuade, say evil of

нани́з [naniz] *adv* down, below

нано́сити [nanositi] *v* heap up, accumulate

на́пад [napad] *m* attack, assault

напада́ти [napadati] *v* assault, strike upon

напа́м'ять [napamyat'] *adv* by heart

напа́сник [napasnik] *m* aggressor, insulter

на́пасть [napast'] *f* provocation, violence, misfortune

напе́вно [napevno] *adv* surely, indeed

напере́д [napered] *adv* firstly, in advance, forward

напере́ді [naperedi] *adv* in front, before

на́пис [napis] *m* inscription

написа́ти [napisati] *v* write, compose

напи́тися [napitis'a] *v* drink, drink to satisfaction

напі́й [napiy] *m* drink, beverage

напоча́тку [napochatku] *adv* at first, in the beginning

напо́ювати [napoyuvati] *v* give enough to drink, water

напра́вду [napravdu] *adv* really, truly

наприклад [napriklad] *adv* for example

напро́ти [naproti] *adv* opposite, across

напро́чуд [naprochud] *adv* wonderfully

напру́жений [napruzheniy] *adj* strained, tight

на́прямок [napr'amok] *m* direction, tendency

нара́да [narada] *f* consultation, conference

нара́з [naraz] *adv* suddenly, all at once

narі́жний [narizhniy] *adj* at a corner

нарі́зувати [narizuvati] *v* cut, make an incision

на́рік [narik] *adv* next year

нарі́кання [narikan'a] *n* complaint, reproach

нарікати [narikati] *v* complain, blame

наркотик [narkotik] *m* drug

народ [narod] *m* people, nation

народжений [narodzheniy] *adj* born

народжуватися [narodzhuvatis'a] *v* be born, issue, rise

народній [narodniy] *adj* national, popular

народність [narodnist'] *f* nationality

наруга [narugha] *f* mockery, derision

насамперед [nasampered] *adv* first of all, at first

населений [naseleniy] *adj* populated, inhabited

населення [naselen'a] *n* population

насилля [nasil'a] *n* violence

насип [nasip] *m* embankment, fill, earth

насипати [nasipati] *v* pour in, fill with

насіння [nasin'a] *n* seed

наслідок [naslidok] *m* consequence, effect

наслідувати [nasliduvati] *v* imitate, emulate

настрій [nastriy] *m* disposition, feeling, mood

наступний [nastupniy] *adj* following, next

натирати [natirati] *v* rub, rasp, polish

натовп [natovp] *m* crowd, multitude

натомість [natomist'] *adv* instead of, moreover, however

натрапляти [natrapl'ati] *v* find by chance, fall in with

наука [nauka] *f* study, science

науко́вий [naukoviy] *adj* scientific
на́фта [nafta] *f* petroleum
находи́ти [nakhoditi] *v* find, strike upon
націоналі́зм [natsionalizm] *m* nationalism
націоналісти́чний [natsionalistichniy] *adj* nationalistic
націона́льний [natsional'niy] *adj* national
на́ція [natsiya] *f* nation
на́черк [nacherk] *m* sketch, outline
начи́ння [nachin'a] *n* utensils, dishes
наща́док [nashchadok] *m* descendant
нащо́? [nashcho] *adv* why? wherefore?
не [ne] *adv* no, none
неаби́як [neabiyak] *adv* quite, not bad at all
неаби́який [neabiyakiy] *adj* unusual, above the average
небага́то [nebaghato] *adv* not much, a little bit
небезпе́ка [nebezpeka] *f* danger, hazard
небезпе́чний [nebezpechniy] *adj* dangerous, hazardous
не́біж [nebizh] *m* nephew
не́бо [nebo] *n* heaven, sky
небо́га [nebogha] *f* niece
небосхи́л [neboskhil] *m* horizon
невві́чливий [nevichliviy] *adj* impolite
невда́ча [navdacha] *f* failure
невдя́чний [nevd'achniy] *adj* ungrateful
невигі́дний [nevighidniy] *adj* inconvenient, inadequate

невинний [neviniy] *adj* innocent
невинність [nevinist'] *f* innocence, virginity
невідмінний [nevidminiy] *adj* irrevocable
невідомий [nevidomiy] *adj* unknown
невільник [nevil'nik] *m* slave, captive
невільно [nevil'no] *adv* it is forbidden
невістка [nevistka] *f* daughter–in–law
неволя [nevol'a] *f* slavery, bondage
невтомний [nevtomniy] *adj* unweary, tireless
невтомність [nevtomnist'] *f* indefatigability
негайно [neghayno] *adv* at once, forthwith
негаразд [negharazd] *adv* not well, improperly
негарний [negharniy] *adj* ugly, improper
негативний [negativniy] *adj* negative
недавно [nedavno] *adv* recently, lately
недалеко [nedaleko] *adv* close to, at hand
недбалий [nedbaliy] *adj* negligent, idle
недбалість [nedbalist'] *f* negligence, carelessness
неділя [nedil'a] *f* Sunday
недільний [nedil'niy] *adj* of Sunday
недобре [nedobre] *adv* not well, evil
недобрий [nedobriy] *adj* bad, malicious
недоля [nedol'a] *f* misfortune, distress
недосвідчений [nedosvidcheniy] *adj* inexperienced, unskilled
недостаток [nedostatok] *m* need, want, scarcity
недочувати [nedochuvati] *v* not to hear well

недуга [nedugha] *f* illness, infirmity

недужий [neduzhiy] *adj* sick, unwell

нежить [nezhit'] *m* cold in the head

незабутній [nezabutniy] *adj* unforgettable

незаконний [nezakoniy] *adj* illegal, unlawful

незаможний [nezamozhniy] *adj* poor, indigent

незгода [nezghoda] *f* discord, variance

нездібний [nezdibniy] *adj* incapable, unfit

нездужати [nezduzhati] *v* feel weak, be indisposed

незнайома, незнайомий [neznayoma, neznayomiy] *f, m* stranger

незнайомий [neznayomiy] *adj* strange, unfamiliar

незнаний [neznaniy] *adj* unknown

незрозумілий [nezrozumiliy] *adj* incomprehensible, unintelligible

неймовірний [neymovirniy] *adj* increadible, improbable

неймовірно [neymovirno] *adv* improbably, sceptically

нелад [nelad] *m* disorder, confusion

нелегко [neleghko] *adv* heavy, difficult

нелюб [nel'ub] *m* unloved man

нелюдяний [nel'ud'aniy] *adj* unsociable, inhuman

нема [nema] *adv* there is nobody

неміч [nemich] *f* weakness, impotence

немо́в [nemov] *adv* as, like

немовля́ [nemovl'a] *n* infant

неможли́вий [nemozhliviy] *adj* impossible

ненави́діти [nenaviditi] *v* hate, detest

нена́висть [nenavist'] *f* hatred

ненаголо́шений [nenagholosheniy] *adj* unstressed

ненадо́вго [nenadovgho] *adv* not for long

нена́че [nenache] *adv* as if

необере́жний [neoberezhniy] *adj* careless, unwary

необере́жність [neoberezhnist'] *f* carelessness, imprudence

необов'язко́вий [neobovyazkoviy] *adj* optional, inconsiderate

необхі́дний [neobkhidniy] *adj* indispensable, urgent

неодру́жений [neodruzheniy] *adj* unmarried

неозна́чений [neoznacheniy] *adj* indefinite, infinite

неосві́тлений [neosvitleniy] *adj* dark, obscure

неосві́чений [neosvicheniy] *adj* illiterate, uneducated

неосві́ченість [neosvichenist'] *f* illiteracy, ignorance

неосво́єний [neosvoyeniy] *adj* untamed, unfamiliar

неособо́вий [neosoboviy] *adj* impersonal

неохо́та [neokhota] *f* reluctance, repugnance

непе́вний [nepevniy] *adj* uncertain, suspicious

непи́сьме́нний [nepis'meniy] *adj* illiterate

непова́га [nepovagha] *f* disrespect

неподво́єний [nepodvoyeniy] *adj* single

непокі́рний [nepokirniy] *adj* disobedient

непоко́ра [nepokora] *f* disobedience

непоми́льний [nepomil'niy] *adj* infallible

непорозумі́ння [neporozumin'a] *n* misunderstanding

непо́слух [neposlukh] *m* disobedience

непотрі́бний [nepotribniy] *adj* useless, needless

непотрі́бно [nepotribno] *adv* not necessary

неприє́мний [nepriyemniy] *adj* unpleasant, unacceptable

неприє́мність [nepriyemnist'] *f* unpleasantness, annoyance

неприє́мно [nepriyemno] *adv* unpleasantly

непрису́тній [neprisutniy] *adj* absent

непрису́тність [neprisutnist'] *f* absence

неприхи́льний [neprikhil'niy] *adj* hostile, unfavorable

неприхи́льність [neprikhil'nist'] *f* disaffection, ill-will

нерв [nerv] *m* nerve

нерво́вий [nervoviy] *adj* nervous

нервува́ти [nervuvati] *v* agitate, make nervous

нері́вно [nerivno] *adv* unequally, unevenly

нерозсудний [nerozsudniy] *adj* thoughtless, unwise

нерухомий [nerukhomiy] *adj* motionless, fixed

нерухомість [nerukhomist'] *f* immobility, fixedness

несвідомий [nesvidomiy] *adj* unconscious, ignorant, uncertain

несвідомість [nesvidomist'] *f* ignorance, unconsciousness

неслава [neslava] *f* disgrace, shame

неслухняний [neslukhn'aniy] *adj* disobedient, undutiful

несмак [nesmak] *m* disgust, displeasure

несмачний [nesmachniy] *adj* tasteless, unpalatable

несміливий [nesmiliviy] *adj* shy, timid

несподіваний [nespodivaniy] *adj* unexpected, casual

несподіванка [nespodivanka] *f* surprise, suddenness

несподівано [nespodivano] *adv* suddenly, unexpectedly

неспокій [nespokiy] *m* anxiety, trouble, perturbation

неспокійний [nespokiyniy] *adj* restless, uneasy

нести [nesti] *v* carry, bring

неувага [neuvagha] *f* inattention, oversight

неува́жний [neuvazhniy] *adj* inattentive, heedless

не́ук [neuk] *m* ignorant person

неха́й [nekhay] *part* let, may, be it

не́хтувати [nekhtuvati] *v* neglect, make slight of

нече́мний [nechemniy] *adj* impolite, ill-mannered

нечи́стий [nechistiy] *adj* dirty, impure

нечитки́й [nechitkiy] *adj* unreadable

нечітки́й [nechitkiy] *adj* vague, indistinct

нешкідли́вий [neshkidliviy] *adj* harmless

неща́сний [neshchasniy] *adj* unhappy, hopeless

неща́стя [neshchast'a] *n* misfortune, unhappiness, disaster

нещи́рий [neshchiriy] *adj* insincere, hypocritical, double-tongued

ни́жче [nizhche] *adv* low, below, under

ни́жчий [nizhchiy] *adj* lower

ни́зка [nizka] *f* series, string

ни́зько [niz'ko] *adv* low, lowly

ни́ні [nini] *adv* today, this day

ни́нішній [ninishniy] *adj* of this date, today's

ни́рка [nirka] *f* kidney

ни́тка [nitka] *f* thread, clue, string

ни́шком [nishkom] *adv* in a whisper, softly

ни́щити [nishchiti] *v* destroy, lay waste, spoil

ні [ni] *adv* no, not
ніготь [nighot'] *m* fingernail, toenail
ніде [nide] *adv* nowhere
ніж [nizh] *m* knife
ніж [nizh] *conj* than
ніздря [nizdr'a] *f* nostril
ніколи [nikoli] *adv* never
нікчемний [nikchemniy] *adj* mean,
good-for-nothing
німий [nimiy] *adj* mute, dumb, speechless
нім [nim] *conj* before, till
ніс [nis] *m* nose
ніхто [nikhto] *pron* nobody
ніч [nich] *f* night, night time
нічий [nichiy] *pron* nobody's
нічліг [nichligh] *m* night lodging
нічний [nichniy] *adj* nightly, nocturnal
ніщо [nishcho] *pron* nothing, anything
ніякий [niyakiy] *pron* none, neither
новий [noviy] *adj* new, recent
новина [novina] *f* news, tidings
новообраний [novoobraniy] *adj* newly
elected
нога [nogha] *f* foot, leg
ножиці [nozhitsi] *noun pl* scissors
носити [nositi] *v* carry, bear, wear
носовий [nosoviy] *adj* nasal, of the nose
нота [nota] *f* note, memorandum
нотувати [notuvati] *v* note, write down
ночви [nochvi] *noun pl* wash-tub

ночува́ти [nochuvati] *v* stay overnight, pass the night

ну́дитися [nuditis'a] *v* be weary, pine away

нудни́й [nudniy] *adj* boring, dull

нудьга́ [nud'gha] *f* boredom, weariness

нуль [nul'] *m* zero, null

нуртува́ти [nurtuvati] *v* dive into, penetrate, wash away

нутро́ [nutro] *n* inside, viscera

нюх [n'ukh] *m* smell, scent

ня́нька [n'an'ka] *f* nursemaid

О

о [o] *prep* at

об [ob] *prep* concerning, about, on, at, during

оба́ [oba] *pron m* both, one and the other

оба́біч [obabich] *adv* on both sides

оббира́ти [obbirati] *v* peel

оббі́гати [obbighati] *v* visit ·all, be everywhere

оббіга́ти [obbighati] *v* run around, ramble

о́бвідка [obvidka] *f* border, trimming, edge

обво́дити [obvoditi] *v* lead around, enclose, surround

обгово́рювати [obghovor'uvati] *v* speak about, discuss

обду́мати [obdumati] *v* consider, weigh, devise

обере́жний [oberezhniy] *adj* cautious, prudent

обере́жність [oberezhnist'] *f* caution, prudence

оберта́ти [obertati] *v* turn around, convert

об'єдна́ння [obyednan'a] *n* unification, federation

об'є́днуватися [obyednuvatis'a] *v* become united

обира́ти [obirati] *v* choose, elect

о́бі [obi] *pron f* both, one and the other

о́біг [obigh] *m* circulation, revolution

обі́д [obid] *m* dinner, dinner time

обі́дати [obidati] *v* dine

обі́дній [obidniy] *adj* of dinner

обі́жник [obizhniy] *m* circular, memorandum

обійма́ти [obiymati] *v* embrace, seize, include

обі́йми [obiymi] *noun pl* hug, embrace

обійти́ [obiyti] *v* go around, concern

обійти́ся [obiytis'a] *v* dispense with, do without

обірва́ти [obirvati] *v* pluck off, tear off

обіцюва́ти [obits'uvati] *v* promise

обіця́нка [obits'anka] *f* promise

обкла́динка [obkladinka] *f* cover, wrapper

обли́ччя [oblich'a] *n* face, countenance

о́блік [oblik] *m* calculation, survey, registration

обло́га [oblogha] *f* siege

облу́да [obluda] *f* illusion, hypocrisy
о́бмін [obmin] *m* exchange, barter
обмі́нювати [obmin'uvati] *v* exchange, alter
обмі́рювати [obmir'uvati] *v* measure round
обов'язко́вий [obovyazkoviy] *adj* compulsory, engaging
обо́в'язок [obovyazok] *m* duty, responsibility
обо́є [oboye] *pron n* both
оборо́на [oborona] *f* defence, plea
обража́ти [obrazhati] *v* offend, hurt, wound
обра́жений [obrazheniy] *adj* insulted
о́браз [obraz] *m* painting, icon
о́браз [obraz] *m* visage, living image
обра́за [obraza] *f* insult, injury
о́брис [obris] *m* outline, contour
обрі́й [obriy] *m* horizon, skyline
обря́д [obr'ad] *m* denomination, ritual
обхі́д [obkhid] *m* turn, procession around a church
обчи́слення [obchislen'a] *n* counting, estimating
обчи́слювати [obchisl'uvati] *v* calculate, figure out
ове́с [oves] *m* oats
о́воч [ovoch] *m* fruit
огіро́к [oghirok] *m* cucumber
о́гляд [oghl'ad] *m* review, examination
огляда́ти [oghl'adati] *v* view, look over
оголо́шення [ogholoshen'a] *n* announcement, notice, manifest

оголо́шувати [ogholoshuvati] *v* proclaim, advertise

ого́нь [oghon'] *m* fire

огоро́жа [oghorozha] *f* enclosure, fence

оде́жа [odezha] *f* clothes, wardrobe

оди́н [odin] *num* one *adj* single, alone

одина́дцять [odinadts'at'] *num* eleven

одина́к [odinak] *m* an only son

одини́ця [odinits'a] *f* unit, individual

одномо́вний [odnomovniy] *adj* of the same language, unilingual

одроби́на [odrobina] *f* small bit, crumb

одру́жений [odruzheniy] *adj* married

одру́ження [odruzhen'a] *n* marriage

одру́жуватися [odruzhuvatis'a] *v* get married

одяга́тися [od'aghatis'a] *v* dress oneself

озбро́єння [ozbroyen'a] *n* equipment, armament

о́зеро [ozero] *n* lake

ози́мий [ozimiy] *adj* of winter

озна́ка [oznaka] *f* mark, character, peculiarity

океа́н [okean] *m* ocean

о́клик [oklik] *m* call, exclamation

о́ко [oko] *n* eye

око́лиця [okolits'a] *f* region, environs

окре́мий [okremiy] *adj* separate

окре́мішність [okremishnist'] *f* individuality, privacy

окре́мо [okremo] *adv* separately, apart

окру́га [okrugha] *f* district, region
оксами́т [oksamit] *m* velvet
окуля́ри [okul'ari] *noun pl* eyeglasses
окупо́ваний [okupovaniy] *adj* occupied, invaded, seized
окупува́ти [okupuvati] *v* occupy, seize
олівець [olivets'] *m* pencil
олія [oliya] *f* oil
он [on] *interj* so! here!
онта́м [ontam] *adv* there
он як! [on yak] *interj* so that's it!
опада́ти [opadati] *v* fall off, decrease
о́пади [opadi] *noun pl* atmospheric precipitations
о́пал [opal] *m* fuel, heat
опа́лений [opaleniy] *adj* burnt all around, heated
опано́вувати [opanovuvati] *v* master, seize upon
опанча́ [opancha] *f* woolen overcoat
опи́саний [opisaniy] *adj* described, specified
опи́сувати [opisuvati] *v* describe
опі́вдні [opivdni] *adv* at noon
опі́вніч [opivnich] *f* midnight
опі́вночі [opivnochi] *adv* at midnight
опі́ка [opika] *f* care, protection
опіку́н [opikun] *m* guardian, protector
опіку́нка [opikunka] *f* patroness, protectress
о́пір [opir] *m* resistance, opposition
опісля́ [opisl'a] *adv* afterwards, then

о́плески [opleski] *noun pl* applause

оповіда́ння [opovidan'a] *n* narrative, story

оповіда́ти [opovidati] *v* narrate

о́повідь [opovid'] *f* notification, announcement

опрацьо́вувати [oprats'ovuvati] *v* work out, finish

організа́ція [orghanizatsiya] *f* organization

організува́ти [orghanizuvati] *v* organize

ору́жжя [oryzh'a] *n* armament

осві́та [osvita] *f* education, refinement

осві́чений [osvicheniy] *adj* educated, well-informed

освя́чувати [osv'achuvati] *v* sanctify

осе́л [osel] *m* donkey

осе́ля [osel'a] *f* settlement, summer camp

о́сінь [osin'] *f* autumn

осно́ва [osnova] *f* basis, foundation, principles

основни́й [osnovniy] *adj* fundumental, basic

осо́ба [osoba] *f* person, individual

особи́стий [osobistiy] *adj* personal, private

остава́ти [ostavati] *v* remain, stay

оста́нній [ostaniy] *adj* last, ultimate, final, late

оста́нок [ostanok] *m* remainder, rest

остеріга́ти [osterighati] *v* warn, caution

осторо́га [ostorogha] *f* warning, caution

о́стрів [ostriv] *m* isle, island

осу́джувати [osudzhuvati] *v* condemn, blame, criticize

осяга́ти [os'aghati] *v* attain, achieve, arrive at

ось [os'] *adv* here, there

от [ot] *part* here, behold, look

оте́ць [otets'] *m* father, priest

о́тже [otzhe] *conj* therefore, then

отри́мувати [otrimuvati] *v* receive, acquire

охоло́джувати [okholodzhuvati] *v* cool, refresh, refrigerate

охоро́на [okhorona] *f* protection, defence

охороня́ти [okhoron'ati] *v* protect, take good care of

охри́щувати [okhrishchuvati] *v* baptize, christen

о́цет [otset] *m* vinegar

оці́нювати [otsin'uvati] *v* evaluate, appraise

очища́ти [ochishchati] *v* clean, purify

очі́кувати [ochikuvati] *v* await, expect, hope for

оща́дний [oshchadniy] *adj* saving, economical

П

па́вза [pavza] *f* pause, intermission

паву́к [pavuk] *m* spider

па́дати [padati] *v* fall, tumble

пакува́ти [pakuvati] *v* pack up

паку́нок [pakunok] *m* package, luggage
пала́та [palata] *f* large apartment, chamber
па́лець [palets'] *m* finger
пали́ти [paliti] *v* burn, heat
палки́й [palkiy] *adj* hot, eager, passionate
па́лко [palko] *adv* passionately, eagerly
пальто́ [pal'to] *n* overcoat
пам'ята́ти [pamyatati] *v* remember, think of
па́м'ятка [pamyatka] *f* remembrance, souvenir
па́м'ятник [pamyatnik] *m* monument, memorial
па́м'ять [pamyat'] *f* memory, recollection
пан, па́ні [pan, pani] *m, f* Mr., sir; Mrs., lady
панчо́ха [panchokha] *f* stocking
папі́р [papir] *m* paper
пара́ [para] *f* steam, fume
па́ра [para] *f* pair, couple
парасо́ль [parasol'] *m* umbrella
пари́стий [paristiy] *adj* well-coupled, even, matched
па́рость [parost'] *f* sprout, young shoot
партер [parter] *m* main floor
па́ртія [partiya] *f* party
па́рубок [parubok] *m* unmarried single man, lad
па́серб, па́сербиця [paserb, paserbits'a] *m, f* stepson, stepdaughter
пасте́ля [pastel'a] *f* crayon, pastel painting

патик [patik] *m* stick

пахощі [pakhoshchi] *noun pl* perfume, fragrance

пахучий [pakhuchiy] *adj* fragrant

паща [pashcha] *f* mouth

певний [pevniy] *adj* certain, secure, true

певність [pevnist'] *f* certainty, security

певно [pevno] *adv* surely, certainly, probably

педагог [pedagog] *m* pedagogue

пейзаж [peyzazh] *m* landscape

пекар [pekar] *m* baker

пекти [pekti] *v* bake, burn

первісний [pervisniy] *adj* original, primary

перебирати [perebirati] *v* pick, choose

перебиратися [perebiratis'a] *v* change residence, cross over

перебіг [perebigh] *m* course, race, development

перебір [perebir] *m* excess, careful selection

перебувати [perebuvati] *v* stay, remain

перебудова [perebudova] *f* reconstruction

перевага [perevagha] *f* superiority, overweight

переважно [perevazhno] *adv* especially, particularly

перевертати [perevertati] *v* overthrow, upset

перевивати [perevivati] *v* wrap up

перевіз [pereviz] *m* transport, ferry

перевірка [perevirka] *f* examination, revision

перевіряти [perevir'ati] *v* examine, revise, control

переводити [perevoditi] *v* transfer, switch

перевозити [perevoziti] *v* transport, convey

переворот [perevorot] *m* overthrow, coup

перевтома [perevtoma] *f* overwork, fatigue

перевтомлений [perevtomleniy] *adj* fatigued

перегляд [pereghl'ad] *m* review, inspection

переглядати [pereghl'adati] *v* review, reconsider

перегони [pereghoni] *noun pl* race

перед [pered] *prep* before, from

перед [pered] *m* front, forepart

передавати [peredavati] *v* deliver, communicate, pass over

переділ [peredil] *m* parting

переділяти [peredil'ati] *v* divide, separate

передмістя [peredmist'a] *n* suburbs, environs

передмова [peredmova] *f* preface

передній [peredniy] *adj* front, first

передовий [peredoviy] *adj* first, leading, foremost

передовсім [peredovsim] *adv* first of all, above all

передплата [peredplata] *f* subscription

передплачувати [peredplachuvati] *v* subscribe

передрук [peredruk] *m* reprint, second edition

переживати [perezhivati] *v* live through, survive, suffer

переїзд [pereyizd] *m* crossing, passing through

перейти [pereyti] *v* pass, cross

переказ [perekaz] *m* tradition, narration, paraphrase, money order

переказувати [perekazuvati] *v* retell, paraphrase

переклад [pereklad] *m* translation, interpretation

перекладати [perekladati] *v* replace, overlay, translate

перекладач [perekladach] *m* translator

перекрій [perekriy] *m* cross–section, profile

перекроювати [perekroyuvati] *v* cut out again, divide by cutting

перекуска [perekuska] *f* snack, refreshment

перекушувати [perekushuvati] *v* bite through, have a snack

переламаний [perelamaniy] *adj* broken in two parts

переламувати [perelamuvati] *v* break in two

переливати [perelivati] *v* pour from one vessel into another, pour too much

перелізати [perelizati] *v* creep through, climb over

переляк [perel'ak] *m* terror, fear

переля́каний [perel'akaniy] *adj* scared, terrified

переляка́ти [perel'akati] *v* frighten, terrify

перемага́ти [peremaghati] *v* overcome, conquer

перемо́га [peremogha] *f* victory, triumph, conquest

перемо́жений [peremozheniy] *adj* defeated, conquered

перемо́жець [peremozhets'] *m* victor, conqueror

перемо́жний [peremozhniy] *adj* victorious

перено́сити [perenositi] *v* carry over, transfer

перепи́сувати [perepisuvati] *v* make a copy, transcribe

перепи́сувач [perepisuvach] *m* copyist, typist

перепи́тувати [perepituvati] *v* question again, re-examine

переплива́ти [pereplivati] *v* swim across

переполо́х [perepolokh] *m* horror, dread

перепо́на [perepona] *f* obstacle, obstruction

перепро́шувати [pereproshuvati] *v* apologize

пере́пустка [perepustka] *f* pass, admission card

пере́рва [pererva] *f* intermission, pause

перері́зувати [pererizuvati] *v* intersect

пересе́лення [pereselen'a] *n* settling in a new place, migration

пересила́ти [peresilati] *v* send from one place to another, remit

пересипа́ти [peresipati] *v* overfill, pour dry things into another container

пересі́дка [peresidka] *f* transfer

переслі́дуваний [peresliduvaniy] *adj* persecuted, chased

переслі́дування [peresliduvan'a] *n* persecution, chase

переслі́дувати [peresliduvati] *v* persecute, pursue

пересо́лювати [peresol'uvati] *v* oversalt

переспа́тися [perespatis'a] *v* sleep through, take a nap

пересторо́га [perestorogha] *f* caution, forewarning

переступа́ти [perestupati] *v* step over, violate

перетина́ти [peretinati] *v* cut through, intersect

перехі́д [perekhid] *m* passage, crossing

перехо́жий [perekhozhiy] *m* passer-by, pedestrian

перехре́сний [perekhresniy] *adj* cross-wise, of crossing

перехре́стя [perekhrest'a] *n* crossroads, bars of a cross

перехристи́тися [perekhristitis'a] *v* cross oneself

пе́рець [perets'] *m* pepper

перечити [perechiti] *v* contradict, deny

перечитувати [perechituvati] *v* read over, reread

перешкода [pereshkoda] *f* obstacle, obstruction

перешкоджати [pereshkodzhati] *v* interfere, obstruct

перо [pero] *n* pen, feather

перстень [persten'] *m* ring

перчити [perchiti] *v* pepper

перший [pershiy] *adj* first, former

пес [pes] *m* dog

пестити [pestiti] *v* pet, caress

пестун [pestun] *m* pet, fondling

печатка [pechatka] *f* seal, stamp

печений [pecheniy] *adj* baked, roasted

печиво [pechivo] *n* baking, pastry

п'єса [pyesa] *f* play, drama

пивниця [pivnits'a] *f* basement, cellar

пиво [pivo] *n* beer

пил [pil] *m* dust

пилосос [pilosos] *m* vacuum cleaner

пиляний [pil'aniy] *adj* dusty

пильнувати [pil'nuvati] *v* watch, look after, take care

пиріг [pirigh] *m* pie, tart

писання [pisan'a] *n* writing, scripture, literary works

писати [pisati] *v* write

письменний [pis'meniy] *adj* literate

письме́нник [pis'menik] *m* writer, author

письме́нство [pis'menstvo] *n* literature, letters

письмо́ [pis'mo] *n* writing, hand writing

пита́льний [pital'niy] *adj* interrogative

пита́ння [pitan'a] *n* question, inquiry

пита́ти [pitati] *v* inquire, interrogate

пи́ти [piti] *v* drink

пів [piv] *num* half

півгоди́ни [pivghodini] *adv* half an hour long

південни́й [pivdeniy] *adj* of half a day, of midday, southern

південнозахі́дній [pivdenozakhidniy] *adj* southwestern

південносхі́дній [pivdenoskhidniy] *adj* southeastern

пі́вдень [pivden'] *m* noon, south

пі́вніч [pivnich] *f* midnight, north

півні́чнозахі́дній [pivnichnozakhidniy] *adj* northwestern

півні́чносхі́дній [pivnichnoskhidniy] *adj* northeastern

піврі́ччя [pivrich'a] *n* year

півтора́ [pivtora] *num* one and a half

підбі́р [pidbir] *m* selection, set

підборі́ддя [pidborid'a] *n* chin

підва́жувати [pidvazhuvati] *v* lift up

підва́л [pidval] *m* basement, cellar

підва́лина [pidvalina] *f* base, foundation

підготовлювати [pidghotovl'uvati] *v* prepare

підготовлюватися [pidghotovl'uvatis'a] *v* get ready

підде́ржувати [pidderzhuvati] *v* support, sustain, maintain, back up

піджа́к [pidzhak] *m* jacket

підзаголо́вок [pidzagholovok] *m* subtitle

підземе́лля [pidzemel'a] *n* underground, cave

підзе́мний [pidzemniy] *adj* subterranean, underground

підійма́ти [pidiymati] *v* raise, take up

підійма́тися [pidiymatis'a] *v* rise, climb, ascend

підка́зувати [pidkazuvati] *v* whisper, suggest, prompt

підклада́ти [pidkladati] *v* underlay, put under

підкла́дка [pidkladka] *f* lining

підко́ва [pidkova] *f* horseshoe

підкре́слення [pidkreslen'a] *n* underlining, stress

підкре́слювати [pidkresl'uvati] *v* underline, emphasize

підли́вка [pidlivka] *f* sauce, broth

підлі́ток [pidlitok] *m* adolescent, teenager

підло́га [pidlogha] *f* floor, deck

підмо́ва [pidmova] *f* persuasion, stimulation

підмовля́ти [pidmovl'ati] *v* persuade, encourage

підно́с [pidnos] *m* tray

підно́сити [pidnositi] *v* raise, present, offer
підня́тися [pidn'atis'a] *v* rise, go up
підпира́ти [pidpirati] *v* support, prop up
пі́дпис [pidpis] *m* signature, inscription
підпи́саний [pidpisaniy] *adj* signed
підпи́сувати [pidpisuvati] *v* sign, endorse, subscribe
підпі́льний [pidpil'niy] *adj* secret, conspiratorial
підпі́льник [pidpil'nik] *m* conspirator, secret fighter
підпо́ра [pidpora] *f* support, prop
підрахо́вувати [pidrakhovuvati] *v* count up, compute
підраху́нок [pidrakhunok] *m* calculation, summation
підроста́ти [pidrostati] *v* rise, grow up, increase
підста́ва [pidstava] *f* base, foundation, motive
підста́вка [pidstavka] *f* stand, support, saucer
підстрига́тися [pidstrighatis'a] *v* have one's hair cut
пі́дсумок [pidsumok] *m* sum, total, result
піду́чувати [piduchuvati] *v* teach, instruct
підхі́д [pidkhid] *m* approach, treatment
пізнава́ти [piznavati] *v* recognize, get acquainted with, be informed
пі́зній [pizniy] *adj* late
пі́зніше [piznishe] *adv* later

пійма́ти [piymati] *v* catch, apprehend
пі́на [pina] *f* foam, froth
пісе́нний [piseniy] *adj* of singing
пісков́ий [piskoviy] *adj* sandy
пі́сля [pisl'a] *adv* after, later, following
пі́сня [pisn'a] *f* song
пісо́к [pisok] *m* sand
пістря́к [pistr'ak] *m* cancer
піт [pit] *m* sweat
піти́ [piti] *v* go, walk
пітьма́ [pit'ma] *f* darkness, obscurity
піч [pich] *f* stove, oven
пі́ший [pishiy] *adj* going on foot, pedestrian
пі́шки [pishki] *adv* on foot
пішохі́д [pishokhid] *m* sidewalk
пішохі́д [pishokhid] *m* pedestrian, hiker
пла́вати [plavati] *v* swim, float
плаве́ць [plavets'] *m* swimmer
плазува́ти [plazuvati] *v* crawl, lick someone's shoes, kiss the dust
пла́кати [plakati] *v* cry, wail
паски́й [plaskiy] *adj* flat, insipid
пла́та [plata] *f* salary, payment
плати́ти [platiti] *v* pay
пла́тний [platniy] *adj* paid, due
платня́ [platn'a] *f* wages, salary
пла́ття [plat'a] *n* clothing, wardrobe
плач [plach] *m* weeping, tears, wailing
плащ [plashch] *m* overcoat
пле́йєр [pleyer] *m* cassette player

племі́нник, племі́нниця [pleminik, pleminits'a] *m, f* nephew, niece

плем'я́ [plemya] *n* race, tribe

плеска́ти [pleskati] *v* applaud, flatten, splash, chatter

плести́ [plesti] *v* twist, weave, knit

плече́ [pleche] *n* shoulder

плин [plin] *m* fluid, liquor

пли́нність [plinist'] *f* fluency, easy flow

плід [plid] *m* fruit, posterity, production

пло́ща [ploshcha] *f* plain, flat ground, square

плюва́ти [pl'uvati] *v* spit out

пляж [pl'azh] *m* beach, seashore

пля́ма [pl'ama] *f* stain, spot

плян [pl'an] *m* plan, design

пляне́та [pl'aneta] *f* planet

пля́шка [pl'ashka] *f* bottle

по [po] *prep* as far as, for, on, about, after, at

побажа́ння [pobazhan'a] *n* wishes

побажа́ти [pobazhati] *v* wish

поба́чити [pobachiti] *v* see, perceive, observe

побере́жжя [poberezh'a] *n* shore, coast

побива́ти [pobivati] *v* beat, overcome, cover

побі́ч [pobich] *prep* beside, close by

поблизу́ [poblizu] *adv* near, in the vicinity

побо́рювати [pobor'uvati] *v* conquer, overpower

по-братерськи [po-braters'ki] *adv* in a brotherly manner, fraternally

побратим [pobratim] *m* intimate friend

побудувати [pobuduvati] *v* build, erect

повага [povagha] *f* respect, esteem

поважаний [povazhaniy] *adj* honorable, respectable

поважання [povazhan'a] *f* respect, regard

поважати [povazhati] *v* respect, have regard for

повезти [povezti] *v* carry, convey

повертати [povertati] *v* return, repay

поверх [poverkh] *m* storey

поверх [poverkh] *prep* over, beyond, in addition to

поверхня [poverkhn'a] *f* surface

повзати [povzati] *v* creep, cringe

повинний [poviniy] *adj* bound, obliged, due

повинність [povinist'] *f* duty, obligation

повідомлення [povidomlen'a] *f* notification, information, dispatch

повідомляти [povidoml'ati] *v* inform, advise, announce

повіка [povika] *f* eyelid

повінчатися [povinchatis'a] *v* be married

повістяр [povist'ar] *m* novelist, story-writer

повість [povist'] *f* novel, narration

повітря [povitr'a] *n* air

повний [povniy] *adj* full, entire

повністю [povnist'u] *adv* completely, entirely

поводити [povoditi] *v* direct, guide
поводитися [povoditis'a] *v* behave oneself
поволі [povoli] *adv* slowly, freely
поворот [povorot] *m* return, curve, turning point
повставати [povstavati] *v* get up, arise, rebel
повстання [povstan'a] *n* rebellion, uprising
повторення [povtoren'a] *n* repetition, review
повторяти [povtor'ati] *v* repeat, review
повчати [povchati] *v* teach, preach
пов'язання [povyazan'a] *n* connection, accordance, agreement
поганий [poghaniy] *adj* ugly, dirty, bad
погано [poghano] *adv* badly, wrong, ill
погасати [poghasati] *v* be extinguished, die away
погідний [poghidniy] *adj* serene, clear, calm
поглиблювати [poghlibl'uvati] *v* deepen, extend
погляд [poghl'ad] *m* look, view
погоджуватися [poghodzhuvatis'a] *v* agree, become reconciled
погроза [poghroza] *f* threat, menace
погулянка [poghul'anka] *f* partying, amusement
подавати [podavati] *v* give, present, offer
по-давньому [po-davn'omu] *adv* as in olden times
подання [podan'a] *n* petition
подарувати [podaruvati] *v* present a gift

подару́нок [podarunok] *m* gift
подéртий [podertiy] *adj* torn, ragged
пóдив [podiv] *m* admiration, amazement
пóдих [podikh] *m* breath
подíбний [podibniy] *adj* similar, resembling
подíбність [podibnist'] *f* likeness, similarity
пóдíл [podil] *m* division, parting
подíлений [podileniy] *adj* divided
подíлення [podilen'a] *n* division
пóдíлка [podilka] *f* scale, division
подíля́ти [podil'ati] *v* divide, share
подíя [podiya] *f* occurance, deed, fact
пóдорож [podorozh] *f* voyage, travel
подорóжній [podorozhniy] *adj* travelling
подорóжній [podorozhniy] *m* traveller, passenger
подорожува́ти [podorozhuvati] *v* travel
пóдруга [podrugha] *f* girl-friend,   wife
подрýге [podrughe] *adv* secondly, after all
подрýжжя [podruzh'a] *n* marriage, matrimony
подружи́тися [podruzhitis'a] *v* marry, be married
поду́мати [podumati] *v* consider, meditate
пóдушка [podushka] *f* pillow, cushion
подя́ка [pod'aka] *f* thanks, gratitude
подя́кувати [pod'akuvati] *v* thank
поéзія [poeziya] *f* poetry
поéма [poema] *f* poem
поéт [poet] *m* poet

поети́чний [poetichniy] *adj* poetical

поєдна́ння [poyednan'a] *n* accord, combination

поєдна́ти [poyednati] *v* unite, make agree

поже́жа [pozhezha] *f* fire

поже́ртвувати [pozhertvuvati] *v* sacrifice, offer

пожи́ва [pozhiva] *f* food, nourishment

по́за [poza] *prep* behind, after, outside

поза́втра [pozavtra] *adv* the day after tomorrow

позавчо́ра [pozavchora] *adv* the day before yesterday

поза́ду [pozadu] *adv* behind, back

позато́рік [pozatorik] *adv* two years ago

поздорові́ти [pozdoroviti] *v* recover health, become stronger

поздоро́влення [pozdorovlen'a] *n* greeting, salutation

поздоровля́ти [pozdorovl'ati] *v* greet, salute, compliment

позича́ти [pozichati] *v* borrow, lend

по́зичка [pozichka] *f* loan

познайо́митися [poznayomitis'a] *v* get acquainted

по́їзд [poyizd] *m* train

по́їздка [poyizdka] *f* trip, travel

по́каз [pokaz] *m* show, display

пока́зувати [pokazuvati] *v* show, exhibit, indicate

покарáння [pokaran'a] *n* punishment
покарáти [pokarati] *v* punish, chastise
покидáти [pokidati] *v* leave, abandon, quit
покíнчити [pokinchiti] *v* finish, settle, conclude
поколíння [pokolin'a] *n* generation, race
покривáти [pokrivati] *v* cover, conceal
покупéць [pokupets'] *m* buyer, client
покýта [pokuta] *f* redemption, penalty, punishment
покуштувáти [pokushtuvati] *v* taste, try
поладнáти [poladnati] *v* come to an understanding
поламáти [polamati] *v* crash, fracture, smash
пóле [pole] *n* field, ground
поливáти [polivati] *v* pour, water
полíтика [politika] *f* politics
по-лíтньому [po-litn'omu] *adv* as in summer
політýра [politura] *f* polish
поліцáй [politsay] *m* policeman
половúна [polovina] *f* half
полоскáти [poloskati] *v* rinse, gargle
полотнó [polotno] *n* cloth, linen
полýденок [poludenok] *m* lunch, dinner
пóлýдень [poluden'] *m* noon, midday
пóлум'я [polumya] *n* flame, fire
полунúця [polunits'a] *f* strawberry
полювáння [pol'uvan'a] *n* hunting, chase
полювáти [pol'uvati] *v* hunt, chase

по-лю́дськи [po-l'uds'ki] *adv* in a friendly manner, affectionately, as ought to be

помага́ти [pomaghati] *v* help, assist

пома́лу [pomalu] *adv* slowly, gradually

помара́нча [pomarancha] *f* orange

поме́рлий [pomerliy] *adj* dead, deceased

поме́рти [pomerti] *v* die

помоли́тися [pomolitis'a] *v* be mistaken, blunder

поми́лка [pomilka] *f* mistake, oversight

помилко́вий [pomilkoviy] *adj* erroneous, faulty, wrong

помири́тися [pomiritis'a] *v* make peace, be reconciled with

помідо́р [pomidor] *m* tomato

помі́ж [pomizh] *prep* between, among, amid

помі́ч [pomich] *f* help

помі́ча́ти [pomichati] *v* notice, remark

помі́чни́й [pomichniy] *adj* helpful, useful

поміща́ти [pomishchati] *v* place, insert, invest in

помно́жити [pomnozhiti] *v* multiply

по́мста [pomsta] *f* revenge

помсти́тися [pomstitis'a] *v* take revenge

понево́лення [ponevolen'a] *n* subjection, oppression

понево́лювати [ponevol'uvati] *v* subject, enslave, oppress

понеді́лок [ponedilok] *m* Monday

понижений [ponizheniy] *adj* demoted, humiliated

понині [ponini] *adv* to this day

по-новому [po-novomu] *adv* in a new manner

поняття [pon'at'a] *n* idea, conception, intellect

попереду [poperedu] *adv* before, ahead

попід [popid] *prep* under

попільничка [popil'nichka] *f* ashtray

пополам [popolam] *adv* half and half, by half

поправляти [popravl'ati] *v* correct, mend, improve

попросити [poprositi] *v* ask, invite

попросту [poprostu] *adv* simply, forthright

пора [pora] *f* season, time, age

порада [porada] *f* advice, consultation, hint

порадити [poraditi] *v* advise, recommend

поривати [porivati] *v* break off, sever, tear

поринати [porinati] *v* dive, immerse

порівнювати [porivn'uvati] *v* compare, even

поріг [porigh] *m* doorstep, threshold

порожній [porozhniy] *adj* empty, vacant, deserted

порох [porokh] *m* dust, powder

поруч [poruch] *adv* by the side of, in a row

порядний [por'adniy] *adj* decent, regular

порядок [por'adok] *m* order, arrangement

посада [posada] *f* position, employment

посади́ти [posaditi] *v* set, plant

посере́д [posered] *prep* in the middle of, among

посере́дньо [poseredn'o] *adv* fair, indirectly

по́сестра [posestra] *f* girl-friend, intimate friend

посила́ти [posilati] *v* send, forward

поси́лка [posilka] *f* sending, parcel

посі́бник [posibnik] *m* manual, textbook

послане́ць [poslanets'] *m* messenger, envoy

по́слух [poslukh] *m* obedience, dutifulness

послу́хати [poslukhati] *v* hear, obey

послу́шний [poslushniy] *adj* obedient, dutiful

посоли́ти [posoliti] *v* salt

поспита́ти [pospitati] *v* ask, inquire

поста́вити [postaviti] *v* put, set, place

постано́ва [postanova] *f* decision, decree

постановля́ти [postanovl'ati] *v* determine, decree

по-старо́му [po-staromu] *adv* in the old way

по́стать [postat'] *f* stature, shape, personage

посте́ля [postel'a] *f* bed

по́сти́ти [postiti] *v* fast

по́ступ [postup] *m* progress

поступо́вий [postupoviy] *adj* progressive

по́суд [posud] *m* dishes, utensils

посу́ха [posukha] *f* drought, dryness

поти́ху [potikhu] *adv* silently, gently

потíк [potik] *m* stream, creek

по́тім [potim] *adv* after, then, besides
поті́ха [potikha] *f* joy, pleasure, delight
потіша́ти [potishati] *v* amuse, please
потопа́ти [potopati] *v* drown, sink
потре́ба [potreba] *f* need, want
потребува́ти [potrebuvati] *v* need, want, lack
потрі́бний [potribniy] *adj* necessary, needful
по́тяг [pot'agh] *m* train, convoy
похі́д [pokhid] *m* march, expedition, procession
похова́ти [pokhovati] *v* hide, bury
похо́дження [pokhodzhen'a] *n* origin, descent
похо́дити [pokhoditi] *v* be descended from, be alike, derive
по́хорон [pokhoron] *m* funeral, burial
поцілува́ти [potsiluvati] *v* kiss
поцілу́нок [potsilunok] *m* kiss
поча́ти [pochati] *v* begin, initiate
початко́вий [pochatkoviy] *adj* initial, elementary, primary
поча́ток [pochatok] *m* beginning, origin
почека́ти [pochekati] *v* wait
почервоні́ти [pochervoniti] *v* redden, blush
почере́з [pocherez] *adv* across, on account of
поче́сний [pochesniy] *adj* honorable, respectable
по́честь [pochest'] *f* honor, distinction
почи́стити [pochistiti] *v* clean
поша́на [poshana] *f* respect, esteem
пошко́дити [poshkoditi] *v* injure, harm

пошука́ти [poshukati] *v* search for, inquire after

по́що [poshcho] *adv* why? wherefore?

по́яс [poyas] *n* belt, sash, waistline

пояснення [poyasnen'a] *n* explanation, clarification

поя́снювати [poyasn'uvati] *v* explain, clarify

пра́вда [pravda] *f* truth

правди́вий [pravdiviy] *adj* true, genuine

пра́вий [praviy] *adj* righteous, honest

прави́й [praviy] *adj* right, direct

пра́вило [pravilo] *n* rule, norm, principle

пра́вити [praviti] *v* say repeatedly, govern, direct, rule

прави́ця [pravits'a] *f* right hand

пра́внук, пра́внука [pravnuk, pravnuka] *m, f* great grandson, great granddaughter

пра́во [pravo] *n* law, statute

пра́во [pravo] *adv* straightly, uprightly, truly

правопис [pravopis] *m* orthography, spelling

право́руч [pravoruch] *adv* on the right

правосла́вний [provoslavniy] *adj* orthodox

пра́дід [pradid] *m* great grandfather, ancestor

пра́зник [praznik] *m* feast day

пра́льня [pral'n'a] *f* laundry

пранн́я [pran'a] *n* washing

пра́пор [prapor] *m* flag, colors, standard

прасува́ти [prasuvati] *v* press, iron

пра́ти [prati] *v* wash

працедавець [pratsedavets'] *m* employer
працівник [pratsivnik] *m* worker
працювати [prats'uvati] *v* work, labor
праця [prats'a] *f* work
предвічний [predvichniy] *adj* eternal,
having no beginning
предмет [predmet] *m* object, matter
представник [predstavnik] *m* representative,
spokesman
прибувати [pribuvati] *v* arrive, increase
привикати [privikati] *v* become accustomed
привід [privid] *m* pretext, ground, occasion
привіт [privit] *m* greeting, welcome
привітати [privitati] *v* greet
привозити [privoziti] *v* convey, bring
привчати [privchati] *v* train, accustom
прив'язувати [privyazuvati] *v* bind, fasten
пригадувати [prighaduvati] *v* remind,
recollect
пригода [prighoda] *f* adventure, accident,
event
пригорщ [proghorshch] *f* handful
приготовляти [prighotovl'ati] *v* prepare
приємний [priyemniy] *adj* pleasant,
grateful, welcome
приємність [priyemnist'] *f* enjoyment,
gratification, pleasure
приємно [priyemno] *adv* pleasantly,
agreeably
призвичаєний [prizvichayeniy] *adj*

accustomed

призвича́єння [prizvichayen'a] *n* habit, custom

призна́чення [priznachen'a] *n* fate, destination, appointment, nomination

приї́зд [priyizd] *m* arrival

прийма́ти [priymati] *v* receive, hire, welcome, adopt

прийняття́ [priyn'at'a] *n* reception, welcoming

при́казка [prikazka] *f* proverb, fable

при́клад [prikladka] *m* example

прикме́та [prikmeta] *f* attribute, mark, peculiarity

прикра́са [prikrasa] *f* decoration, embellishment

прикра́шувати [prikrashuvati] *v* color, beautify

при́крість [prikrist'] *f* annoyance, discomfort, trouble

при́кро [prikro] *adv* disagreeably, unpleasantly

при́лад [prilad] *m* instrument, utensil, device

примі́тка [primitka] *f* note, comment, remark

примі́щення [primishchen'a] *n* lodging, placement, accommodation

прино́сити [prinositi] *v* bring, fetch

припиня́ти [pripin'ati] *v* stop, cease, discontinue

припис [pripis] *m* prescription, order
припікати [pripikati] *v* roast, bake
припускати [pripuskati] *v* suppose, take for granted
природний [prirodniy] *adj* natural, innate
природознавство [prirodoznavstvo] *n* natural science
присвята [prisv'ata] *f* dedication
присвячувати [prisv'achuvati] *v* dedicate, devote
присилати [prisilati] *v* send
прискорювати [priskor'uvati] *v* hasten, accelerate
приснитися [prisnitis'a] *v* appear in a dream
пристань [pristan'] *f* port, harbor
пристосовувати [pristosovuvati] *v* adapt, put into practice
пристрасть [pristrast'] *f* passion, ardor
приступати [pristupati] *v* approach, enter
присуд [prisud] *m* judgement, award
присутність [prisutnist'] *f* presence, attendance
присяга [pris'agha] *f* oath, vow
присягати [pris'aghati] *v* swear, declare under oath
притомність [pritomnist'] *f* consciousness
прихід [prikhid] *m* arrival
приходити [prikhoditi] *v* come, arrive
причащатися [prichashchatis'a] *v* receive Communion

причи́на [prichina] *f* cause, motive
причі́сувати [prichisuvati] *v* comb down
при́язний [priyazniy] *adj* friendly, amiable
при́язно [priyazno] *adv* in a friendly manner, sincerely
при́язнь [priyazn'] *f* friendliness, goodwill
приятелюва́ти [priyatel'uvati] *v* be friends, be on intimate terms
при́ятель [priyatel'] *m* friend, companion
при́ятельський [priyatel's'kiy] *adj* friendly, kind
прі́звище [prizvishche] *n* surname, family name
про́ба [proba] *f* trial, rehearsal
проба́чати [probachati] *v* forgive
проба́чення [probachen'a] *n* forgiveness
про́бувати [probuvati] *v* try, experiment
пробува́ти [probuvati] *v* remain, live
пробу́джуватися [probudzhuvatis'a] *v* wake up
прова́дити [provaditi] *v* lead, convey
прови́на [provina] *f* offence, blame, fault
про́від [provid] *m* leadership, conduct
провідни́й [providniy] *adj* leading, directing
продава́ти [prodavati] *v* sell
про́даж [prodazh] *m* sale, selling
про́за [proza] *f* prose
прозо́рий [prozoriy] *adj* transparent, translucent
пролива́ти [prolivati] *v* spill, shed

про́мінь [promin'] *m* ray, beam

промо́ва [promova] *f* speech, address

промо́вець [promovets'] *m* speaker, orator

промо́вити [promoviti] *v* give a speech, pronounce

пропада́ти [propadati] *v* perish, disappear

проро́к [prorok] *m* prophet

проро́цтво [prorotstvo] *n* prophecy, prediction

проси́ти [prositi] *v* ask, pray, invite

прославля́ти [proslavl'ati] *v* praise, adore

просліджувати [proslidzhuvati] *v* investigate, trace

просну́тися [prosnutis'a] *v* wake up

простежувати [prostezhuvati] *v* trace down, investigate

про́стий [prostiy] *adj* straight, simple, ordinary

прости́ти [prostiti] *v* forgive, remit

про́стір [prostir] *m* space, spaciousness

просто́рий [prostoriy] *adj* spacious, roomy

про́сьба [pros'ba] *f* request, prayer

проте́ [prote] *adv* therefore, but, besides

про́ти [proti] *prep* against, opposite

протоколюва́ти [protokol'uvati] *v* record, register

проха́ння [prokhan'a] *n* request, petition

проха́ти [prokhati] *v* ask, pray

прохі́д [prokhid] *m* walk, passage

процвіта́ти [protsvitati] *v* bloom, prosper

прочита́ти [prochitati] *v* read through
прями́й [pr'amiy] *adj* straight, direct
пря́мо [pr'amo] *adv* directly, uprightly
прямови́сний [pr'amovisniy] *adj* vertical
псува́ти [psuvati] *v* damage, waste
пти́ця [ptits'a] *f* bird, poultry
пу́бліка [publika] *f* the public
публікува́ти [publikuvati] *v* publish, proclaim
пункт [punkt] *m* point, spot
пуска́ти [puskati] *v* set free, shoot, come off, spread
пусте́ля [pustel'a] *f* desert, wasteland
пусти́й [pustiy] *adj* empty, deserted
пу́ща [pushcha] *f* thick forest, wilderness
пха́ти [pkhati] *v* push, thrust
пшени́ця [pshenits'a] *f* wheat
п'яний [pyaniy] *adj* drunk, intoxicated
п'ята́ [pyata] *f* heel
п'ятдеся́т [pyatdes'at] *num* fifty
п'ятна́дцять [pyatnadts'at'] *num* fifteen
п'я́тниця [pyatnitsya] *f* Friday
п'ять [pyat'] *num* five

Р

раб [rab] *m* slave, serf
ра́бство [rabstvo] *n* slavery, serfdom

ра́да [rada] *f* advice, counsel
ра́дий [radiy] *adj* glad, happy
ра́дити [raditi] *v* give advice
ра́дісний [radisniy] *adj* joyful, merry
ра́дість [radist'] *f* gladness, pleasure
радіти [raditi] *v* rejoice, be pleased
ра́до [rado] *adv* with joy, willingly
раз [raz] *adv* once; *num one*
ра́зом [razom] *adv* together, all at once
рай [ray] *m* paradise
ра́йдуга [raydugha] *f* rainbow
ра́ма [rama] *f* frame
раме́но́ [rameno] *n* shoulder
ра́на [rana] *f* wound, hurt
ра́нити [raniti] *v* wound, hurt
раніш [ranish] *adv* earlier, formerly
ра́нішній [ranishniy] *adj* of morning, early
ра́но [rano] *adv* early, at an early hour
ра́нок [ranok] *m* morning
рахува́ти [rakhuvati] *v* count, consider
рва́ти [rvati] *v* pluck, pick, tear
рев [rev] *m* roar, lowing
реві́ти [reviti] *v* roar, bellow
ре́вний [revniy] *adj* sincere, zealous, woeful
ре́вно [revno] *adv* fervently, truly, affectionately
ре́гіт [reghit] *m* laughter
регота́ти [reghotati] *v* laugh heartily
редагува́ти [redaguvati] *v* edit
ре́йтінг [reyting] *m* rating

релігійний [relighiyniy] *adj* religious
релігія [relighiya] *f* religion
ремесло [remeslo] *n* occupation, craft
ремінь [remin'] *m* belt
ремісник [remisnik] *m* tradesman, craftsman, artisan
ремонтувати [remontuvati] *v* repair, remount
ресторан [restoran] *m* restaurant
реферат [referat] *m* report, paper, essay
рецензія [retsenziya] *f* critical review
рецепт [retsept] *m* prescription
реченець [rechenets'] *m* term, date, dead line
речення [rechen'a] *n* sentence, statement, proposition
речовина [rechovina] *f* substance, matter, stuff
решта [reshta] *f* small change
риба [riba] *f* fish
рибалчити [ribalchiti] *v* to fish, to be a fisherman
ридати [ridati] *v* wail, weep
риж [rizh] *m* rice
рипіти [ripiti] *v* creak, squeak
риса [risa] *f* stroke, line, pecularity
рисування [risuvan'a] *n* drawing, sketching
рисувати [risovati] *v* draw, design
рисунок [risunok] *m* drawing, sketch, contour
рівень [riven'] *m* level
рівний [rivniy] *adj* level, even, equal

рівнина [rivnina] *f* plain, level ground

рівно [rivno] *adv* straight, equally, plainly

рівновага [rivnovagha] *f* balance, equilibrium

рівночасно [rivnochasno] *adv* simultaneously

рівняти [rivn'ati] *v* level, make smooth, compare

рід [rid] *m* generation, race-type, origin

рідкий [ridkiy] *adj* thin, diluted, rare, flimsy

рідний [ridniy] *adj* native, own

рідня [ridn'a] *f* relatives, kin

ріжниця [rizhnits'a] *f* difference, discrepancy

різання [rizan'a] *n* cutting, slicing

різати [rizati] *v* cut, carve

різкий [rizkiy] *adj* bitter, sharp, severe

різний [rizniy] *adj* different, several

різно [rizno] *adv* differently

різьба [riz'ba] *f* carving, sculpture

різьбар [riz'bar] *m* sculptor, carver

рік [rik] *m* year

ріка [rika] *f* river

ріст [rist] *m* growth, size, development

річ [rich] *f* thing, object

рішатися [rishatis'a] *v* to be bereft, be deprived of

рішення [rishen'a] *n* decision, judgement

рішати [rishati] *v* decide, persuade

рішуче [rishuche] *adv* decisively

рішу́чий [rishuchiy] *adj* decided, firm, precise

рішу́чість [rishuchist'] *f* determination, resoluteness

роби́ти [robiti] *v* work, do, make

робітни́к, робітни́ця [robitnik, robitnits'a] *m, f* workman, workwoman

робо́та [robota] *f* work, task

рове́сник [rovesnik] *m* person of the same age as another

роди́на [rodina] *f* family

роди́ти [roditi] *v* give birth, bring into the world

родови́й [rodoviy] *adj* ancestral, patrimonial

розбива́ти [rozbivati] *v* break, defeat, split

розбира́тися [rozbiratis'a] *v* discriminate, gain an understanding

розби́тий [rozbitiy] *adj* broken, shattered

розбі́йник [rozbiynik] *m* robber, bandit

ро́збір [rozbir] *m* analysis, separation

розбу́джувати [rozbudzhuvati] *v* awake, rouse

розва́га [rozvagha] *f* consideration, amusement, meditation

розва́жний [rozvazhniy] *adj* considerate, cautious

розва́лювати [rozval'uvati] *v* demolish, ruin

розвива́ти [rozvivati] *v* unfold, develop

розви́днюватися [rozvidn'uvatis'a] *v* dawn, grow light

ро́звиток [rozvitok] *m* development, growth, unfolding

розвіва́ти [rozvivati] *v* blow away, scatter

розві́дати [rozvidati] *v* inquire, investigate

ро́звій [rozviy] *m* evolution, progress, development

розво́зити [rozvoziti] *v* convey, transport

розв'я́зка [rozvyazka] *f* solution, closing event

розв'я́зувати [rozvyazuvati] *v* untie, loose, solve

розганя́ти [rozghan'ati] *v* disperse, drive away

розгі́н [rozghin] *m* run, start, dispersal

ро́згляд [rozghl'ad] *m* examination, consideration

розгляда́ти [rozghl'adati] *v* examine, consider, observe

розгні́ватися [rozghnivatis'a] *v* become angry

розгорну́ти [rozghornuti] *v* open, extend, spread

роздава́ти [rozdavati] *v* distribute, dispense

розда́ча [rozdacha] *f* distribution, spending

розде́ртий [rozdertiy] *adj* torn, rent

роздира́ти [rozdirati] *v* tear apart, tear open

ро́зділ [rozdil] *m* division, discord, chapter

розділя́ти [rozdil'ati] *v* divide, share, separate

роздорі́жжя [rozdorizh'a] *n* crossroad, crossway

роздува́ти [rozduvati] *v* blow, rouse, exaggerate

розду́мувати [rozdumuvati] *v* meditate, consider, weigh

роздяга́тися [rozd'aghatis'a] *v* undress, strip

роз'єдна́ння [rozyednan'a] *n* separation, division

роз'є́днувати [rozyednuvati] *v* separate, divide

роззува́тися [rozzuvatis'a] *v* pull off one's shoes

розі́мкнений [rozimkneniy] *adj* unlocked

розірва́ння [rozirvan'a] *n* dissolution, severance

роз'їжджа́тися [rozyizhdzhatis'a] *v* depart, separate

розка́зувати [rozkazuvati] *v* narrate, recite

ро́зквіт [rozkvit] *m* bloom, acme

розкида́ти [rozkidati] *v* throw about, disperse, spread

ро́зкіш [rozkish] *f* pleasure, luxury

розкі́шний [rozkishniy] *adj* delightful, luxurious

розклада́ти [rozkladati] *v* spread, unfold, display

розко́лювати [rozkol'uvati] *v* cleave, split

розкрива́ти [rozkrivati] *v* uncover, disclose

розкри́тий [rozkritiy] *adj* open, discovered

розкриття́ [rozkrit'a] *n* opening, discovery

розла́ддя [rozlad'a] *n* discord, disorder

розламаний [rozlamaniy] *adj* broken, shattered

розламувати [rozlamuvati] *v* break, smash

розлив [rozliv] *m* overflow, flood

розливати [rozlivati] *v* pour out, spill

розлука [rozluka] *f* separation, leave

розлучати [rozluchati] *v* part, separate, divide

розмикати [rozmikati] *v* unlock, open

розмін [rozmin] *m* change, exchange

розмінний [rozminiy] *adj* changeable, of small change

розмінювати [rozmin'uvati] *v* change, exchange

розмір [rozmir] *m* dimension, size, scale

розмірювати [rozmir'uvati] *v* survey, divide into

розмішувати [rozmishuvati] *v* mix, mingle

розміщувати [rozmishchuvati] *v* assign places

розмова [rozmova] *v* conversation, talk

розмовляти [rozmovl'ati] *v* converse, talk

розмовний [rozmovniy] *adj* talkative, communicative

розносити [roznositi] *v* carry in different directions, deliver, spread

розпал [rozpal] *m* heat

розпалювати [rozpal'uvati] *v* heat, set fire to

розпач [rozpach] *m* despair, desperation

розпинати [rozpinati] *v* stretch, spread, crucify

ро́зписка [rozpiska] *f* receipt,
acknowledgment

розпи́суватися [rozpisuvatis'a] *v* endorse,
sign, give a receipt

розпи́тувати [rozpituvati] *v* inquire,
interrogate

розпізнава́ти [rozpiznavati] *v* recognize,
distinguish

розповіда́ти [rozpovidati] *v* tell, relate

розповіда́ч [rozpovidach] *m* narrator

ро́зповідь [rozpovid'] *f* narration, story

розподіля́ти [rozpodil'ati] *v* distribute

розпочина́ти [rozpochinati] *v* start, open

розпра́ва [rozprava] *f* punishment, justice

розпу́ка [rozpuka] *f* despair, heartbreak

розпу́ття [rozput'a] *n* crossroads

розра́да [rozrada] *f* comfort, joy, gladness

розра́джувати [rozradzhuvati] *v* comfort,
dissuade

розрахо́вувати [rozrakhovuvati] *v* calculate,
compute

розри́в [rozriv] *m* break, rupture

розрива́ти [rozrivati] *v* tear apart, shatter

розрива́ти [rozrivati] *v* dig up

розрі́джувати [rozridzhuvati] *v* dilute, rarefy

розрі́з [rozriz] *m* cut, section

розрі́знення [rozriznen'a] *n* discrimination,
distinction

розрі́знювати [rozrizn'uvati] *v* discriminate,
distinguish

розрізувати [rozrizuvati] *v* cut, intersect
розроблювати [rozrobl'uvati] *v* elaborate, prepare, improve
розсадник [rozsadnik] *m* nursery, hotbed
розсвіт [rozsvit] *m* dawn, daybreak
розсвітати [rozsvitati] *v* dawn, grow light
розселення [rozselen'a] *f* settlement, colonization
розселювати [rozsel'uvati] *v* colonize, settle
розсердитися [rozserditis'a] *v* grow angry, fly into a rage
розсипати [rozsipati] *v* scatter, spill, disperse
розсмішувати [rozsmishuvati] *v* make someone laugh
розставатися [rozstavatis'a] *v* separate, leave
розставляти [rozstavl'ati] *v* place, set
розстеляти [rozstel'ati] *v* spread out, extend
розступатися [rozstupatis'a] *v* give way, make room, split
розсуджувати [rozsudzhuvati] *v* judge, decide
розсудок [rozsudok] *m* reason, judgement
розтрата [roztrata] *f* waste, spending
розтрачувати [roztrachuvati] *v* squander, dissipate
розтягати [rozt'aghati] *v* extend, spread
розум [rozum] *m* reason, intellect, judgement
розуміння [rozumin'a] *n* intelligence, comprehension
розуміти [rozumiti] *v* comprehend, know

розумний [rozumniy] *adj* intelligent, wise, sensible

розхворітися [rozkhvoritis'a] *v* fall ill, become sick

розхід [rozkhid] *m* expense

розходження [rozkhodzhen'a] *n* discard, discrepancy

розходитися [rozkhoditis'a] *v* part, break up, disagree

розцвітати [roztsvitati] *v* bloom, flourish

розчаровувати [rozcharovuvati] *v* disillusion, disappoint

розчин [rozchin] *m* solution, ferment

розчісувати [rozchisuvati] *v* comb apart

розширювати [rozshir'uvati] *v* extend, increase

розшук [rozshuk] *m* search, pursuit

розшукувати [rozshukuvati] *v* search for, look after, discover

роз'яснення [rozyasnen'a] *n* explanation, brightening

роз'яснювати [rozyasn'uvati] *v* explain, interpret, clear up

рок-музика [rok muzika] *f* rock music

роковини [rokovini] *noun pl* anniversary

роля [rol'a] *f* role, character part

роман [roman] *m* romance, novel

романс [romans] *m* romance, love affair, amour

романтичний [romantichniy] *adj* romantic

росія́нин [rosiyanin] *m* Russian
рослúна [roslina] *f* plant
рослúнність [roslinist'] *f* vegetation
рости́ [rosti] *v* grow, increase, rise
рот [rot] *m* mouth
руба́ти [rubati] *v* cut, split, chop
руї́на [ruyina] *f* destruction, downfall
руйнува́ти [ruynuvati] *v* destroy, disorganize
рука́ [ruka] *f* hand, arm
рука́в [rukav] *m* sleeve
рукави́ця [rukavits'a] *f* mitten, glove
ру́копис [rukopis] *m* manuscript
рукотво́рний [rukotvorniy] *adj* made by human hand
рум'я́нець [rumyanets'] *m* natural red, blush
рум'я́ний [rumyaniy] *adj* rosy, ruddy
руся́вий [rus'aviy] *adj* blond, fair
рух [rukh] *m* motion, exercise, movement
ру́хати [rukhati] *v* move, touch
рухли́вий [rukhliviy] *adj* lively, brisk, agile
рухо́мий [rukhomiy] *adj* mobile, actuated
ручни́й [ruchniy] *adj* of the hand, manual
руша́ти [rushati] *v* move, touch
рушни́к [rushnik] *m* towel
рушни́ця [rushnits'a] *f* gun, rifle
ряд [r'ad] *m* row, range, line
ряди́ти [r'aditi] *v* rule, manage, direct
ря́дом [r'adom] *adv* side by side, in a row
рятува́ти [r'atuvati] *v* rescue, help

рятýнок [r'atunok] *m* rescue, assistance

С

сад [sad] *m* orchard
саджáти [sadzhati] *v* seat, place
сáдження [sadzhen'a] *n* planting, setting
садúти [saditi] *v* plant, place
садовинá [sadovina] *f* fruit
салáта [salata] *f* lettuce, salad
сам [sam] *pron* self; *adv* in person, by oneself, alone
сáме [same] *adv* namely, exactly
сáмий [samiy] *adj* same, close to
самітнúй [samitniy] *adj* lonely, alone
самобýтній [samobutniy] *adj* original, specific
самобýтність [samobutnist'] *f* originality
самобýтньо [samobutn'o] *adv* originally
самовизначення [samoviznachen'a] *n* self–determination
самодіяльність [samodiyal'nist'] *f* spontaneous action, initiative
самолю́б [samol'ub] *m* egotist, selfish person
самолю́бство [samol'ubstvo] *n* egoism, selfishness
самооборóна [samooborona] *f* self–defence

самоозна́чення [samooznachen'a] *n*
independence, self-determination
самопо́міч [samopomich] *f* self-reliance
самості́йний [samostiyniy] *adj* independent
самості́йність [samostiynist'] *f* independence
самота́ [samota] *f* loneliness, solitude
самоу́к [samouk] *m* self-educated person
самоцві́т [samotsvit] *m* precious stone
са́ни [sani] *noun pl* sled
сантимента́льний [santimental'niy] *adj*
sentimental
са́пання [sapan'a] *n* hard breathing
са́пати [sapati] *v* breath hard, puff and blow
саркасти́чний [sarkastichniy] *adj* sarcastic
сатана́ [satana] *m* Satan
сати́ра [satira] *f* satire
сваво́ля [svavol'a] *f* stubborness, waggery,
insubordination
свари́ти [svariti] *v* scold, abuse, rebuke
свари́тися [svaritis'a] *v* quarrel
сва́рка [svarka] *f* quarrel
сварли́вий [svarliviy] *adj* quarrelsome
сва́тання [svatan'a] *n* courting,
match-making
сва́тати [svatati] *v* make a match in
marriage, propose for a marriage
све́кор, свекру́ха [svekor, svekrukha] *m, f*
father-in-law, mother-in-law
сверби́ти [sverbiti] *v* itch
све́тер [sveter] *m* sweater

свини́на [svinina] *f* pork

свиня́ [svin'a] *f* pig, swine

свиню́шник [svin'ushnik] *m* pigsty

свиня́чий [svin'achy] *adj* of a pig, pig's, hog's

свита [svita] *f* cloak made of homespun coarse cloth

свист [svist] *m* wistle, whiz

свиста́ти [svistati] *v* whistle

сві́док [svidok] *m* witness

свідо́мий [svidomiy] *adj* conscious, competent

свідо́мість [svidomist'] *f* consciousness, experience, acquaintance

свідо́цтво [svidotstvo] *n* certificate, evidence

свідчення [svidchen'a] *n* witnessing, evidence, testemony

сві́дчити [svidchiti] *v* give evidence, testify

свіжий [svizhiy] *adj* fresh, new, recent

свіжість [svizhist'] *f* freshness

свій, своя́, своє́ [sviy, svoya, svoye] *pron* one's own

світ [svit] *m* world, universe

світа́нок [svitanok] *m* dawn, daybreak

світа́ти [svitati] *v* dawn, grow light

світи́ти [svititi] *v* shine, emit light

світли́на [svitlina] *f* snapshot

світли́ця [svitlits'a] *f* room, chamber

сві́тло [svitlo] *n* light, brightness

світови́й [svitoviy] *adj* worldly, temporal, universal

сві́чка [svichka] *f* candle

свобо́да [svoboda] *f* freedom, independence

своя́к [svoyak] *m* relative, kinsman

святи́й [sv'atiy] *adj* sacred, saint

святи́ти [sv'atiti] *v* consecrate, bless, sanctify

свя́то [sv'ato] *n* holiday, solemnity

свяче́ний [sv'acheniy] *adj* blessed, consecrated

свяще́ник [sv'ashchenik] *m* priest, clergyman

себе́ [sebe] *pron* oneself

се́бто [sebto] *adv* that is, in other words

сезо́н [sezon] *m* season

сейм [seym] *m* parliament

секу́нда [sekunda] *f* second

село́ [selo] *n* village, country place

селяни́н [sel'anin] *m* peasant, farmer

сенс [sens] *m* sense, wits

сенте́нція [sententsiya] *f* sentence, judgment, saying

серве́тка [servetka] *f* napkin

серде́шний [serdeshniy] *adj* poor person

се́рдити [serditi] *v* irritate, make wrathful

серди́тий [serditiy] *adj* angry, wrathful

се́рдитися [serditis'a] *v* become angry, fly into a rage

се́ред [sered] *prep* in the middle of, among

середа́ [sereda] *f* Wednesday

середи́на [seredina] *f* middle, center

середній [seredniy] *adj* middle, moderate
середовище [seredovishche] *n* environment
сережка [serezhka] *f* earring
серйозний [seryozniy] *adj* serious, earnest
серпень [serpen'] *m* August
серце [sertse] *n* heart
сестра [sestra] *f* sister
сивий [siviy] *adj* grey, grey-headed
сидіти [siditi] *v* seat
сила [sila] *f* power, strength
силування [siluvan'a] *n* force, constraint
силувати [siluvati] *v* force, compel
сильний [sil'niy] *adj* strong, powerful
сильно [sil'no] *adv* more strongly,
powerfully
симпатизувати [simpatizuvati] *v* sympathize
син [sin] *m* son
синій [siniy] *adj* blue
сипати [sipati] *v* pour, scatter, heap
сипкий [sipkiy] *adj* loose, crumbly
сир [sir] *m* cheese
сирий [siriy] *adj* raw, uncooked
сирота [sirota] *f* orphan
сідати [sidati] *v* sit
сік [sik] *m* juice
сікатися [sikatis'a] *v* blow one's nose
сікти [sikti] *v* chop, cut
сіль [sil'] *f* salt
сім [sim] *num* seven
сімдесят [simdes'at] *num* seventy

сімнадцять [simnadts'at'] *num* seventeen
сім'я [simya] *f* family, household
сіни [sini] *noun pl* hall, lobby
сірий [siriy] *adj* gray
січень [sichen'] *m* January
скажений [skazheniy] *adj* mad, violent
сказати [skazati] *v* tell, say
скакати [skakati] *v* jump, spring
скаламутити [skalamutiti] *v* muddy
скалічити [skalichiti] *v* injure, hurt
скам'янілий [skamyaniliy] *adj* petrified
скарати [skarati] *v* punish, chastise
скарб [skarb] *m* treasure, estate, finances
скарга [skargha] *f* complaint
скаржити [skarzhiti] *v* accuse, inform against
скатерть [skatert'] *f* tablecloth
скеля [skel'a] *f* rock, cliff
скелястий [skel'astiy] *adj* rocky
скидати [skidati] *v* throw down, remove
скільки [skil'ki] *adv* some, several
скінчений [skincheniy] *adj* finished, completed
скінчити [skinchiti] *v* end, accomplish
складати [skladati] *v* put together, store
складний [skladniy] *adj* composed, folded
складний [skladniy] *adj* complicated, harmonious, symmetrical
скликання [sklikan'a] *n* convocation, invitation, gathering
скло [sklo] *n* glass, lens

склянка [skl'anka] *f* glass
сковзький [skovz'kiy] *adj* slippery
сколочений [skolocheniy] *adj* confused, mixed up
сколочувати [skolochuvati] *v* mingle, disturb
сконати [skonati] *v* die, expire
скорий [skoriy] *adj* fast, rapid
скористати [skoristati] *v* profit, take advantage
скорість [skorist'] *f* rapidity, speed
скоро [skoro] *adv* fast, promptly
скорочений [skorocheniy] *adj* shortened, abridged
скорочувати [skorochuvati] *v* shorten, abridge
скотина [skotina] *f* cattle, beast
скривджений [skrivdzheniy] *adj* wronged, injured, treated unjustly
скривдити [skrivditi] *v* wrong, injure
скривити [skriviti] *v* curve, bend, contort
скріплювати [skripl'uvati] *v* consolidate, tighten, reinforce
скромний [skromniy] *adj* modest, simple
скромність [skromnist'] *f* modesty, freedom from vanity
скрута [skruta] *f* difficulty, critical situation
скупий [skupiy] *adj* stingy, greedy
скупчення [skupchen'a] *n* density, concentration
скучати [skuchati] *v* feel dull

скучни́й [skuchniy] *adj* tedious, bored
слаби́й [slabiy] *adj* feeble, weak
сла́бість [slabist'] *f* weakness, infirmity, illness
слабоси́лий [slabosiliy] *adj* powerless, helpless, weak
слабува́ти [slabuvati] *v* be ill, be in pain
сла́ва [slava] *f* glory, praise, fame
славе́тний [slavetniy] *adj* famous, distinguished, celebrated
сла́вити [slaviti] *v* praise, celebrate
сла́вний [slavniy] *adj* famous, celebrated, excellent
слід [slid] *m* trace, foot print, sign
слідо́м [slidom] *adv* in the footsteps of, immediately following
слі́дство [slidstvo] *n* investigation, interrogation
слі́дувати [sliduvati] *v* follow, come after
сліпи́й [slipiy] *adj* blind, sightless
слове́сний [slovesniy] *adj* oral, verbal
словни́к [slovnik] *m* dictionary
сло́во [slovo] *n* word
слон [slon] *m* elephant
сльота́ [sl'ota] *f* bad, rainy weather
сма́жити [smazhiti] *v* fry, stew
смак [smak] *m* taste, flavor
смакува́ти [smakuvati] *v* taste, delight in a thing
смачни́й [smachniy] *adj* tasty, palatable

смердíти [smerditi] *v* stink

смеркáння [smerkan'a] *n* dusk, twilight

смéртний [smertniy] *adj* mortal, deadly

смéртник [smertnik] *m* mortal man, dead person

смерть [smert'] *f* death, decease

сметáна [smetana] *f* sour cream

смілúвий [smiliviy] *adj* bold, courageous

смілúвість [smilivist'] *f* boldness, courage

сміх [smikh] *m* laughter, fun, joke

смішнúй [smishniy] *adj* laughable, funny

сміятися [smiyatis'a] *v* laugh

смутнúй [smutniy] *adj* dull, sorrowful

смýток [smutok] *m* grief, melancholy, annoyance

снагá [snagha] *f* strength, power, desirability

снúтися [snitis'a] *v* dream

сніг [snigh] *m* snow

снідáння [snidan'a] *n* breakfast

снíдати [snidati] *v* have breakfast

собáка [sobaka] *f* dog

солдáт [soldat] *m* soldier

солúти [soliti] *v* salt

солодúти [soloditi] *v* sweeten

солóдкий [solodkiy] *adj* sweet

солóний [soloniy] *adj* salty

сон [son] *m* sleep, dream

сонлúвий [sonliviy] *adj* sleepy, dreamy

сóнце [sontse] *n* sun

сóняшний [son'ashniy] *adj* sunny, solar

со́рок [sorok] *num* forty
со́ром [sorom] *m* shame, disgrace
соромли́вий [soromliviy] *adj* decent, modest
соро́чка [sorochka] *f* shirt
сою́з [soyuz] *m* union, alliance
спада́ти [spadati] *v* fall, decline, sink, decrease
спа́льня [spal'n'a] *f* bedroom
спаса́ти [spasati] *v* redeem, save, preserve
спа́ти [spati] *v* sleep
спе́реду [speredu] *adv* before, in front
спереча́тися [sperechatis'a] *v* argue, quarrel
спе́ршу [spershu] *adv* at first, before, formerly
спи́на [spina] *f* back, spine
спиня́ти [spin'ati] *v* stop, retain, prevent
співанка [spivanka] *f* song
співа́ти [spivati] *v* sing
співчуття́ [spivchut'a] *n* sympathy, condolence
спідни́ця [spidnits'a] *f* skirt
спі́дній [spidniy] *adj* lower, under
спізни́тися [spiznitis'a] *v* be late, be slow
спі́лий [spiliy] *adj* ripe, mature
спір [spir] *m* dispute, quarrel
спі́рний [spirniy] *adj* contradictory
спіши́ти [spishiti] *v* make hurry, hasten
сповіда́ти [spovidati] *v* confess
спо́відь [spovid'] *f* confession
сповісти́ти [spovistiti] *v* inform, advice

сповня́ти [spovn'ati] *v* fulfill, accomplish, perform

спо́гад [spoghad] *m* remembrance, recollection

сподіва́ння [spodivan'a] *f* hope, expectation

сподіва́тися [spodivatis'a] *v* expect, look forward to

спо́кій [spokiy] *m* peace, quiet, rest

спокуси́ти [spokusiti] *v* tempt, seduce

спо́лох [spolokh] *m* fright, dread

споло́хати [spolokhati] *v* frighten away, startle

сполу́дні [spoludni] *adv* in the afternoon, after lunch

спомина́ти [spominati] *v* remember, mention, recollect

спо́рити [sporiti] *v* argue, dispute, quarrel

споруджа́ти [sporudzhati] *v* erect, make, prepare

спо́сіб [sposib] *m* manner, way, means

спостеріга́ти [sposterighati] *v* perceive, observe, discover

спра́вді [spravdi] *adv* really, in fact

справедли́вий [spravedliviy] *adj* just, right, conscientious

спра́вжній [spravzhniy] *adj* real, genuine, authentic

спра́вний [spravniy] *adj* clever, skillful

спра́глий [spraghliy] *adj* thirsty, dry

сприйма́ти [spriymati] *v* perceive

спро́ста [sprosta] *adv* plainly, without reflection

спро́щений [sproshcheniy] *adj* simplified, superficial, primitive

спрямо́вувати [spr'amovuvati] *v* direct, aim

става́ти [stavati] *v* pause, rise, make an appearance

става́тися [stavatis'a] *v* happen, become, occur

ста́вити [staviti] *v* build, put, place

ста́витися [stavitis'a] *v* appear, face, treat, regard

ста́лий [staliy] *adj* stable, firm, steady, durable

стара́нний [staraniy] *adj* diligent, careful, attentive

стари́й [stariy] *adj* old, ancient

старшинство́ [starshinstvo] *n* seniority, priority

стать [stat'] *f* sex

стерегти́ [stereghti] *v* watch, protect

сти́глий [stighliy] *adj* ripe, mature

стид [stid] *m* shame, disgrace

стида́тися [stidatis'a] *v* be ashamed, blush

сти́сло [stislo] *adv* strictly, precisely, closely

сти́ха [stikha] *adv* quietly, gently

стихі́йний [stikhiyniy] *adj* spontaneous, irresistable, elemental

сті́йко [stiyko] *adv* firmly, steadfastly

стіл [stil] *m* table

сто [sto] *num* hundred

столиця [stolits'a] *f* capital

стомитися [stomitis'a] *v* be tired

сторіччя [storich'a] *n* century

сторожити [storozhiti] *v* watch, guard

сторона [storona] *f* side, country, place

сторонній [storoniy] *adj* foreign, strange

стосунок [stosunok] *m* relation, respect, reference, proportion

стояти [stoyati] *v* stand

стоячи [stoyachi] *adv* while standing

страва [strava] *f* dish, food

страждати [strazhdati] *v* suffer, endure

стратити [stratiti] *v* execute, put to death

страх [strakh] *m* fear, dread, horror

страхати [strakhati] *v* frighten, terrify, fear

страшний [strashniy] *adj* terrible, frightful, awful

стрий [striy] *m* uncle

стріляти [stril'ati] *v* shoot, fire

строк [strok] *m* term, date, time

стрункий [strunkiy] *adj* slender, thin

студений [studeniy] *adj* cold, chill

студент [student] *m* student

студити [studiti] *v* cool, chill

студіювати [studiyuvati] *v* study

стяг [st'agh] *m* banner, flag, standard

субота [subota] *f* Saturday

суворий [suvoriy] *adj* severe, rough, cruel

суджений [sudzheniy] *adj* destined, fated

су́джений [sudzheniy] *m* future husband
сум [sum] *m* sadness, grief, melancholy
сумни́й [sumniy] *adj* sorrowful, dull, unpleasant
су́мнів [sumniv] *m* doubt, uncertainty
сумніва́тися [sumnivatis'a] *v* doubt, be uncertain
сумні́вний [sumnivniy] *adj* doubtful, uncertain
су́мно [sumno] *adv* sorrowfully
супокі́й [supokiy] *m* peace, tranquility, rest
супокі́йний [supokiyniy] *adj* peaceful, calm, quiet
супу́тник [suputnik] *m* fellow-traveler, satellite
сурду́т [surdut] *m* coat
сусі́д [susid] *m* neighbor
сусі́дство [susidstvo] *n* neighborhood
суспі́льний [suspil'niy] *adj* social, common
су́то [suto] *adv* truly, completely, really
сутте́вий [sut'eviy] *adj* essential, substantial
суть [sut'] *f* essence, nature, main, core
сухи́й [sukhiy] *adj* dry, arid
суці́льний [sutsil'niy] *adj* massive, solid, integral
суча́сний [suchasniy] *adv* present, contemporary
су́ша [susha] *f* dry land, continent
схвилюва́тися [skhvil'uvatis'a] *v* be moved, be agitated, be upset, be uneasy

схова́ти [skhovati] *v* hide, conceal, preserve
схо́ди [skhodi] *noun pl* steps
схо́дини [skhodini] *noun pl* meeting, gathering
схо́жий [skhozhiy] *adj* similar, like
сце́на [stsena] *f* stage, scene
сюди́ [s'udi] *adv* to this place
сяга́ти [s'aghati] *v* reach out for, grasp at
сяк-та́к [s'ak-tak] *adv* so-so
сього́дні [s'oghodni] *adv* today, this day

Т

таємний [tayemniy] *adj* secret, mysterious
таємни́ця [tayemnits'a] *f* mystery, secret
таж [tazh] *conj* but, yet *adv* indeed, certainly
таї́ти [tayiti] *v* conceal, hide
так [tak] *adv* so, thus, in such manner
таки́ [taki] *adv* for all that, still, however
тала́н [talan] *m* destiny, good luck, fortune
тала́нт [talant] *m* talent, gift, skill
та́лія [taliya] *f* figure, shape, waist
там [tam] *adv* there
та́нець [tanets'] *m* dance
танцюва́ти [tants'uvati] *v* dance
тарі́лка [tarilka] *f* plate
та́то [tato] *m* dad

тварина [tvarina] *f* animal, beast

тваринник [tvarinik] *m* cattle-breeder

твердий [tverdiy] *adj* hard, firm, rigorous, severe

твердиня [tverdin'a] *f* fort, fortress, citadel, stronghold

твердити [tverditi] *v* to affirm, assert, maintain, contend; to harden, to temper (iron)

твердість [tverdist'] *f* hardness, solidity, firmness

тверезий [tvereziy] *adj* judicious, moderate, sober

трезість [trezist'] *f* sobriety, abstinence

твій, твоя, твоє [tviy, tvoya, tvoye] *pron* your

твір [tvir] *m* creation, production, work (of literature)

творець [tvorets'] *m* creator, author

творити [tvoriti] *v* create, produce, compose

творчий [tvorchiy] *adj* creative, productive

творчість [tvorchist'] *f* creative power, creative work

театр [teatr] *m* theater

театральний [teatral'niy] *adj* theatric

теза [teza] *f* thesis, subject

текст [tekst] *m* text

текти [tekti] *v* flow, run, stream, leak

телевізор [televizor] *m* television set

телеграма [teleghrama] *f* telegram

телегра́ф [teleghraf] *m* telegraph
телета́йп [teletayp] *m* teletype
телефо́н [telefon] *m* telephone
телефонува́ти [telefonuvati] *v* telephone
теля́тина [tel'atina] *f* veal, roast-veal
те́мний [temniy] *adj* dark, obscure, gloomy
темни́ця [temnits'a] *f* dark room, prison
темні́ти [temniti] *v* to darken, to grow dark,
те́мно [temno] *adj* dark, obscure
темно́та [temnota] *f* obscurity
те́мрява [temr'ava] *f* darkness, obscurity,
gloom
те́ніс [tenis] *m* tennis
тепе́р [teper] *adv* now, at present
тепе́рішній [teperishniy] *adj* present,
actual, current
те́плий [tepliy] *adj* warm
те́пло [teplo] *adv* warmly
тепло́ [teplo] *n* warmth, heat
терапе́вт [terapevt] *m* therapeutist
терапі́я [terapiya] *f* therapy
тера́са [terasa] *f* terrace
те́рем [terem] *m* palace
терпе́ць [terpets'] *m* patience, endurance
терпі́ння [terpin'a] *n* suffering, pain,
endurance
терпі́ти [terpiti] *v* suffer, tolerate
терпки́й [terpkiy] *adj* sour, bitter, acid
тесть [test'] *m* father-in-law
те́ща [teshcha] *f* mother-in-law

ти [ti] *pron* you

ти́ждень [tizhden'] *m* week

тижне́вий [tizhneviy] *adv* weekly

тимчасо́во [timchasovo] *adv* for the time being, temporarily

тин [tin] *m* fence, enclosure

тип [tip] *m* type, class, pattern, example

тип [tip] *m* character, individual, strange person

ти́сяча [tis'acha] *f* thousand

ти́хий [tikhiy] *adj* quiet, peaceful, mild

ти́хнути [tikhnuti] *v* grow calm, become silent, be pacified

ти́ша [tisha] *f* stillness, silence

ти́шком [tishkom] *adv* secretly, silently

тіка́ти [tikati] *v* run away, escape

ті́ло [tilo] *n* body, flesh

ті́льки [til'ki] *adv* only, but, just

тінь [tin'] *f* shadow, shade

ті́тка [titka] *f* aunt

ті́шитися [tishitis'a] *v* be glad, rejoice

тлума́ч [tlumach] *m* interpreter, translater

тлума́чити [tlumachiti] *v* interpret, translate

то [to] *conj* then, so

то́бто [tobto] *adv* that is, in other words, consequently

товари́ство [tovaristvo] *n* society, company

това́риш [tovarish] *m* friend, colleague

то́впитися [tovpitis'a] *v* crowd, assemble

товсти́й [tovstiy] *adj* stout, thick

тоді [todi] *adv* then, at that time

тож [tozh] *conj* while, hence, also

толк [tolk] *m* sense, intellect, mind, understanding

томитися [tomitis'a] *v* be fatigued

тому-то [tomu-to] *adv* therefore, for that reason

тонкий [tonkiy] *adj* thin, fine, slim

топити [topiti] *v* make fire, melt, sink down

торгівля [torghivl'a] *f* commerce, trade

торгувати [torghuvati] *v* trade, sell

торік [torik] *adv* last year

то-то [to-to] *adv* namely, exactly

тотожність [totozhnist'] *f* identity

точний [tochniy] *adj* exact, precise, strict

тощо [toshcho] *adv* and so on

травень [traven'] *m* May

траплятися [trapl'atis'a] *v* happen, chance

тратити [tratiti] *v* lose, waste

трафаретний [trafaretniy] *adj* conventional, popular

треба [treba] *adv* is necessary

тренувати [trenuvati] *v* train, educate

трепет [trepet] *m* trembling, fright

трепетати [trepetati] *v* tremble, shudder, be frightened

третина [tretina] *f* one third

три [tri] *num* three

тривалий [trivaliy] *adj* durable, permanent, solid

триває́ти [trivati] *v* last, exist, endure
триво́га [trivogha] *f* fright, alarm, anxiety
триво́жити [trivozhiti] *v* alarm, frighten, disturb
три́дцять [tridts'at'] *num* thirty
трима́ти [trimati] *v* hold, keep
трина́дцять [trinadts'at'] *num* thirteen
три́чі [trichi] *adv* three times
тротуа́р [trotuar] *m* pavement, sidewalk
тро́хи [trokhi] *adv* a little, somewhat
труд [trud] *m* work, labor
труди́тися [truditis'a] *v* work, take much pains
трудни́й [trudniy] *adj* hard, difficult
тру́хлий [trukhliy] *adj* rotten, withered
тру́хнути [trukhnuti] *v* decay, moulder
ту́га [tugha] *f* grief, longing
туги́й [tughiy] *adj* tight, resistant, strong
туди́ [tudi] *adv* there
тужи́ти [tuzhiti] *v* grieve, languish
тужли́вий [tuzhliviy] *adj* sorrowful, melancholic
тупи́й [tupiy] *adj* blunt, dull
турбо́та [turbota] *f* trouble, anxiety, grief
турбува́ти [turbuvati] *v* trouble, disturb
тут [tut] *adv* here
туте́шній [tuteshniy] *adj* local, native
тяга́р [t'aghar] *m* weight, load, burden
тяжки́й [t'azhkiy] *adj* heavy, difficult, hard
тя́мити [t'amiti] *v* comprehend, recollect

тьма [t'ma] *f* darkness, obscurity

У

убезпеча́ти [ubezpechati] *v* insure, secure
уберіга́ти [uberighati] *v* guard, preserve
убива́ти [ubivati] *v* kill, trample
убира́ти [ubirati] *v* dress, decorate, trim
убі́к [ubik] *adv* to the side, aside
убо́гий [uboghiy] *adj* poor, without means
убо́гість [uboghist'] *f* poverty, indigence
убо́жіти [ubozhiti] *v* become poor
уболіва́ти [ubolivati] *v* sorrow, be afflicted,
condole
ува́га [uvagha] *f* attention, notice,
consideration
уважа́ти [uvazhati] *v* pay attention,
consider, attend to
уве́рх [uverkh] *adv* up to the top
уве́сь, уся́, усе́ [uves', us'a, use] *pron* whole,
entire, complete
уве́чері [uvecheri] *adv* in the evening
увільни́ти [uvil'niti] *v* free, liberate
уві́ч [uvich] *adv* in one's face, shamefacedly
уві́чливий [uvichliviy] *adj* polite, affable,
kind
уво́дити [uvoditi] *v* introduce, carry away,
kidnap

ув'я́знений [uvyazneniy] *adj* imprisoned

уга́дувати [ughaduvati] *v* guess rightly, foresee

угамо́вувати [ughamovuvati] *v* quiet, pacify

уго́да [ughoda] *f* agreement, treaty, accord

угоди́ти [ughoditi] *v* please, satisfy

уго́лос [ugholos] *adv* aloud

угорі́ [ughori] *adv* above, over, at the top of

угору [ughoru] *adv* upwards, on high

угоща́ти [ughoshchati] *v* treat, receive

удава́ти [udavati] *v* pretend, imitate

удава́тися [udavatis'a] *v* succeed

уда́тний [udatniy] *adj* capable, fit, fortunate

уда́ча [udacha] *f* character, nature, success

удво́є [udvoye] *adv* double, twofold

уде́нь [uden'] *adv* in the daytime

уде́ржувати [uderzhuvati] *v* support, keep, hold

удіве́ць, удова́ [udivets', udova] *m, f* widower, widow

удо́ма [udoma] *adv* at home

удо́світа [udosvita] *adv* before dawn

удоскона́лювати [udoskonal'uvati] *v* perfect, improve

удру́ге [udrughe] *adv* for the second time

уже́ [uzhe] *adv* already

ужи́ток [uzhitok] *m* use, profit, advantage

узага́льнювати [uzaghal'n'uvati] *v* generalize

уза́д [uzad] *adv* back, backward

у́збіч [uzbich] *adv* to the side

узгóджувати [uzghodzhuvati] *v* bring to agreement

уздóвж [uzdovzh] *adv* along, lengthwise

узимку [uzimku] *adv* in winter

узнавáти [uznavati] *v* be informed of, learn

уквíтчувати [ukvitchuvati] *v* embelish, decorate

укладáти [ukladati] *v* arrange, set right, form, compose

уклíнно [uklino] *adv* courteously, politely

украй [ukray] *adv* at the end, completely, definitely

украсти [ukrasti] *v* steal

укривáти [ukrivati] *v* cover, conceal

укýпі [ukupi] *adv* together, jointly

улáд [ulad] *adv* in good order, harmoniously

улаштóвувати [ulashtovuvati] *v* arrange, settle, establish

улíтку [ulitku] *adv* in summertime

уловити [uloviti] *v* catch, apprehend

умебльóвувати [umebl'ovuvati] *v* furnish

умивáти [umivati] *v* wash

умирáти [umirati] *v* starve

умисел [umisel] *m* intention, view, idea

умисно [umisno] *adv* on purpose, intentionally

умíти [umiti] *v* know, can, be experienced

умóва [umova] *f* agreement, accord

умовкáти [umovkati] *v* stop speaking, grow silent

умудря́тися [umudr'atis'a] *v* become wise, contrive

уни́з [uniz] *adv* down, below

унизу́ [unizu] *adv* down, below

уночі́ [unochi] *adv* at night, nightly

упа́д [upad] *m* fall, misfortune

упе́ртий [upertiy] *adj* stubborn, obstinate, wilful

упе́ртість [upertist'] *f* stubbornness, persistence

упе́рше [upershe] *adv* for the first time

упира́тися [upiratis'a] *v* be obstinate, be self-willed

упо́вні [upovni] *adv* filled completely, sufficiently

уподі́бнення [upodibnen'a] *n* assimilation, comparison, likeness

упорядко́вувати [upor'adkovuvati] *v* settle, arrange, regulate

управля́ти [upravl'ati] *v* manage, direct, lead

упра́во [upravo] *adv* to the right

ура́зливість [urazlivist'] *f* insult, offence, wound

ура́нці [urantsi] *adv* in the morning

урівнова́жувати [urivnovazhuvati] *v* balance, counterpoise

уро́да [uroda] *f* beauty, grace

уроди́ти [uroditi] *v* give birth, bear

урочи́стий [urochistiy] *adj* solemn, festive

урочи́стість [urochistist'] *f* festivity, solemnity

урочи́сто [urochisto] *adv* solemnly, triumphantly

усвідо́млювати [usvidoml'uvati] *v* make conscious, realize, perceive, comprehend

усере́дині [useredini] *adv* inside

услі́д [uslid] *adv* immediately following

усма́к [usmak] *adv* in good taste, to one's delight

у́сміх [usmikh] *m* smile

усміха́тися [usmikhatis'a] *v* smile

у́сний [usniy] *adj* oral, vocal

успадко́вувати [uspadkovuvati] *v* inherit

успіва́ти [uspivati] *v* do on time, keep up with, follow

у́спіх [uspikh] *m* success, progress

уста́ [usta] *noun pl* lips, mouth

устано́ва [ustanova] *f* organization, establishment

устеріга́ти [usterighati] *v* guard, preserve

устрява́ти [ustr'avati] *v* interfere, meddle

усува́ти [usuvati] *v* remove, dismiss

усю́ди [us'udi] *adv* everywhere

уся́кий [us'akiy] *adj* every, each

утаі́ти [utayiti] *v* conceal, hide

у́твір [utvir] *m* creation, structure, work

утво́рювати [utvor'uvati] *v* create, organize

утиха́ти [utikhati] *v* become silent, grow calm

утіха [utikha] *f* joy, pleasure, amusement

утома [utoma] *f* fatigue, weariness

утомлюватися [utoml'uvatis'a] *v* become fatigued

утопати [utopati] *v* drown, sink

утрачати [utrachati] *v* lose

утрете [utret'e] *adv* for the third time

утримувати [utrimuvati] *v* keep, maintain, support

утруднення [utrudnen'a] *n* difficulty, burden

утрудняти [utrudn'ati] *v* make difficult, embarrass

ухилятися [ukhil'atis'a] *v* bend, avoid, deviate

участь [uchast'] *f* participation, share, partnership

учащати [uchashchati] *v* come often, participate, attend

учиняти [uchin'ati] *v* do, perform, commit, cause

учителювати [uchitel'uvati] *v* teach, instruct

учити [uchiti] *v* teach, study

учора [uchora] *adv* yesterday

ушановувати [ushanovuvati] *v* respect, honor

ушир [ushir] *adv* in width, broadwise

ушкоджувати [ushkodzhuvati] *v* damage, hurt, spoil

ущипливий [ushchipliviy] *adj* biting, sharp, sarcastic

уява [uyava] *f* imagination, fancy

уявляти [uyavl'ati] *v* imagine, fancy, have an idea

Ф

фабрикувати [fabrikuvati] *v* manufacture, produce

фальш [fal'sh] *m* falsity, lie, deceit

фанат [fanat] *m* fan

фантазія [fantaziya] *f* imagination, whim

фантазувати [fantazuvati] *v* dream, fancy, rave

фах [fakh] *m* trade, occupation, specialty

форма [forma] *f* form, shape, fashion, pattern

формувати [formuvati] *v* form, shape, create

фортуна [fortuna] *f* fortune, luck, wealth

фундамент [fundament] *m* foundation, base, principle

функціонувати [funktsionuvati] *v* function

Х

хазяїн [khaz'ayin] *m* landlord, host, owner

халепа [khalepa] *f* calamity, trouble, distress, misfortune

хапа́ти [khapati] *v* seize, grasp
хара́ктер [kharakter] *m* character, nature, temper
характеризува́ти [kharakterizuvati] *v* characterize, depict, describe
харч [kharch] *m* food, provisions
ха́та [khata] *f* house, cottage
хвала́ [khvala] *f* praise, laud, glory
хвали́ти [khvaliti] *v* praise, commend
хвали́тися [khvalitis'a] *v* boast, be proud
хвили́на [khvilina] *f* moment, instant
хво́рий [khvoriy] *adj* sick
хворі́ти [khvoriti] *v* be sick, be ailing
хворо́ба [khvoroba] *f* sickness, malady
хи́ба [khiba] *f* error, fault, defect
хи́бити [khibiti] *v* fail, miss, be mistaken
хи́трий [khitriy] *adj* cunning, crafty, clever
хіба́ [khiba] *adv* unless, except
хід [khid] *m* walk, pace, progress, movement
хліб [khlib] *m* bread
хло́пець [khlopets'] *m* boy, adolescent
хма́ритися [khmaritis'a] *v* cloud, become overcast
хова́ти [khovati] *v* hide, preserve, secrete
ходи́ти [khoditi] *v* walk, go
ходо́ю [khodoyu] *adv* apace, in step
хо́лод [kholod] *m* cold
холоди́ти [kholoditi] *v* cool, freeze
хоро́брий [khorobriy] *adj* brave, gallant

хоро́брість [khorobrist'] *f* bravery, courage, gallantry

хо́роше [khoroshe] *adv* very well, smartly

хоро́ший [khoroshiy] *adj* very pretty, fine

хоті́ти [khotiti] *v* wish, long for

хоч [khoch] *conj* though; *adv* at least

храм [khram] *m* church, temple

хрести́ти [khrestiti] *v* baptize, christen

християни́н, християнка [khristiyanin, khristiyanka] *m, f* Christian

хрище́ник, хрище́ниця [khrishchenik, khrishchenits'a] *m, f* godson, goddaughter

хто [khto] *pron* who

худи́й [khudiy] *adj* thin, meager

Ц

царюва́ти [tsar'uvati] *v* reign, hold away

цвісти́ [tsvisti] *v* bloom, flower

цвях [tsv'akh] *m* nail

це́бто [tsebto] *conj* that is, in other words

цей, ця, це [tsey, ts'a, tse] *pron* this, that

центра́льний [tsentral'niy] *adj* central

це́рква [tserkva] *f* church

циві́льний [tsivil'niy] *adj* civil, private

цирк [tsirk] *m* circus

ціка́вий [tsikaviy] *adj* curious, interesting, eager to learn

цікавитися [tsikavitis'a] *v* be interested, be curious
цікавість [tsikavist'] *f* interest, curiosity
цілий [tsiliy] *adj* whole, complete, all
цілість [tsilist'] *f* totality, entirety
цілувати [tsiluvati] *v* kiss
ціль [tsil'] *f* aim, goal, purpose
ціна [tsina] *f* price, rate
цінити [tsiniti] *v* value, appreciate
цінний [tsiniy] *adj* costly, dear, precious
цукор [tsukor] *m* sugar
цупкий [tsupkiy] *adj* firm, strong, solid

Ч

чай [chay] *m* tea
чарка [charka] *f* little cup
чарувати [charuvati] *v* bewitch, charm, fascinate
час [chas] *m* time, season
часом [chasom] *adv* casually, eventually, accidentally
часопис [chasopis] *m* newspaper
частий [chastiy] *adj* frequent, repeated
частина [chastina] *f* part, fragment, share
часто [chasto] *adv* frequently
частота [chastota] *f* frequency

чва́нитися [chvanitis'a] *v* boast, pride oneself upon

чек [chek] *v* check

чека́ння [chekan'a] *n* expectation, waiting

чека́ти [chekati] *v* wait for, expect

че́мний [chemniy] *adj* polite, courteous

че́мність [chemnist'] *f* politeness, courtesy

че́пурни́й [chepurniy] *adj* elegant, clean, nice

че́рвень [cherven'] *m* June

черво́ний [chervoniy] *adj* red

череви́к [cherevik] *m* shoe

че́рез [cherez] *prep* over, across, by means of

чеса́ти [chesati] *v* comb, dress

че́сний [chesniy] *adj* honest, decent, faithful

честь [chest'] *f* honor

четве́р [chetver] *m* Thursday

чий, чия́, чиє́ [chiy, chiya, chiye] *pron* whose

чимра́з [chimraz] *adv* every time

чини́ти [chiniti] *v* make, work, fulfill, accomplish

чи́стий [chistiy] *adj* clean, pure

чита́ти [chitati] *v* read

чі́льни́й [chil'niy] *adj* leading, prominent, notable, select

чітки́й [chitkiy] *adj* clear, distinct, exact

чолові́к [cholovik] *m* man, person

чо́рний [chorniy] *adj* black

чорт [chort] *m* devil

чоти́ри [chotiri] *num* four
чотирна́дцять [chotirnadts'at'] *num* fourteen
чува́ти [chuvati] *v* hear, perceive, vigil
чуде́сний [chudesniy] *adj* marvelous, miraculous
чу́до [chudo] *n* miracle, wonder, marvel
чужи́й [chuzhiy] *adj* foreign, stranger to
чу́лий [chuliy] *adj* sensitive, sentimental
чу́ти [chuti] *v* hear
чуття́ [chut'a] *n* feeling, sense, touch
чха́ти [chkhati] *v* sneeze

Ш

шалені́ти [shaleniti] *v* get violent, become crazy
ша́на [shana] *f* regard, respect
шанува́ти [shanuvati] *v* respect, honor, take special care
ша́пка [shapka] *f* cap
ша́хи [shakhi] *noun pl* chess
швидки́й [shvidkiy] *adj* swift, prompt
шви́дкість [shvidkist'] *f* speed, rapidity
шепта́ти [sheptati] *v* whisper
ширина́ [shirina] *f* breadth, width
ши́роко [shiroko] *adv* widely, broadly
ши́я [shiya] *f* neck
шістна́дцять [shistnadts'at'] *num* sixteen

шість [shist'] *num* six
шко́да [shkoda] *f* damage, hurt, loss
шкода́ [shkoda] *adv* in vain, uselessly
шко́дити [shkoditi] *v* hurt, injure, damage
шко́ла [shkola] *f* school
шлюб [shl'ub] *m* marriage, matrimony
шмато́к [shmatok] *m* piece
шма́ття [shmat'a] *n* clothes, linen
шту́чний [shtuchniy] *adj* artificial, false
шука́ти [shukati] *v* look for, search
шумі́ти [shumiti] *v* make noise
шу́рин [shurin] *m* brother-in-law
шуткува́ти [shutkuvati] *v* joke, make fun

Щ

щасли́вий [shchasliviy] *adj* fortunate, happy
ща́стя [shchast'a] *n* fortune, happiness,
success
ще́дрий [shchedriy] *adj* generous, bountiful
щеза́ти [shchezati] *v* vanish, disappear
щи́рий [shchiriy] *adj* sincere, open-hearted,
true
щи́ро [shchiro] *adv* frankly, honestly
що [shcho] *pron* which, what
що [shcho] *conj* that, because
щове́чора [shchovechora] *adv* every evening
щогоди́ни [shchoghodini] *adv* every hour

щода́лі [shchodali] *adv* farther
щоде́нний [shchodeniy] *adj* daily, of every day
щоде́нно [shchodeno] *adv* daily, every day
що́йно [shchoyno] *adv* just, just now
щомі́сяця [shchomis'ats'a] *adv* monthly, every month
щоне́будь [shchonebud'] *pron* anything
щоно́чі [shchonochi] *adv* nightly, every night
щопра́вда [shchopravda] *adv* in truth, even
щора́з [shchoraz] *adv* every time
щора́нку [shchoranku] *adv* every morning
щоро́ку [shchoroku] *adv* every year
щоси́ли [shchosili] *adv* at full length
щось [shchos'] *pron* anything, a little
щоти́жня [shchotizhn'a] *adv* weekly, every week
щохвили́ни [shchokhvilini] *adv* every moment
щу́пати [shchupati] *v* touch, feel

Ю

юна́к, юна́чка [yunak, yunachka] *m, f* young man, young girl
ю́ний [yuniy] *adj* young, youthful
ю́ність [yunist'] *f* youth, adolescence

Я

я [ya] *pron* I
ява [yava] *f* reality, actuality
являтися [yavl'atis'a] *v* appear, show oneself
явний [yavniy] *adj* evident, obvious
язик [yazik] *m* tongue
як [yak] *conj* as, like
якби [yakbi] *conj* if, as though
який [yakiy] *adj* who, which, what
як-небудь [yak-nebud'] *adv* in any way
якось [yakos'] *adv* somehow
якраз [yakraz] *adv* exactly, at the right moment
якщо [yakshcho] *conj* if
ялинка [yalinka] *f* Christmas tree
ярмарок [yarmarok] *m* market, fair
ясний [yasniy] *adj* bright, light, transparent
ясність [yasnist'] *f* brightness, clarity, glory
ясно [yasno] *adv* clearly, brightly

ENGLISH-UKRAINIAN
DICTIONARY

A

a [е] неозна́чений арти́кль
abandon [ибе́нден] *v* покида́ти, залиша́ти
abash [ибе́ш] *v* збенте́жувати, соро́мити
abdomen [ибдо́умен] *n* чре́во, живі́т
abduct [ебда́кт] *v* викрада́ти си́лою а́бо обма́ном
abhor [ибхо́р] *v* відчува́ти відра́зу, нена́видіти
abide [иба́йд] *v* перебува́ти, ме́шкати, жи́ти
ability [иби́лити] *n* зді́бність, зда́тність, умі́ння, спромо́жність
able [ейбл] *adj* спромо́жний, зда́тний, зді́бний
abnegate [е́бнигейт] *v* запере́чувати, відмовля́тися, зріка́тися, відріка́тися
abnormal [ибно́рмал] *adj* ненорма́льний, непра́вильний
abolish [ибо́лишь] *v* касува́ти, скасо́вувати, зни́щувати
abortion [ибо́ршн] *n* або́рт, передча́сне припи́нення вагі́тності
abound [иба́унд] *v* бу́ти бага́тим на щось, ма́ти чого́сь бага́то
about [иба́ут] *adv* навкруги́, довко́ла, навко́ло, круго́м

above [ибáв] *adv* вгорí, нагорí, вúще, над, пóнад

abridge [ибрúдж] *v* скорóчувати, урíзувати

abroad [ибрóд] *adv* за кордóном

absence [éбсенс] *n* відсýтність, залúшення

absolutely [éбселютли] *adv* цілкóм, необмéжено, безумóвно, абсолю́тно, самостíйно, незалéжно

absorb [ибсóрб] *v* вбирáти, всмóктувати, поглинáти

abstain [ибстéйн] *v* здéржуватися, утрúмуватися

abstract [éбстрект] *n* абстрáкція, абстрáктне поня́ття

abstruse [ебстрýс] *adj* нея́сний, прихóваний, важкúй для розумíння

absurdity [ибсиóрдити] *n* безглýздя, абсýрд

abundance [ибáнденс] *n* достáток, ряснотá, багáтство, велúка кíлькість

abuse [иб'ю́с] *n* зловживáння

abuse [иб'ю́з] *v* зловживáти

abyss [ибúс] *n* безóдня, пучúна, пéрвісний хáос

academic [екедéмик] *adj* академíчний, університéтський

academy [икéдеми] *n* академíя

accelerate [ексéлерейт] *v* прискóрювати

accent [éксент] *n* нáголос, вимóва, акцéнт

accept [иксéпт] *v* приймáти, припускáти, погóджуватися

acceptable [иксéптебл] *adj* прийня́тний, приє́мний

access [éксес] *n* до́ступ, про́хід, підхі́д

accident [éксидент] *n* ви́падок, несподі́ванка, нещасли́вий ви́падок

accidental [ексиде́нтл] *n* випадко́вість; *adj* випадко́вий

acclaim [иклéйм] *v* гу́чно віта́ти, проголо́шувати

acclimatization [иклáймéтизéйшн] *n* акліматиза́ція

accomodate [икóмидейт] *v* пристосо́вувати, постача́ти, дава́ти комýсь притýлок

accomplice [икóмплис] *n* спі́льник, співуча́сник

accomplish [икóмплишь] *v* завéршувати, вико́нувати, роби́ти доскона́лим

accomplishment [икóмплишьмент] *n* викона́ння, завéршення, осві́та

accord [икóрд] *n* зго́да, гармо́нія; *v* бýти пого́дженим

according [икóрдин] *adv* відпові́дно до, залéжно від

account [икáунт] *n* рахýнок, дýмка; *v* визнава́ти, вважа́ти

accounting [икáунтин] *n* о́блік, зві́тність

accredit [икрéдит] *v* уповнова́жувати

accumulate [ик'ю́м'юлейт] *v* нагрома́джуватися

accumulation [ик'юм'юлейшн] *n* нагрома́дження

accurate [е́к'юрит] *adj* то́чний, пра́вильний

accusation [ек'юзейшн] *n* звинува́чення, обвинува́чення

accuse [ик'ю́з] *v* обвинува́чувати

accustom [ика́стим] *v* привча́ти

accustomed [ика́стимд] *adj* зви́клий, звича́йний

ache [ейк] *n* біль; *v* боліти

achieve [ичі́в] *v* досяга́ти, успі́шно вико́нувати

achievement [ичі́вмент] *n* дося́гнення, викона́ння

acid [е́сид] *n* кислота́; *v* ки́слий, уї́дливий

acknowledge [икно́лидж] *v* визнава́ти, припуска́ти

acknowledgement [икно́лиджмент] *n* визна́ння, підтве́рдження, вдя́чність

acorn [е́йкорн] *n* жо́лудь

acquaint [икуе́йнт] *v* знайо́мити, повідомля́ти

acquaintance [икуе́йнтенс] *n* знайо́мство, знайо́мий

acquire [икуа́єр] *v* набува́ти, здобува́ти, досяга́ти

across [икро́с] *adv* впо́перек, хресто́м; *prep* крізь, че́рез

act [ект] *n* акт, вчи́нок; *v* ді́яти, пово́дитися

active [е́ктив] *adj* акти́вний, жва́вий, дія́льний

activity [екти́вити] *n* дія́льність, акти́вність, спри́тність

actor [е́ктор] *n* акто́р

actual [е́кчуел] *adj* факти́чно існу́ючий, ді́йсний, пото́чний

acute [ик'ю́т] *adj* го́стрий, кмітли́вий

adapt [иде́пт] *v* пристосо́вуватися, адаптува́тися

add [ед] *v* додава́ти, прилуча́ти, добавля́ти

addict [е́дикт] *n* наркома́н

addition [иди́шн] *n* дода́ток, допо́внення

address [идре́с] *n* зве́рнення, адре́са; *v* адресува́ти, зверта́тися

adequate [е́дикуит] *adj* відпові́дний, адеква́тний

adjacent [иджє́йсент] *adj* сумі́жний, приле́глий

adjective [е́джиктив] *n* прикме́тник; *adj* додатко́вий, зале́жний

adjust [иджа́ст] *v* упорядко́вувати, пристосо́вувати

administration [идминистре́йшн] *n* управлі́ння, адміністра́ція

admire [идма́йр] *v* ми́луватися

admissible [идми́сибл] *adj* допусти́мий, припусти́мий

admission [идми́шн] *n* припу́щення, до́ступ, вступ

admit [идми́т] *v* допуска́ти, прийма́ти, дозволя́ти

admonish [идмо́нишь] *v* переко́нувати, застеріга́ти

adolescence [едоулéснс] *n* ю́ність, юна́цтво, юнь

adolescent [едоулéснт] *n* юна́к, ді́вчина; *adj* ю́ний, молоди́й

adopt [идо́пт] *v* усиновля́ти, прийма́ти

adorable [идо́ребл] *adj* па́лко ко́ханий, прега́рний

adoration [едорéйшн] *n* палкé коха́ння, поклонíння

adore [едо́р] *v* люби́ти над усé, па́лко коха́ти, поклоня́тися

adorn [идо́рн] *v* прикраша́ти

adult [éдалт] *n* доро́сла, повнолíтня люди́на; *adj* доро́слий, повнолíтній

adultery [иди́лтири] *n* адюльтéр, перелю́бство

advance [идва́нс] *n* просува́ння, у́спіх; *v* просува́тися впере́д, удоскона́лювати

advancement [идва́нсмент] *n* просува́ння, у́спіх, прогрéс

advantage [идва́нтидж] *n* перева́га, виго́да; *v* дава́ти перева́гу

adventure [идвéнчир] *n* приго́да, авантю́ра; *v* рискува́ти

adverb [éдвиорб] *n* прислíвник

adversary [éдвиорсири] *n* протúвник, во́рог, супéрник

advertisement [идвиóртисмент] *n* оголо́шення, оповíщення, рекла́ма

advice [идва́йс] *n* пора́да, консульта́ція, сповíщення

advise [идва́йз] *v* ра́дитися, консульту-ва́тися, сповіща́ти

advocate [éдвокит] *n* прихúльник, прибíчник, адвока́т

aesthetics [істéтикс] *n* естéтика

affair [ифéир] *n* спра́ва, дíло

affect (I) [ифéкт] *v* вплива́ти, хвилюва́ти, ура́жати

affect (II) [ифéкт] *v* удава́ти, прикида́тися, любúти щось

affection [ифéкшн] *n* прихúльність, любо́в, хворо́ба

affiliate [ифúлиейт] *v* усиновля́ти, прийма́ти в члéни, приéднуватися

affiliation [ифилиéйшн] *n* прийма́ння в члéни, приєдна́ння

affinity [ифúнити] *n* властúвість, спорíд-неність, блúзькість

affirm [ифиóрм] *v* твéрдити, ствéрджу-вати, підтвéрджувати

affirmative [ифио́рмитив] *adj* стве́рджу-
вальний, стве́рдний

affliction [ифли́кшн] *n* ли́хо, біда́, страж-
да́ння

affluence [е́флуенс] *n* доста́ток, рясно́та,
бага́тство

afford [ифо́рд] *v* ма́ти змо́гу, дозволя́ти
собі́, завда́вати

affusion [иф'ю́жн] *n* облива́ння, опуска́ння
в купе́ль

afraid [ифре́йд] *adj* зля́каний, боя́тися

after [а́фтер] *prep* пі́сля, за, позаду́

afternoon [а́фтерну́н] *n* час пі́сля полу́дня,
час пі́сля обі́ду

again [иге́н] *adv* зно́ву, з дру́гого бо́ку,
крім то́го

against [иге́йнст] *prep* про́ти, навпро́ти

age [ейдж] *n* вік, літа́, доба́, пері́од, епо́ха

agency [е́йджинси] *n* дія́льність, ді́юча
си́ла, аге́нтство

agenda [идже́нде] *n* поря́док де́нний,
па́м'ятна кни́га

agent [е́йджент] *n* ді́юча си́ла, аге́нт,
представни́к

aggravate [е́гриве́йт] *v* загостpю́вати,
поси́лювати

aggregate [е́григит] *n* суку́пність, агрега́т;
adj суку́пній, зі́браний до ку́пи

aggregate [е́григейт] *v* збира́ти в одне́
ці́ле, залуча́ти

aggression [игрéшн] *n* нáпад, агрéсія, зухвáла поведíнка

aggressive [игрéсив] *adj* нападáючий, агресúвний

agitate [éджитейт] *v* хвилювáти, збýджувати, агітувáти

agitation [éджитéйшн] *n* хвилювáння, тривóга, агітáція

ago [игóу] *adv* томý

agonize [éгонайз] *v* агонізувáти, бýти в агóнії, сúльно мýчитися

agony [éгони] *n* агóнія, нестéрпний біль, душéвні áбо фізúчні страждáння, виснáжлива боротьбá

agree [игрí] *v* згóджуватися, погóджуватися, домовлятися

agreeable [игрíебл] *adj* приємний, згóдний, відповíдний

agreement [игрíмент] *n* згóда, дóговір, угóда

agricultural [егрикáлчирл] *adj* сільсько-господáрський, землерóбський

agriculture [éгрикалчир] *n* сільськé господáрство, землерóбство, агрономíя

ahead [ихéд] *adv* вперéд, наперéд, спéрéду, попéрéду

aid [ейд] *n* допомóга, помічнúк; *v* допо-могáти, сприяти

ail [ейл] *v* бýти нездорóвим, нездýжати, завдавáти бóлю

aim [ейм] *n* мета́, ціль *v* ці́литися, спрямува́ти уда́р

air (I) [éир] *n* пові́тря, атмосфе́ра, по́дув, вітере́ць; *v* оголо́шувати, прові́трювати; *adj* пові́тряний, авіаці́йний

air (II) [éир] *n* зо́внішній ви́гляд, ви́раз обли́ччя, афекта́ція

air-conditioner [éир-конди́шнер] *n* кондиціоне́р, устано́вка для кондиціонува́ння пові́тря

air force [éир форс] *n* військо́во-пові́тряний флот, аеродинамі́чна си́ла

airport [éирпорт] *n* аеропо́рт

akin [ики́н] *adj* рі́дний, близьки́й, споріднений

alarm [ила́рм] *n* триво́га, сум'я́ття, па́ніка *v* підніма́ти триво́гу, ляка́ти, турбува́ти

alcohol [éлкехол] *n* алкого́ль, спирт

alert [илио́рт] *n* триво́га, сигна́л триво́ги; *v* приве́сти до ста́ну гото́вности, зроби́ти пи́льним; *adj* насторо́жений, пи́льний, прово́рний

align [ила́йн] *v* вишико́вувати, шикува́тися, націля́ти

alive [ила́йв] *adj* живи́й, сере́д живи́х, жва́вий, бадьо́рий, чу́йний, що киши́ть, ді́ючий

all [ол] *pron* весь, вся, все, всі, вся́кий, всіля́кий, ці́лком

alleged [иле́джд] *adj* мни́мий, позі́рний

allegory [éлигери] *n* алегорія, емблéма

allergy [éлиджи] *n* алéргія, підвищена чутливість

alley [éли] *n* алéя, лінія, вузький провýлок

alliance [илáйенс] *n* соıóз, альянс, шлıóбний соıóз

allied [илáйд] *adj* соıóзний, споріднений, близький

alligator [éлигейтер] *n* алігáтор

allocate [éлокейт] *v* розміщáти, розподіляти

allot [илóт] *v* розподіляти, роздавáти, наділяти

allow [илáу] *v* дозволяти, надавáти, робити можливим, допускáти

all right [ол райт] *adj* у порядку, цілком задовільний *adv* дóбре, все гарáзд з вáшим плáном *interj* дóбре! гарáзд! згóда! згóден!

allude [илýд] *v* натякáти, згáдувати, посилáтися

allure [ильıóер] *v* замáнювати, привáблювати, зачарóвувати

allusion [илıóжн] *n* нáтяк, згáдка, посилáння

ally [éлай] *n* соıóзник; *v* з'éднувати

almanac [óлменек] *n* календáр, альманáх

almighty [олма́йти] *adj* всемогу́тній, ду́же си́льний; *adv* страше́нно ра́дий; *n* всемогу́тній Бог

almond [а́менд] *n* мигда́ль

almost [о́лмоуст] *adv* ма́йже, ма́ло не

alms [амз] *n* ми́лостиня

alone [илоу́н] *adj* оди́н, сам, одино́кий, само́тній; *adv* лише́, ви́ключно, ті́льки

along [ило́н] *adv* впере́д, разо́м з собо́ю; *prep* вздо́вж

aloof [илу́ф] *adj, adv* що знахо́диться відда́лік, о́сторонь, трима́тися о́сторонь

aloud [ила́уд] *adv* го́лосно, вго́лос

alphabet [е́лфебит] *n* алфаві́т, а́збука, а́бетка

alpinist [е́лпинист] *n* альпіні́ст

alter [олтер] *v* зміня́тися, перероблля́ти

alternate [олтио́рнит] *adj* переmі́жний, переmі́нний, зміїний, що чергу́ється

alternate [о́лтиорнейт] *v* чергува́тися

alternative [олтио́рнетив] *n* альтернати́ва, ви́бір; *adj* зmі́нний, взаємовиключа́ю-чий, альтернати́вний, зmі́нно ді́ючий

altogether [олтиге́зер] *adv* зо́всім, ці́лком, загало́м

altruism [е́лтруизм] *n* альтруї́зм

altruist [е́лтруист] *n* альтруї́ст

aluminium [ельюmі́ніем] *n* алюmі́ній

alumnus [ила́мнис] *n* коли́шній вихова́нець

amateur [е́метиор] *n* люби́тель, ама́тор

amaze [имéйз] *v* вражáти

amazement [имéйзмент] *n* дивувáння, здивувáння

amazing [имéйзин] *adj* разючий, вражáючий, дивний, дивовижний

ambiguous [ембиґ'юис] *adj* двознáчний, неясний, сумнівний

amendment [имéндмент] *n* виправлення, попрáвка, усýнення

American [имéрикен] *adj* америкáнський

amiable [éймібл] *adj* дрýжній, милий, привáбливий

amid [имид] *prep* сéред, між

among [имáн] *prep* сéред, між

amount [имáунт] *n* кількість

amour [имýр] *n* кохáння, любóв, любóвна інтрига

amphibian [емфибиен] *n* амфібія

amplifier [éмплифаєр] *n* підсилювач, лінза позáду об'єктива мікроскóпа

amplify [éмплифай] *v* розширювати, розвóдитися про

amuse [им'юз] *v* бáвити, розважáти

amusement [им'юзмент] *n* розвáга, забáва

an [ен] *conj* якщó

analogy [инéледжи] *n* аналóгія, подíбність

analyse [éнелайз] *v* аналізувáти, розкладáти

analysis [инéлисис] *n* анáліз, рóзклад

anarchy [éнерки] *n* анáрхія

anatomy [инéтеми] *n* анатóмія

ancestor [éнсистер] *n* прéдок, прабáтько, прародúтель

anchor [éнкер] *n* я́кір; *v* стáвити на я́кір, скріпля́ти, закріпля́ти

ancient (I) [éйншинт] *adj* стародáвній, старúй *n* стародáвні нарóди

ancient (II) [éйншинт] *n* прáпор, знаменó, прапороносець

and [енд] *conj* і, й, та, а, алé

angel [éйнджел] *n* áнгел

anger [éнгер] *n* гнів; *v* викликáти гнів, гнíвати

angle [енгл] *n* кут, косинéць, тóчка зóру

angry [éнгри] *adj* сердúтий, розгнíваний, роздратóваний

angular [éнг'юлер] *adj* наріжний, кутовúй, кутáстий

animal [éнимл] *n* тварúна; *adj* тварúнний

animate [éнимейт] *v* оживля́ти, надихáти

animate [éнимит] *adj* пожвáвлений, жвáвий

ankle [енкл] *n* кíсточка, щúколотка

annex [éнекс] *n* додáток, прибудóва, крилó; *v* приєднувати, анексувáти

annexation [енексéйшн] *n* приєднáння, анéксія

annihilate [инаєлейт] *v* знúщувати, касувáти

annihilation [инаєлéйшн] *n* знúщення, скасувáння, усýнення

anniversary [енивиорсири] *n* річни́ця, рокови́ни; *adj* щорі́чний, рі́чний

annotate [éноутейт] *v* анотува́ти, відмі́чати, роби́ти нота́тки

annotation [еноутéйшн] *n* анота́ція, примі́тка до чо́гось, тлума́чення

announce [ина́унс] *v* оголо́шувати, заявля́ти, повідомля́ти

announcement [ина́унсмент] *n* оголо́шення, об'я́ва, повідо́млення

annoy [ино́й] *v* надокуча́ти, набрида́ти, дратува́ти, серди́ти

annoyance [ино́єнс] *n* доса́да, роздратува́ння, набрида́ння

annual [éн'юел] *adj* щорі́чний, рі́чний; *n* щорі́чник, однолі́тня росли́на

anomaly [ино́мали] *n* анома́лія

anonymous [ино́нимес] *adj* аноні́мний

another [ина́зер] *pron indef* ще оди́н, дру́гий, і́нший, но́ви́й, схо́жий

answer [áнсер] *n* ві́дповідь, запере́чення; *v* відповіда́ти, відзива́тися

ant [ент] *n* мура́шка

antagonism [ентéгенизм] *n* антагоні́зм, ворожне́ча

antenna [ентéне] *n* антéна, щу́пальце, ву́сик

anthem [éнтем] *n* спів, церко́вний хора́л, урочи́ста пі́сня, гімн

antic [éнтик] *n* гротéск, блáзенство, фиглярство; *adj* смішни́й, чудни́й, гротéскний

anticipate [енти́сипейт] *v* передбачáти, передчувáти, прискóрювáти

antidote [éнтидоут] *n* протиотрýта

antipathy [енти́песи] *n* антипáтія

antique [ентíк] *n* старови́нна, антиквáрна річ, твір або пáм'ятка стародáвнього мистецтва; *adj* дрéвній, старови́нний, анти́чний

antiquity [енти́куети] *n* старовинá, стародáвність, класи́чна давнинá, анти́чність

antithesis [енти́сисис] *n* антитéза, проти-стáвлення, контрáст

anxiety [ензáети] *n* тривóга, неспóкій, палкé бажáння

anxious [éнкшис] *adj* стурбóваний, стри-вóжений, занепокóєний, що пáлко бажáє

any [éни] *pron* яки́й-небудь, будь-яки́й, яки́йсь; *adv* ніскíльки, анітрóхи, скíль-ки-небудь, взагалí

anybody [éнибóди] *pron* хто-небудь, будь-хто, хтось, всяки́й, будь-яки́й

anyone [éниуан] *pron* хто-небудь, хтось, кóжний

anyhow [éнихау] *adv* яки́мсь чи́ном, так або інáкше, будь-яки́м спóсобом

anything [éнисин] *pron* що-небудь, будь-що, щось, що завгодно

anywhere [éниуеир] *adv* де-небудь, будь-де, десь, де завгодно, всюди, куди завгодно

apart [ипáрт] *adv* окремо, нарізно, осторонь

apartment [ипáртмент] *n* кімната, приміщення, квартира

apathy [éпеси] *n* апатія, байдужість

ape [ейп] *n* людиноподібна мавпа; *v* наслідувати, мавпувати

apex [éйпекс] *n* верхівка, вершина, гребінь, коньок

aphorism [éферизм] *n* афоризм, короткий вислів

apocalypse [ипóкелипс] *n* апокаліпсис

apologize [ипóледжайз] *v* вибачатися, просити пробачення, перепрошувати

apology [ипóледжи] *n* перепрошення, вибачення, пробачення

apostle [ипóсл] *n* апостол

apostrophe [ипóстрефи] *n* апостроф

apotheosis [ипосиóусис] *n* апофеоз, обожнювання, прославляння, канонізація

apparent [ипéрент] *adj* видимий, очевидний, явний, безсумнівний

apparition [иперéйшн] *n* привид, примара

appeal [ипіл] *n* за́клик, відо́зва, зве́рнення, проха́ння; *v* апелюва́ти, зверта́тися

appear [ипіер] *v* пока́зуватися, з'явля́тися, здава́тися, прива́блювати

appearance [ипіеренс] *n* поя́ва, з'я́влення, зо́внішність

appease [ипіз] *v* заспоко́ювати, примиря́ти, поле́гшувати, вгамо́вувати

appendix [ипе́ндикс] *n* дода́ток, прида́ток, червоподі́бний відро́сток, апе́ндикс

appetite [е́питайт] *n* апети́т, інстинкти́вний по́тяг, бажа́ння

applaud [ипло́д] *v* аплодува́ти, схва́лювати (о́плесками)

applause [ипло́з] *n* аплодисме́нти, о́плески, схва́лення (о́плесками)

apple [епл] *n* я́блуко, я́блуня

appliance [ипла́єнс] *n* пристосува́ння, при́лад, при́стрій

applicant [е́пликент] *n* проха́ч, претенде́нт, кандида́т

application [е́пликейшн] *n* прикла́дання, застосува́ння, проха́ння

apply [ипла́й] *v* прикла́дати, застосо́вувати, зверта́тися

appoint [ипо́йнт] *v* признача́ти, нака́зувати, припи́сувати

appointment [ипо́йнтмент] *n* призна́чення, поса́да, домо́влена зу́стріч

appreciate [ипрíшиейт] *v* оцíнювати, цінувáти

appreciation [ипрішиéйшн] *n* оцíнювання

apprentice [ипрéнтис] *n* ýчень, підмáйстер; *v* віддавáти в наýку

approach [ипрóуч] *n* наблúження, підхíд; *v* наближáтися, підхóдити

approve [ипрýв] *n* схвáлювати, затвéрджувати

approximate [ипрóксимит] *adj* що знахóдиться блúзько, приблúзний

approximate [ипрóксимейт] *v* наближáтися

apricot [éприкот] *n* абрикóса

April [éйприл] *n* квíтень

apron [éйпрон] *n* фартýх, запóна

aquarium [икуéириeм] *n* аквáріум

arbitrary [áрбитрери] *adj* довíльний, примхлúвий

arch [арч] *n* áрка, дугá, склепíння

archaeology [áркиóледжи] *n* археолóгія

architect [áркитект] *n* архітéктор

architecture [áркитéкчир] *n* архітектýра

archive [áркайв] *n* архíв

area [éириe] *n* плóща, райóн, рóзмах

argue [áрг'ю] *v* сперечáтися, спóрити

argument [áрг'юмент] *n* дóвід, аргумéнт, спíрка

arise [ирáйз] *v* виникáти, поставáти

arithmetic [ирúсметик] *n* арифмéтика, лíчбá

arm [арм] *n* рукá, збрóя

armor [а́рмер] *n* озбро́єння, броня́

army [а́рми] *n* а́рмія

around [ира́унд] *adv* всю́ди, скрізь, в окру́жности

arrange [ире́йндж] *v* приво́дити до ладу́, розташо́вувати, влашто́вуватися

arrangement [ире́йнджмент] *n* приве́дення до ла́ду, розташува́ння

arrest [ире́ст] *n* затри́мання, аре́шт *v* заарешто́вувати, затри́мувати

arrive [ира́йв] *v* прибува́ти, прихо́дити

arrow [е́роу] *n* стріла́, стрі́лка

art [арт] *n* мисте́цтво, умі́ння, ремесло́

article [а́ртикл] *n* стаття́, пункт, пара́граф

artificial [артифи́шел] *adj* уда́ваний, неприро́дний, шту́чний

artist [а́ртист] *n* худо́жник, мите́ць, арти́ст

as [ез] *pron* яки́й, ко́трий; *adv* як, як наприклад

ash [ешь] *n* по́піл, зола́

ashore [ишо́р] *adv* до бе́рега

aside [иса́йд] *adv* убі́к, осторонь

ask [аск] *v* пита́ти, попроси́ти, запро́шувати, вимага́ти

asleep [исли́п] *adj* спля́чий, онімі́лий

aspect [е́спект] *n* ви́гляд, вид, погля́д

ass [ес] *n* осе́л, віслю́к

assault [исо́лт] *n* на́пад, ата́ка

assemble [исе́мбл] *v* збира́тися

assembly [исе́мбли] *n* збо́ри, асамбле́я

assign [исáйн] *v* призначáти, асигнувáти

assignment [исáйнмент] *n* признáчення, посáда

assist [исúст] *v* допомагáти, бýти присýтнім

associate [исóушиит] *n* товáриш, колéга

associate [исóушиейт] *v* об'є́днаний, пов'я́заний

association [исóушиейшн] *n* пов'я́заність, асоціáція

assume [ис'ю́м] *v* набирáти, набувáти, удавáти

assumption [исáмпшн] *n* припýщення, зарозумíлість

assure [ишýер] *v* запевня́ти, гарантувáти

astonish [истóнишь] *v* дивувáти, вражáти

astronaut [éстронот] *n* астронáвт, космонáвт

astronomy [истрóнеми] *n* астронóмія

asylum [исáйлим] *n* притýлок, притýлок для божевíльних

at [ет] *prep* в, бíля, при, на

athlete [éслит] *n* спортсмéн, атлéт

atlas [éтлес] *n* географíчний áтлас, каріáтида

atmosphere [éтмесфіер] *n* атмосфéра

atom [éтем] *n* áтом, найдрíбніша чáстка

attach [итéч] *v* прикріпля́ти, прикладáти, приє́днуватися

attack [итéк] *n* атáка, нáступ, нáпад

attain [итéйн] *v* досягáти, добивáтися

attempt [итéмпт] *n* спрóба, намагáння; *v* прóбувати, намагáтися

attend [итéнд] *v* бýти присýтнім, відвíдувати

attention [итéншн] *n* увáга, увáжність

attitude [éтит'юд] *n* відношення, стáвлення, пóза, постáва

attract [итрéкт] *v* привáблювати, притягáти

audible [óдебл] *adj* чýтний, вирáзний

audience [óдиенс] *n* аудитóрія, слухачí, пýблика

auditorium [одитóриєм] *n* зал для глядачíв, аудитóрія

August [óґест] *n* áвгуст

aunt [ант] *n* тíтка

authentic [осéнтик] *adj* справжнíй, достовíрний, автентúчний

author [óсер] *n* áвтор, письмéнник, творéць

authority [осóрити] *n* влáда, повновáження, влáсті, авторитéт

authorize [óсерайз] *v* уповновáжувати, дозволяти

autograph [óтеґраф] *n* оригінáл рукóпису

automobile [óтемебіл] *n* áвто

autumn [óтем] *n* óсінь

available [евéйлебл] *v* приступний, досяжний, що є в наявності

avenge [ивéндж] *v* мсти́тися

avenue [éвин'ю] *n* доро́га, прохі́д, але́я до буди́нку

average [éверидж] *n* сере́днє число́, сере́дня велечина́; *adj* сере́дній, звича́йний

avid [éвид] *adj* жа́дний, жа́дібний

avoid [ивóйд] *v* уника́ти, ухиля́тися

await [иуéйт] *v* чека́ти, жда́ти

awake [иуéйк] *v* прокида́тися, буди́ти, пробу́джувати; *adj* пи́льний, що не спить

award [иуóрд] *n* ухва́ла, прису́дження; *v* прису́джувати, нагоро́джувати

aware [иуéир] *adj* обі́знаний, що усвідо́млює

away [иуéй] *adv* дале́ко, здаля́

awe [о] *n* благоговíння, страх, трéпет

awful [óфул] *adj* жахли́вий, страше́нний

awhile [иуáйл] *adv* на де́який час, ненадóвго, недóвго

awkward [óкуед] *adj* незгра́бний, незру́чний, скрутни́й

axe [екс] *n* соки́ра, колу́н; *v* працюва́ти соки́рою,

axiom [éксием] *n* аксіо́ма

axis [éксис] *n* вісь

azure [éжер] *n* блаки́ть, нéбо, блаки́тний, лазу́ровий

B

baby [бейби] *n* немовля́, маля́, дитинча́
baby-sit [бейбисит] *v* ня́ньчити, догляда́ти
back [бек] *n* спи́на, ви́воріт, спід, корі-
не́ць; *adj* за́дній, відда́лений; *v* підтри́-
мувати, підкрі́плювати, відступа́ти,
задкува́ти
background [бе́кґраунд] *n* тло, підосно́ва,
підкла́дка, передумо́ва
backside [бе́ксайд] *n* зад, ти́льна сторона́
backstage [бе́кстейдж] *adj* закулі́сний,
позалаштунко́вий
backward [бе́куерд] *adv* наза́д, навпаки́;
adj зворо́тний, запізні́лий, відста́лий,
забарни́й
bad [бед] *n* невда́ча, неща́стя, ли́хо,
заги́бель; *adj* ке́пський, нега́рний,
розпу́тний, шкідли́вий, хво́рий
badly [бе́дли] *adv* пога́но, ду́же си́льно
bag [беґ] *n* мішо́к, ла́нтух, валі́зка,
торби́на
bake [бейк] *v* пекти́ся, випа́лювати,
запіка́тися
baker [бе́йкер] *n* пе́кар
balance [бе́ленс] *n* вага́, терези́, ма́ятник,
баля́нс; *v* балянсува́ти, зрівнова́жувати,
обмірко́вувати, порі́внювати

bald [болд] *adj* ли́сий, огóлений, прóстий, неприкрáшений, неприхóваний

ball [бол] *n* м'яч, кýля, баль

ban [бен] *n* заборóна, анáтема; *v* забороня́ти

band [бенд] *n* стрíчка, поясóк, обрýч, оркéстра

bandage [бéндидж] *n* перев'я́зка

bandit [бéндит] *n* банди́т, розбíйник

bang [бен] *n* удáр, стýкіт; *v* удáритися, стýкнутися

banish [бéнишь] *v* засилáти, проганя́ти

bank [бенк] *n* бéрег, нáсип, вал, мілинá, банк

banner [бéнер] *n* прáпор, стяг, знамéнó; *adj* найкрáщий, зразкóвий, головни́й

baptize [бéптайз] *v* хрести́ти

bar [бар] *n* пли́тка, брусóк, застáва, бар, буфéт; *v* засувáти, перепинáти, перегорóджувати, заступáти, перешкоджáти

barbarian [барбéиріен] *n* вáрвар; *adj* вáрварський

barber [бáрбер] *n* перукáр, голя́р

bare [бéир] *adj* гóлий, порóжній, понóшений, прóсти́й

barefoot [бéирфут] *adj* босонóгий

barely [бéирли] *adv* лéдве, тíльки, лишé

bargain [бáргⁱейн] *v* торгувáтися

bark [барк] *n* корá, гáвкання; *v* гáвкати

barley [ба́рлей] *n* ячмíнь

barren [бе́рен] *adj* неродю́чий, я́ловий, сухи́й

barrier [бе́ріер] *n* перепо́на, перешко́да, бар'є́р

base [бейс] *n* осно́ва, підста́ва, ба́за, фунда́мент, підва́лина; *v* засно́вувати, базува́ти; *adj* пíдлий, низьки́й, про́стий, неблагоро́дний

basic [бе́йсис] *adj* основни́й

basically [бе́йсикли] *adv* по су́ті, в основно́му

bath [бас] *n* купа́ння, ва́нна, ла́зня

bathe [бейз] *v* купа́тися, ми́ти

bathroom [ба́срум] *n* ва́нна, лазни́чка

battle [бетл] *n* бій

bazaar [бизáр] *n* база́р, ри́нок

be [бі] *v* бу́ти, існува́ти

beach [біч] *n* пляж, узмо́р'я, обмíлина

beam [бім] *n* про́мінь, ся́єво; *v* ся́яти, світи́ти, випромíнювати

bear [бе́ир] *n* ведмíдь; *v* носи́ти, терпíти, роди́ти

bearable [бе́иребл] *adj* сте́рпний

beard [біед] *n* борода́, остю́к

beast [біст] *n* звір, твари́на

beat [біт] *n* уда́р, биття́, колива́ння, ритм; *v* би́ти, вдаря́ти, лупцюва́ти, переважа́ти

beaten [бітн] *adj* побитий, змучений, кований, протоптаний

beautiful [б'ютифул] *adj* вродливий, прекрасний, чудовий

beautify [б'ютифай] *v* прикрашувати

beauty [б'юти] *n* краса, привабливість, розкіш

because [бикоз] *conj* тому що, бо, оскільки

become [бикам] *v* ставати, робитися, личити, годитися

becoming [бикамин] *adj* відповідний, пристойний, належний, елегантний

bed [бед] *n* постіль, ліжко, дно, грядка

beef [біф] *n* яловичина

beer [біер] *n* пиво

beet [біт] *n* буряк

before [бифор] *prep* перед, до; *adv* раніше

beforehand [бифорхенд] *adv* заздалегідь, наперед

beg [бег] *v* просити, благати, жебрати, старцювати

beggar [бегер] *n* жебрак, старець

begin [бигин] *v* починатися

beginner [бигинер] *n* початківець, новак

behave [бихейв] *v* чинити, поводитися

behavior [бихейвіер] *n* поведінка, манери, режим, справність

behead [бихед] *v* обезголовити

behind [бихайнд] *prep* ззаду, після, за

being [биин] *n* існування, буття

belief [биліф] *n* віра, погляд, переконання, думка

believe [билів] *v* вірити, думати, гадати

belittle [билитл] *v* применшувати, принижувати, умаляти

bell [бел] *n* дзвін, крик

bellow [билоу] *v* ревіти, мукати, бушувати, гримати, грюкати; *n* мукання, рев, бушування

belly [бéли] *n* живіт, черево, шлунок

belong [билóн] *v* належати, стосуватися

belongings [билóнгинз] *noun pl* речі, приладдя, пожитки

beloved [билáвд] *adj* коханий, любий

below [билóу] *prep* під, нижче, внизу

belt [белт] *n* пояс, ремінь, смуга, зона

bench [бенч] *n* лава, суд

bend [бенд] *v* згинатися, напружувати, підкорятися

beneath [биніз] *adv* внизу; *prep* нижче, під

benediction [бенидикшн] *n* благословення

benefaction [бенифéкшн] *n* пожертва, добродіяння, милість

beneficent [бенифишент] *adj* добродійний, благотворний

beneficial [бенифишл] *adj* догідний, корисний, благотворний, спасенний

benefit [бéнифит] *n* користь, вигода, прибуток

bent [бент] *adj* зігну́тий, похи́лений

berry [бе́ри] *n* я́года, зе́рнятко

beside [биса́йд] *prep* ко́ло, по́руч з, крім, ми́мо, повз

bet [бет] *n* закла́д, ста́вка

betray [битре́й] *v* зра́джувати, обма́нювати, виявля́ти

betrayal [битре́єл] *n* зра́да, обма́н

between [битуі́н] *prep* між, се́ред

beverage [бе́веридж] *n* на́пій

beware [биуе́ир] *v* стерегти́ся

bewilder [биуи́лдер] *v* заплу́тувати, бенте́жити, спантели́чувати

bewitch [биуи́ч] *v* зачаро́вувати, обворожи́ти

beyond [бийо́нд] *prep* по той бік, за, поза́; *adv* вдалині́

bias [ба́єс] *n* упере́дження, схи́льність

biased [ба́єст] *adj* упере́джений, тенденці́йний

bicycle [ба́йсикл] *n* ро́вер, велосипе́д

bid [бид] *v* нака́зувати, запро́шувати

big [биг] *adj* вели́кий, просто́рий, висо́кий, широ́кий

bikini [бики́ни] *n* бікі́ні

bind [байнд] *v* в'яза́ти, оправля́ти

birch [биерч] *n* бере́за, рі́зка

bird [биерд] *n* птах

birth [биерс] *n* наро́дження, ро́ди, поча́ток, джерело́

bit [бит] *n* кусо́к, шмато́к, све́рдлик, вуди́ла

bite [байт] *v* куса́тися, жа́лити, коло́ти, трави́ти; *n* уку́с, клюва́ння, ї́дкість

bitter [би́тер] *adj* гірки́й, розлю́чений, лю́тий

bitterness [би́тернис] *n* гірко́та́, лють

black [блек] *adj* чо́рний, те́мний

blackmail [бле́кмейл] *v* шантажува́ти

blame [блейм] *v* га́нити, вважа́ти ви́нним

blank [бленк] *n* пробі́л, пустота́; *adj* пусти́й, чи́стий, безтя́мний, збенте́жений, по́вний, суці́льний

blasted [бла́стид] *adj* зруйно́ваний, зни́щений, пошко́джений

bleak [блік] *adj* похму́рий, відкри́тий, холо́дний, сумни́й

bleeding [блі́дин] *n* кровоте́ча, кровопу-ска́ння

blend [бленд] *v* змі́шуватися

bless [блес] *v* благословля́ти, освя́чувати

blessing [бле́син] *n* благослове́ння, моли́тва, блаже́нство

blind [блайнд] *adj* сліпи́й, невира́зний; *v* осліплювати, затемнювати

blink [блинк] *v* морга́ти, жму́ритися, бли́мати

block [блок] *v* загоро́джувати, перешко-джа́ти

blood [блад] *n* кров

bloom [блум] *n* цвіт, розквіт, рум'янець
blow [блоу] *n* удар, стусан, подув, дуття; *v* дути, віяти, роздувати, пихкати, сурмити
blue [блу] *adj* синій, понурий
blush [блашь] *v* червоніти
boat [боут] *n* човен, судно, пароплав
body [боди] *n* тіло, корпус, маса, сила
boil [бойл] *v* кип'ятитися, варитися
bold [боулд] *adj* сміливий, чіткий, самовпевнений
bondage [бондидж] *n* рабство, кріпацтво, залежність
bone [боун] *n* кість
book [бук] *n* книга
bookkeeper [буккіпер] *n* рахівник
bookstore [букстор] *n* книгарня
boot [бут] *n* чобіт, диби, користь
booth [буз] *n* будка, кіоск
border [бордер] *n* облямівка, край; *v* межувати, обшивати
bore [бор] *v* свердлити, розточувати, надокучати
boredom [бордем] *n* нудьга
boring [борин] *adj* надокучливий
born [борн] *adj* народжений
borrow [бороу] *v* позичати
both [боус] *pron* обидва
bother [бозер] *n* турбота, клопіт; *v* непокоїтися, надокучати, хвилюватися

bothersome [бо́зерсам] *adj* надоку́чливий, неспокі́йний

bottle [ботл] *n* пля́шка

bottom [ботм] *n* дно, низ, осно́ва

boundary [ба́ундри] *n* грани́ця, межа́, кордо́н

bow [бо́у] *n* дуга́, лук, ра́йдуга

bow [ба́у] *n* крава́тка-мете́лик; *v* кла́нятися, гну́тися, схиля́тися

bowl [бо́ул] *n* ми́са, ке́лих, ку́бок, ку́ля

box [бокс] *n* коро́бка, скри́ня, купе́, уда́р

boy [бой] *n* хло́пець, парубі́йко

braid [брейд] *n* коса́, та́сьма

brain [брейн] *n* мо́зок, глузд, ро́зум

branch [бранч] *n* га́лузь, гі́лка, фі́лія, ві́дділ, рука́в

brave [брейв] *adj* хоро́брий, смілй́вий

bravery [бре́йвери] *n* хоро́брість, му́жність

bread [бред] *n* хліб, ї́жа

breadth [бредс] *n* ширина́, широта́

break [брейк] *n* о́твір, трі́щина, розри́в; *v* лама́тися, розхо́дитися, перерива́ти, осла́бити

breakfast [бре́кфест] *n* сніда́нок

breast [брест] *n* гру́ди

breath [брес] *n* ди́хання, повіва́ння

breathe [бріз] *v* ди́хати, жи́ти, існува́ти, вимовля́ти, виража́ти

breathing [брі́зин] *n* ди́хання, по́дув

breed [брід] *n* поро́да, пле́м'я, ви́водок, поколі́ння; *v* поро́джувати, виво́дити, вико́хувати

breeze [бріз] *v* ві́яти, продува́ти

breezy [брі́зи] *adj* прохоло́дний, сві́жий, жва́вий

bribe [брайб] *n* пі́дкуп, хаба́р *v* підкупа́ти

bribery [бра́йбери] *n* хаба́рництво

bride [брайд] *n* молода́, нарече́на

bridge [бридж] *n* міст, коби́лка

brief [бріф] *adj* коро́ткий, сти́слий

bright [брайт] *adj* ясни́й, блиску́чий, прозо́рий, зді́бний

brighten [брайтн] *v* проясня́тися, кра́щати, чи́стити

brilliant [брі́лиент] *adj* блиску́чий, яскра́вий

bring [брин] *v* прино́сити, приво́дити

bringing-up [бри́нгин-ап] *n* вихо́вування, вигодо́вування

brisk [бриск] *adj* жва́вий, метки́й, сві́жий, шипу́чий

broad [брод] *adj* широ́кий, просто́рий, зага́льний

broadcast [бро́дкаст] *adj* розки́даний, посі́яний, радіомо́вний

broken [бро́укн] *adj* розби́тий, ла́маний, переpи́вчатий, нестійки́й

broom [брум] *n* мітла́, ві́ник

brother [бра́зер] *n* брат

brother-in-law [бра́зеринло] *n* зять, свояк, ді́вер

brow [бра́у] *n* брова́

brown [бра́ун] *adj* кори́чневий, бу́рий, смугля́вий

brush [брашь] *n* щі́тка, пе́нзель, кущі́, чагарни́к

brutal [брутл] *adj* брута́льний, жорсто́кий

bucket [ба́кит] *n* відро́, черпа́к

buckwheat [ба́куіт] *n* гре́чка

bud [бад] *n* бру́нька, пу́п'янок

build [билд] *v* будува́ти, спору́джувати, ство́рювати, засно́вувати

building [би́лдин] *n* буді́вля, спору́да

bump [бамп] *n* су́тичка, о́пух, ви́гин; *v* ударя́тися, штовха́ти

bun [бан] *n* бу́лочка, ву́зол

bunch [банч] *n* в'я́зка, па́чка

burden [биердн] *n* тяга́р, вага́, тонна́ж; *v* обтя́жувати, наванта́жувати

burdensome [биерднсем] *adj* обтя́жливий, тяжки́й, при́крий

burial [бе́ріел] *n* по́хорон

burn [биерн] *v* горі́ти, пала́ти, припіка́ти

burning [бие́рнин] *n* горі́ння, обпа́люван- ня, припіка́ння; *adj* гаря́чий, пала́ючий, пеку́чий

burst [биерст] *v* ло́пнути, розрива́тися, вибуха́ти

bury [бе́ри] *v* хова́ти, зарива́ти в зе́млю

bush [бушь] *n* кущ, чагáр

business [бíзнис] *n* спрáва, дíло, зáйнятість

busy [бíзи] *adj* зáйнятий, дiя́льний, пожвáвлений, метýшливий

but [бат] *conj* алé, а, однáк, протé; *adv* тíльки, лишé; *prep* крíм, лишé

butcher [бýчер] *n* м'ясни́к

butter [бáтер] *n* мáсло

butterfly [бáтерфлай] *n* метéлик

button [батн] *n* гýдзик

buy [бай] *v* купувáти, підкупля́ти

by [бай] *prep* кóло, бíля, при, вздовж, повз, ми́мо, чéрез

bygone [бáйґон] *adj* минýлий, колíшній

bystander [бáйстендер] *n* очеви́дець, гляда́ч

C

cabbage [кéбидж] *n* капýста

calamity [килéмити] *n* ли́хо, нещáстя, бідá

calculate [кéлк'юлейт] *v* підчи́слювати, розрахóвувати, калькулювáти

calculation [келк'юлéйшн] *n* підрахýнок, розрахýнок, обдýмування

calendar [кéлендер] *n* календáр, покáзник, реє́стр

calf [каф] *n* теля́, маля́

call [кол] *v* кли́кати, гука́ти, зва́ти; *n* по́клик, відві́дини, візи́та

calm [кам] *adj* спокі́йний, ти́хий, ми́рний; *v* заспоко́ювати

camel [кемл] *n* верблю́д

camera [ке́мера] *n* фотоапара́т

camp [кемп] *n* та́бір

campaign [кемпе́йн] *n* похі́д, кампа́нія

can [кен] *v* могти́, умі́ти; *n* бляша́нка, ба́нька, відро́

cancel [кенсл] *v* скасо́вувати, анулюва́ти, погаша́ти

candid [ке́ндид] *adj* відве́ртий, прями́й, безсторо́нній

candle [кендл] *n* сві́чка

candy [ке́нди] *n* цуке́рок, ледене́ць

canned [кенд] *adj* консерво́ваний

cap [кеп] *n* ша́пка, ковпа́к, кашке́т

capability [ке́йпебіли́ти] *n* зда́тність, спромо́жність, умі́лість

capable [ке́йпебл] *adj* зда́тний, умі́лий

capacity [кепе́сити] *n* мі́сткість, є́мкість, о́бсяг, зді́бність, спромо́жність

capital [ке́питл] *n* столи́ця; *adj* головни́й, основни́й, найважливі́ший

captive [ке́птив] *n* бра́нець, полоне́ний; *adj* полоне́ний

captivity [кепти́вити] *n* поло́н

capture [ке́пчир] *n* захо́плення, здо́бич; *v* захо́плювати, прива́блювати, привертати

car [кар] *n* а́вто

card [кард] *n* ка́рта

care [ке́ир] *n* до́гляд, піклува́ння, турбо́та, ува́жність; *v* піклува́тися, турбува́тися, доглядати, ціка́витися

careful [ке́ирфул] *adj* стара́нний, дбайли́вий, турбо́тливий, акура́тний

carefully [ке́ирфули] *adv* дбайли́во, стара́нно, ува́жно

careless [ке́ирлис] *adj* необере́жний, легкова́жний

carnivorous [карни́верес] *adj* м'ясоі́дний

carpet [ка́рпит] *n* ки́лим

carriage [ке́ридж] *n* вагоне́тка, каре́тка, екіпа́ж

carrot [ке́рет] *n* мо́рква

carry [ке́ри] *v* носи́ти, везти́, продо́вжувати

carve [карв] *v* рі́зати, гравірува́ти, виті́сувати

case [кейс] *n* ви́падок, обста́вина, до́кази, скри́ня

cash [кешь] *n* готі́вка, гро́ші

cassette player [ке́сет пле́єр] *n* програва́ч касе́т

cast [каст] *v* мета́ти, ки́дати; *n* ки́дання, литво́, фо́рма

castle [касл] *n* за́мок, тверди́ня

casual [ке́жуел] *adj* випадко́вий, ненавми́сний

casualty [кéжуелти] *n* авáрія, втрáти

cat [кет] *n* кіт

catastrophe [китéстрефи] *n* катастрóфа, загúбель, лúхо, вúпадок

catch [кеч] *v* ловúти, піймáти, затрúмати, схопúти, зрозумíти; *n* улóв, спіймáння, захвáт, клямка

cathedral [кесíдрел] *n* собóр

causal [козл] *adj* причúнний, кавзáльний

cause [коз] *n* причúна, підстáва, мотúв, спрáва

caution [кошн] *n* оберéжність, осторóга, передбáчливість

cautious [кóшес] *adj* оберéжний, передбáчливий, увáжливий

cave [кейв] *n* печéра, порóжнúна, запáдина

cavity [кéвити] *n* трíщина, запáдина, порожнúна

cease [сіс] *v* переставáти, зупиняти

ceiling [сíлин] *n* стéля

celebrate [силибрéйт] *v* святкувáти, прославляти

celebrity [силéбрити] *n* слáва, популярність, знаменúтість

celestial [силéсчел] *adj* небéсний

center [сéнтер] *n* центр, середúна; *adj* центрáльний

certain [сиéртн] *adj* упéвнений, якúйсь

certainly [сиертнли] *adv* звича́йно, напе́вно, слу́шно

certify [сие́ртифай] *v* посві́дчувати, руча́тися, сте́рджувати

chain [чейн] *n* ланцю́г, кайда́ни, пу́та; *v* ско́вувати

chair [че́ир] *n* крі́сло, стіле́ць

challenge [че́линдж] *n* ви́клик

chance [чанс] *n* можли́вість, уда́ча, наго́да, ви́падок, шанс, ймові́рність

change [чейндж] *v* міня́тися, переодяга́тися, розмі́нювати

changeable [че́йнджебл] *adj* мінли́вий, неста́лий, переmі́нний

chaos [ке́йос] *n* безла́ддя, ха́ос

character [ке́риктер] *n* хара́ктер, репута́ція, ро́ля

characteristic [керектери́стик] *n* характери́стика, особли́вість, власти́вість; *adj* характе́рний

charge [чардж] *n* відповіда́льність, до́гляд, піклува́ння, турбо́та, вина́, ата́ка; *v* доруча́ти, вимага́ти, нака́зувати, пра́вити

charitable [че́ритебл] *adj* добродı́йний, ще́дрий, милосе́рдний

charity [че́рити] *n* добродı́йність, милосе́рдя

charm [чарм] *n* чарı́вність, ча́ри

charming [ча́рмин] *adj* чарı́вний

chase [чейс] *v* гна́тися, переслı́дувати

chastise [честáйз] *v* карáти, би́ти, свари́ти

chastity [че́стити] *n* неви́нність, цнотли́-
вість

chat [чет] *v* балáкати, базíкати

cheap [чіп] *adj* деше́вий

cheat [чіт] *v* обмáнювати, ошу́кувати,
шахрувáти

check [чек] *n* чек, перевíрка, затри́мка,
контрóля; *v* зупиня́ти, стри́мувати

cheek [чік] *n* щокá

cheerful [чíерфул] *adj* бадьóрий, весéлий,
ясни́й

cheese [чіз] *n* сир

cherry [че́ри] *n* ви́шня

chew [чу] *v* жувáти, обду́мувати

chicken [чи́кин] *n* курчá, пташеня́

chief [чіф] *n* вождь, провідни́к, ватажóк;
adj головни́й, основни́й

child [чайлд] *n* дити́на, дитя́

childhood [чáйлдхуд] *n* дити́нство

childish [чáйлдишь] *adj* дитя́чий,
хлопчáчий

chill [чил] *n* хóлод, просту́да; *v* студи́ти,
охолóджувати, морóзити; *adj* холóдний

chilly [чи́ли] *adv* хóлодно

chin [чин] *n* підборíддя

choice [чойс] *n* ви́бір; *adj* добíрний,
крáщий

choke [чóук] *v* души́ти, задихáтися,
погаси́ти, перебóрювати

choose [чуз] *v* вибира́ти, воли́ти

chop [чоп] *v* руба́ти, кришити, нарі́зувати

Christian [кри́счен] *adj* християнський

church [чие́рч] *n* це́рква

circle [сие́ркл] *n* ко́ло, круг, гру́па; *v* оберта́тися, ото́чувати, циркулюва́ти

circular [сие́рк'юлер] *adj* кру́глий, коловий

circulation [сиерк'юле́йшн] *n* кругооборо́т, о́біг

circumference [серка́мференс] *n* обста́вина

circus [сие́ркес] *n* цирк

cite [сайт] *v* цитува́ти, посила́тися

citizen [си́тизн] *n* громадянин

citizenship [си́тизншип] *n* громадя́нство

city [си́ти] *n* вели́ке мі́сто

civic [си́вик] *adj* громадя́нський

civil [сивл] *adj* цивільний

claim [клейм] *n* виму́га, по́зов, прете́нсія; *v* вимага́ти, заявля́ти

clamor [кле́мер] *n* га́лас, шум

clamorous [кле́мерес] *adj* шумливий, галасливий

clarification [клерификейшн] *n* проя́снення, очи́щення

clarify [кле́рифай] *v* очища́тися, проясня́тися, з'ясо́вувати

clarity [кле́рити] *n* чистота́, я́сність, прозо́рість

clasp [класп] *n* пря́жка, застíбка, по́тиск, обійма́ння; *v* сти́скувати, застíба́ти, обійма́ти

class [клас] *n* кля́са, ро́зряд, гру́па

classic [класик] *adj* кляси́чний, зразко́вий

classify [кла́сифай] *adj* клясифікува́ти

clean [клин] *adj* чи́стий, оха́йний, непоро́чний; *v* чи́стити

clear [клíер] *adj* прозо́рий, ясни́й, чи́стий, вíльний, зрозумíлий; *v* очища́ти, проясня́тися, з'ясо́вувати; *adv* я́сно, зо́всíм, цілко́м

clearly [клíерли] *adv* очеви́дно, безсу́мнíвно, я́сно

clever [кле́вер] *adj* розу́мний, впра́вний, умíлий

cleverness [кле́вернис] *n* обдаро́ваність, вмíння, здíбність

cliff [клиф] *n* кру́ча, бе́скид

climb [клайм] *v* підійма́тися, лíзти, де́ртися

cling [клин] *v* чіпля́тися, прилипа́ти, горну́тися

clock [клок] *n* годи́нник; *v* озна́чувати

close [кло́уз] *v* закрива́тися, зачиня́ти, кінча́ти; *adj* закри́тий, зачи́нений, близьки́й, за́мкнений, заду́шливий; *adv* бли́зько, по́руч

closed [кло́узд] *adj* зачи́нений, закри́тий, за́мкнений

cloth [клоз] *n* тканина, полотно

clothe [клоуз] *v* одягати, убирати, вкривати

clothes [клоуз] *noun pl* одяг, убрання

cloud [клауд] *n* хмара

cloudy [клауди] *adj* хмарний, мутний, непрозорий

clue [клу] *n* ключ, спосіб, хід думок

clumsy [кламзи] *adj* неохайний, незграбний, нетактовний

clutch [клач] *n* затискач, спрягло; *v* схоплювати, стиснути, хватати

coarse [корс] *adj* шорсткий, крупний, нечемний

coast [коуст] *n* узбережжя

coat [коут] *n* плащ, пальто

cock [кок] *n* півень

coffee [кофи] *n* кава

coffin [кофин] *n* труна

cognition [когнишн] *n* пізнання

coherent [коухіерент] *adj* зв'язний, послідовний, зрозумілий, ясний

coin [койн] *n* монета

coincide [коуинсайд] *v* збігатися, покриватися

coincidental [коуинсидентл] *adj* збіжний, випадковий

cold [коулд] *n* холод, простуда; *adj* холодний

collapse [колéпс] *v* руйнувáтися, завáлюватися, занепадáти

collect [келéкт] *v* збирáти, призбúрувати

colloquial [келóукуіел] *adj* розмóвний, нелітератýрний

color [кáлер] *n* кóлір, фáрба, кольорúт

colored [кáлерд] *adj* кольорúстий, пофарбóваний, барвúстий

colorless [кáлерлис] *adj* безбáрвний, блідúй

comb [кóум] *n* грéбінь, чесáлка, скреблó; *v* чесáти, розчíсувати

combination [комбинéйшн] *n* сполýчення, поєднáння

combine [кембáйн] *v* об'є́днуватися, сполучáтися, комбінувáти

come [кам] *v* прихóдити, прибувáти, траплятися, досягáти

comfort [кáмферт] *n* вигóда, комфóрт, зрýчність; *v* утішáти, заспокóювати, розрáджувати

comfortable [кáмфертебл] *adj* зручнúй, зáтишнúй, привíтний, задовóлений, вигíдний

coming [кáмин] *n* прихíд, прибуття; *adj* майбýтній, настýпний, прийдéшній

command [кимáнд] *v* комáндувати, накáзувати, володíти, керувáти

commemorate [кимéмерейт] *v* святкувáти, відзнáчувати

commemorative [кимémеретив] *adj* па́м'ятний

comment [ко́мент] *v* коментува́ти, запримі́чувати, зауважити

commerce [ко́мерс] *n* торгі́вля, коме́рція

commission [коми́шн] *n* повнова́ження, дору́чення, комі́сія

common [комн] *adj* зага́льний, спі́льний, звича́йний

communicate [кем'ю́никейт] *v* повідомля́ти, передава́ти

communication [кем'юникéйшн] *n* сполу́чення, зв'язо́к

community [кем'ю́нити] *n* грома́да

compact disk [ко́мпект диск] *n* компактди́ск

comparative [кемпе́ратив] *adj* порівня́льний, відно́сний

comparison [кемпе́рисн] *n* порівня́ння

compassion [кемпе́шн] *n* жаль, співчуття́, милосе́рдя

compassioned [кемпе́шнд] *adj* співчутли́вий, милосе́рдний

compensate [ко́мпенсейт] *adj* винагоро́джувати, відшкодо́вувати, компенсува́ти

compete [кемпі́т] *v* змага́тися, конкурува́ти

complain [кимплéйн] *v* ска́ржитися, наріка́ти, жалі́тися

complaint [кимплéйнт] *n* ска́рга, незадово́лення, жа́лоба, наріка́ння

complementary [кимплиме́нтри] *adj* додатко́вий, доповня́льний, попо́внений

complete [кемпли́т] *adj* закі́нчений, по́вний; *v* закі́нчувати, заве́ршувати

complicate [ко́мпликейт] *v* ускла́днюватися, заплу́тувати

complicated [ко́мпликейтид] *adj* ускла́днений, заплу́таний, замо́таний

compliment [ко́мплимент] *n* похвала́, при́язність, коммпліме́нт, приві́т, поздоро́влення

compose [кемпо́уз] *v* склада́ти, компонува́ти

composed [кемпо́узд] *adj* стри́маний, споко́йний

composition [компези́шн] *n* склада́ння, побудо́ва, утво́рення, компози́ція

composure [кемпо́ужир] *n* споко́й, холоднокро́вність, самоволоді́ння

compound [компа́унд] *adj* складови́й, складни́й

comprehend [комприхе́нд] *v* розумі́ти, збагну́ти

comprehensive [комприхе́нсив] *adj* тямки́й, розумо́вий

comprise [кемпра́йз] *v* вміща́ти, охо́плювати

compulsory [кемпа́лсери] *adj* примусо́вий, обов'язко́вий

compute [кемп'ю́т] *v* рахува́ти, обчисля́ти

comrade [кóмрид] *n* товáриш

conceal [кинсíл] *v* прихóвувати, затáювати, замóвчувати

conceited [кинсíтид] *adj* зарозумíлий, чванькувáтий

concentrate [кóнсентрейт] *v* зосерéджуватися

concept [кóнсепт] *n* понáття, ідéя

concern [кинсиéрн] *v* віднóситися, стосувáтися, цікáвитися, тривóжитися; *n* турбóта, хвилювáння, úчасть

concert [кóнсерт] *n* концéрт, згóда, домóвленість

conciliation [кенсилиéйшн] *n* примúрення, заспокóєння

concise [кенсáйс] *adj* чіткúй, стúслий, корóткий

conclude [кенклýд] *v* укладáти, закíнчуватися, вирíшувати

conclusion [кенклýжн] *n* закíнчення, уклáдення, нáслідок

conclusive [кенклýсив] *adj* заклю́чний, кінцéвий, остатóчний, перекóнливий

condemn [кендéм] *v* засýджувати, обвинувáчувати

condemnation [кондемнéйшн] *n* óсуд, засýдження

condition [кендúшн] *n* умóва, стан

conditional [кендúшнел] *adj* умóвний

condolence [кендóуленс] *n* співчуттá

conduct [ко́ндакт] *n* поведі́нка, керува́ння;
conduct [кенда́кт] *v* ве́сти, супрово́дити, керува́ти

confer [кинфие́р] *v* надава́ти, обгово́рювати, ра́дитися

confess [кинфе́с] *v* признава́тися, визнава́ти, сповіда́тися

confession [кинфе́шн] *n* визна́ння, спо́відь

confidence [ко́нфиденс] *n* дові́р'я, упе́вненість

confident [ко́нфидент] *adj* дові́рливий, упе́внений

confidential [конфиде́ншел] *adj* секре́тний, дові́рчий

confirm [кенфие́рм] *v* підтве́рджувати, ратифікува́ти

conflict [ко́нфликт] *n* конфлі́кт, су́тичка, супере́чність

conform [кенфо́рм] *v* зважа́ти, пого́джуватися, підкоря́тися

confront [кенфро́нт] *v* протистоя́ти, зіставля́ти

confuse [кенф'ю́з] *v* спантели́чувати, замо- та́ти, помі́шати

confused [кенф'ю́зд] *adj* безла́дний, збенте́жений, сплу́таний, незв'я́зний

congested [кинджє́стид] *adj* перенасе́лений

congratulate [кингре́т'юлейт] *v* поздоровля́ти

congratulation [кингрет'юлейшн] *n* поздоро́влення

congregate [ко́нгригейт] *v* збира́тися, схо́дитися, ску́пчуватися

connect [кине́кт] *v* сполуча́тися, з'є́днуватися

connected [кине́ктид] *adj* спо́лучений, зв'я́заний

conquer [ко́нкер] *v* завойо́вувати, підкоря́ти, перемага́ти

conquest [ко́нкест] *n* завоюва́ння, підко́рення

conscience [ко́ншенс] *n* со́вість, сумлі́ння

conscientious [коншіє́ншес] *adj* сумлі́нний, со́вісний

conscious [ко́ншес] *adj* свідо́мий

consciousness [ко́ншеснис] *n* свідо́мість, прито́мність

consecrate [ко́нсекрейт] *v* посвя́чувати

consecutive [кинсе́к'ютив] *adj* послідо́вний

consent [кинсе́нт] *v* пого́джуватися, дозволя́ти

consequence [ко́нсикуенс] *n* на́слідок, ви́сновок, зна́чення

consequently [ко́нсикуентли] *adv* о́тже, тому́, в результа́ті

consider [кенси́дер] *v* розгляда́ти, обду́мувати, вважа́ти, гада́ти

consideration [кенсидере́йшн] *n* міркува́ння, підста́ва, ро́згляд, ува́жність, виногоро́да

consist [кенсист] *v* складатися

consistency [кенсистенси] *n* послідовність, погодженість, постійність, сумісність

consistent [кенсистент] *adj* послідовний, стійкий, погоджений, твердий

consolation [консолейшн] *n* утіха, розрада

consonance [консененс] *n* співзвуччя, погодженість

conspiracy [кинспиреси] *n* змова, конспірація

constancy [констенси] *n* постійність, сталість

constant [констент] *adj* постійний, сталий

constitute [констит'ют] *v* утворювати, становити, вибирати

construct [кинстракт] *v* будувати, споруджувати, складати

construction [кинстракшн] *n* будівництво, споруджування, складання

constructive [кинстрактив] *adj* будівний, конструктивний, творчий

consult [кинсалт] *v* радитися, довідуватися, зважити

consultation [конселтейшн] *n* нарада, консультація

consume [кенс'юм] *v* споживати, з'їдати, поглинати, винищувати

contact [контект] *n* дотик, контакт, знайомства

contagious [кентейджес] *adj* заразливий, інфекційний

contain [кентейн] *v* вміщати

contemporary [кентемперери] *adj* сучасний

contempt [кентемпт] *n* зневага, презирство

content [контент] *n* зміст, суть

content [кентент] *adj* задоволений

contest [контест] *n* суперництво, змагання

continent [континент] *n* материк, континент; *adj* стриманий, здержливий, помірний

continuation [кинтин'юейшн] *n* продовження, поновлення

continue [кинтин'ю] *v* продовжуватися, тягтися

continuity [контин'юити] *n* безперервність, нерозривність, послідовність

continuous [кинтин'юес] *adj* суцільний, безперервний, тривалий

contracted [кинтректид] *adj* обумовлений, скорочений, стягнений

contradict [контредикт] *v* заперечувати, протиставити

contradiction [контредикшн] *n* протиріччя, спростування, протилежність

contradictory [контредиктери] *adj* суперечний, противний, несумісний

contrary [контрери] *adj* супротивний, протилежний, несприятливий; *adv* протилежно, всупереч

contrast [кóнтрест] *n* протилéжність, контрáст

contribute [кинтрúб'ют] *v* внóсити, віддавáти, причинятися, співробíтничати

contribution [кóнтриб'юшн] *n* сприяння, внéсок, співробíтництво, вклад

control [кинтрóул] *n* нáгляд, перевіряння; *v* перевіряти, наглядáти, контролювáти

convenient [кинвíньєнт] *adj* придáтний, зрýчний, підхóжий, догíдний

conventional [кенвéншенл] *adj* обумóвлений, звичáйний, загальноприйнятий

conversation [конвиерсéйшн] *n* бéсіда, розмóва

conversational [конвиерсéйшнл] *adj* розмóвний, говірлúвий, балакýчий

convert [кенвиéрт] *v* навертáти, перетвóрювати

convertible [кенвиéртебл] *adj* змíнюваний, оборóтний, відкиднúй

convict [кóнвикт] *n* засýджений, кáторжник

convict [кенвúкт] *v* засýджувати

conviction [кенвúкшн] *n* переконáння, засýдження

convince [кинвúнс] *v* переконувати

cook [кук] *v* куховáрити, готувáти, варúти

cool [кул] *adj* прохолóдний, холоднувáтий; *v* охолóджуватися, остигáти

copy [копи] v копіювати, наслідувати

cordial [кордіел] adj сердечний, щирий, серцевий

core [кор] n серцевина, середина, осердя, ядро

corn [корн] n зерно, зернина

corner [корнер] n кут, ріг

corpse [корпс] n труп

correct [корект] adj правильний, точний, ввічливий; v виправляти, карати

correction [керекшн] n виправлення, перевиховання

correspond [кореспонд] v листуватися

correspondent [кореспонденс] adj згідний, відповідний

corrupt [кирапт] adj зіпсований, продажний, перекручений; v псуватися, розбещуватися, підкуповувати, гнити

cost [кост] n вартість, ціна; v коштувати

costly [костли] adj цінний, дорогий, пишний

cosy [коузи] adj затишний, приємний

cough [коф] n кашель; v кашляти

councel [каунсел] n обговорення, обміркування, порада

count [каунт] v рахувати

counter [каунтер] n прилавок; adj протилежний; adv назад, проти, всупереч

country [ка́унтри] *n* краї́на, перифері́я, ба́тьківщи́на

couple [капл] *n* па́ра

courage [ка́ридж] *n* відва́га, му́жність, смілм́вість, хоро́брість

courageous [кире́йджис] *adj* смілм́вий, хоро́брий, му́жній

course [корс] *n* курс, на́прям, пере́біг, хід

courteous [кие́рчес] *adj* вві́чливий, че́мний

courtesy [кие́ртиси] *n* че́мність, вві́чливість

cousin [казн] *n* двою́рідний брат, двою́рідна сестра́

cover [ка́вер] *v* покрива́ти, охо́плювати, звітува́ти; *n* по́кришка, покрива́ло, обкла́динка, за́хист

covered [ка́веред] *adj* покри́тий

cow [ка́у] *n* коро́ва

coward [ка́уерд] *n* боягу́з

crack [крек] *n* тріск, щілм́на; *v* тріща́ти, кла́цати, пролуна́ти

craft [крафт] *n* впра́вність, умі́лість, ремесло́

crash [крешь] *n* гу́ркіт, тріск, крах; *v* розтрощи́ти, розби́ти

crawl [крол] *v* по́взати, пле́нтатися

crayon [кре́єн] *n* кольоро́вий оліве́ць

crazy [кре́йзи] *adj* божеві́льний, безу́мний, недоу́мкуватий

cream [крім] *n* смета́на, крем

create [кріе́йт] *v* твори́ти, ство́рювати

creature [крічир] *n* створіння, креатýра
credit [крéдит] *n* довíр'я, знáчення, пошáна, честь, борг
credit card [крéдит кард] *f* кредиткáрта
credulous [крéд'юлес] *adj* легковíрний, довíрливий
crime [крайм] *n* злóчин
criminal [крúминл] *adj* злочúнний, кáрний, кримінáльний
cripple [крипл] *n* калíка; *v* калíчити, шкутильгáти
crisis [крáйсис] *n* крúза, перелóм
crisp [крисп] *adj* крихкúй, хрусткúй, цілю́щий, рішýчий
critical [крúтикл] *adj* критúчний, розбíрливий, перелóмний
crop [кроп] *n* урожáй, жнúво, хліб, пýжално
cross [крос] *n* хрест; *v* схрéщуватися, перетинáтися, переправлятися, викрéслювати
crossing [крóсин] *n* перехрéстя, роздорíжжя, перепрáва, хрестовúна
crow [крóу] *n* ворóна
crowd [крáуд] *n* нáтовп; *v* тóвпитися, ю́рмитися, тіснúтися
crowded [крáудид] *adj* перепóвнений, натóвплений
crown [крáун] *n* корóна, вінéць, мáківка, тíм'я

crucial [крýшьєл] *adj* критúчний, вирішáльний

crude [круд] *adj* сировúй, необрóблений, грубувáтий

cruel [крýел] *adj* жорстóкий

crush [крашь] *v* роздýшувати, товктú, крушúти

crusty [крáсти] *adj* твердúй, черствúй

cry [край] *v* кричáти, плáкати

cucumber [к'ю́кембер] *n* огірóк

cultivate [кáлтивейт] *v* оброблáти, розвивáти, культивувáти

cultivated [кáлтивейтид] *adj* культýрний, оброблений

culture [кáлчир] *n* культýра, оброблювання

cumulate [к'ю́м'юлейт] *v* збирáти, нагромáджувати, скýпчувати

cunning [кáнин] *n* спрúтність, хúтрість, лукáвство; *adj* спрúтний, хúтрий, підстýпний

cup [кап] *n* чáшка, кýбок, горня́тко

cupboard [кáбед] *n* шáфка, мúсник

cure [к'ю́ер] *v* виліковувати, зціплáтися

curiosity [к'юериéсити] *n* цікáвість, допúтливість

curl [киéрл] *v* вúтися, кучеря́витися; *n* кýчер, льóкон, завúвка, кільцé

currency [кáренси] *n* валю́та, грóші

curse [киéрс] *v* кля́сти, проклинáти

cursed [киéрст] *adj* прóклятий, окая́нний

curtain [киéртейн] *n* завіса

curve [киéрв] *n* крива́, ви́гин, закру́глення; *v* гну́ти, вигина́тися

cushion [кушн] *n* поду́шка, прокла́дка

custody [ка́стеди] *n* опі́ка, охоро́на, схов, зберіга́ння

custom [ка́стем] *n* зви́чай, покупці́, замо́влення, ми́то; *adj* ми́тний

cut [кат] *v* рі́зати, стри́гти, руба́ти, коси́ти

cutting [ка́тин] *adj* го́стрий, різки́й, прони́зливий

cynical [си́никел] *adj* цині́чний, безсоро́мний

D

daily [де́йли] *adj* щоде́нний

dairy [де́йри] *n* молоча́рня, маслоро́бня

daisy [де́йзи] *n* стокро́тка

dale [дейл] *n* доли́на

damage [де́мидж] *n* зби́ток, шко́да, пошко́дження

damn [дем] *v* проклина́ти, осу́джувати, ла́ятися

damp [демп] *n* воло́гість, во́гкість; *v* зволо́жувати, змо́чувати

dance [данс] *v* танцюва́ти

danger [дéйнджер] *n* небезпéка, загрóза

dangerous [дéйнджерес] *adj* небезпéчний, загрóзливий

dare [дéир] *v* смíти, відвáжуватися

daring [дéиринг] *n* смілúвість, відвáга, безстрáшність

dark [дарк] *adj* тéмний, похмýрий, смуглявий

darling [дáрлин] *n* кóханий, любий; *adj* любий, дорогúй, кóханий

dart [дарт] *v* кúдати, мчáти

dash [дешь] *v* розбивáтися; *n* порúв, напíр, нáтиск, удáр, пóштовх, рúска

data [дéйте] *n* дáні, відóмості, інформáція

date [дейт] *n* дáта, числó, перíод, строк

daughter [дóтер] *n* донькá, дочкá

daughter—in—law [дóтеринло] *n* невíстка

dawn [дон] *v* світáти, розвиднятися, проясня́тися; *n* світáнок, ранкóва зоря

day [дей] *n* день, добá

daybreak [дéйбрейк] *n* світáнок

dead [дед] *adj* мéртвий, помéрлий, нерухóмий, зів'ялий

deadline [дéдлайн] *n* крáйній строк

deadly [дéдли] *adj* смертéльний

deaf [деф] *adj* глухúй, глухувáтий

deal [діл] *v* обхóдитися, розподіляти, торгувáти

dealer [дíлер] *n* торгóвець

dear [діер] *adj* дороги́й, лю́бий, ми́лий, коха́ний

death [дес] *n* смерть

debate [дибе́йт] *v* обгово́рювати, дискутува́ти, обмірко́вувати

debt [дет] *n* борг, заборго́ваність

decade [де́кейд] *n* десятирі́ччя, деся́ток

decay [дике́й] *v* гни́ти, псува́тися, занепада́ти

decease [дисі́с] *n* смерть; *v* вмира́ти

deceive [дисі́в] *v* обма́нювати

December [дисе́мбер] *n* гру́день

decent [ді́снт] *adj* поря́дний, че́сний, скро́мний, ми́лий

decide [диса́йд] *v* вирі́шувати

decided [диса́йдид] *adj* рішу́чий, ви́рішений, безсумні́вний

decision [диси́жн] *n* рі́шення, рішу́чість, ви́рок

declare [дикле́ир] *v* заявля́ти, проголо́шувати, визнава́ти

decline [дикла́йн] *v* відхиля́ти, відмовля́тися, гі́ршати

decorate [де́керейт] *v* прикраша́ти, нагоро́джувати

decrease [дикрі́с] *v* зме́ншуватися

dedicate [де́дикейт] *v* присвя́чувати

deduct [дида́кт] *v* відніма́ти, відрахо́вувати

deduction [дида́кшн] *n* відніма́ння, ви́сновок, відрахува́ння

deed [дід] *n* дíя, вчи́нок, дíло, акт

deep [діп] *adj* глибóкий, заглúблений, тéмний

defeat [дифíт] *v* розбивáти, завдавáти порáзки

defect [дифéкт] *n* хи́ба, вáда, недóлік, пошкóдження

defend [дифéнд] *v* оборонятися, захищáти

deficient [дифи́шент] *adj* недостáтній, недоскóналий

definite [дéфинит] *adj* ви́значений, пéвний, чіткúй, я́сний

definition [дефини́шн] *n* ви́значення, вирáзність, чíткість

degree [дигрí] *n* стýпінь, мíра

delay [дилéй] *v* бари́тися, запíзнюватися, затри́мувати, зволікáти; *n* зволікáння, затри́мання

deliberate [дили́берит] *adj* навми́сний, обéрежний;

deliberate [дили́берейт] *v* обміркóвувати, обговóрювати, рáдитися

delicate [дéликит] *adj* чутли́вий, нíжний, чýлий, делікáтний

delicious [дили́шес] *adj* чудóвий, смачни́й

delight [дилáйт] *v* захóплюватися, втішáтися; *n* захóплення, насолóда, задовóлення

deliver [дили́вер] *v* рознóсити, доставляти, виголóшувати

demand [диманд] *v* вимагáти, потребувáти; *n* вимóга, зáпит, потрéба

democracy [димóкреси] *n* демокрáтія, демократи́зм

demolish [димóлишь] *v* руйнувáти, знóсити, ни́щити

demonstrate [дéменстрейт] *v* демонструвáти, виявля́ти, довóдити

dense [денс] *adj* густи́й, щíльний, тупи́й

dent [дент] *n* вибóїна, зуб

dentist [дéнтист] *n* зубни́й лíкар, данти́ст

deny [динáй] *v* заперéчувати, відкидáти

depart [дипáрт] *v* від'їжджáти, відправля́тися, помéрти

departure [дипáрчер] *n* від'їзд, відхíд, відплиття́

depend [дипéнд] *v* залéжати, розрахóвувати

depict [дипи́кт] *v* зображáти, змальóвувати, опи́сувати

depression [дипрéшн] *n* занéпад, депрéсія, смýток, запáдина

deprivation [депривéйшн] *n* позбáвлення, втрáта

depth [депс] *n* глибинá, гущинá, хáщі

derivation [диривéйшн] *n* похóдження, джерелó

derive [дирáйв] *v* похóдити, одéржувати, вивóдити

descend [дисéнд] *v* схóдити, зни́жуватися, успадкóвувати

descendant [дисе́ндент] *n* наща́док, пото́мок
describe [дискра́йб] *v* опи́сувати, зобража́ти
desert [де́зерт] *n* пусте́ля
desert [дизие́рт] *v* покида́ти, залиша́ти
design [диза́йн] *n* за́дум, на́мір, прое́кт
desire [диза́єр] *v* бажа́ти, хоті́ти, вимага́ти
desolate [де́селит] *adj* безлю́дний,
залишений, поки́нутий;
desolate [де́селейт] *v* спусто́шувати,
розоря́ти, збезлю́дити
despair [диспе́ир] *n* ро́зпач, відча́й
despise [диспа́йз] *v* зневажа́ти, ста́витися з
презирством
dessert [дизие́рт] *n* десе́рт
destination [дестине́йшн] *n* призна́чення,
прире́ченість, до́ля
destiny [де́стини] *n* прире́чення, до́ля
destroy [дистро́й] *v* зни́щувати, руйнува́ти
detach [дитеч] *v* відділя́тися, відокре́млю-
вати
detect [дите́кт] *v* виявля́ти, викрива́ти
determine [дитие́рмин] *v* визнача́ти,
встано́влювати, виpíшувати
devastate [де́вестейт] *v* спусто́шувати,
розоря́ти
develop [диве́леп] *v* розвива́тися
development [диве́лепмент] *n* ро́звиток,
розгорта́ння, поліпшення
devil [девл] *n* дия́вол, чорт, ді́дько
devote [диво́ут] *v* присвя́чувати

dew [д'ю] *v* зрошувати, змочувати, вкривати росою

diagram [даєґрем] *n* схема, графік

dial [даел] *v* вказувати на цифернику, набирати номер

dialogue [даєлоґ] *n* діялог, розмова

diamond [даєменд] *n* алмаз, брилянт, ромб

diary [даєри] *n* щоденник

dictate [диктейт] *v* диктувати, наказувати; *n* наказ, розпорядження

dictionary [дикшенри] *n* словник

die [дай] *v* умирати, засихати, заглухнути

diet [даєт] *n* їжа, харч, дієта

differ [дифер] *v* різнитися, розходитися, сперечатися

difference [дифренс] *n* різниця, відмінність, незгода, чвари

difficult [дификелт] *adj* трудний, важкий, примхливий

dig [диґ] *v* копати, рити

digestion [диджесчен] *n* травлення, засвоєння знань

digit [диджит] *n* палець, одиниця

dignity [диґнити] *n* гідність, поважність, знать

dilute [дайл'ют] *v* розріджувати, розводити

dim [дим] *adj* тьмяний, невиразний, слабкий

diminish [диминишь] *v* зменшуватися, убувати

dine [дайн] *v* обідати

dinner [ди́нер] *n* обід

dip [дип] *v* зану́рюватися, порина́ти; *n* зану́рювання, порина́ння

diploma [дипло́уме] *n* свідо́цтво, дипло́м

direct [дире́кт] *v* спрямо́вувати, керува́ти, направля́ти, дириґува́ти

direction [дире́кшн] *n* на́прям, керува́ння, вказі́вка

director [дире́ктер] *n* управи́тель, дире́ктор

dirt [дие́рт] *n* грязь, земля́, нано́си

dirty [дие́рти] *adj* брудни́й

disabled [дисе́йблд] *adj* непрацезда́тний, інвалі́дний, покалі́чений

disadvantage [диседва́нтидж] *n* неви́гідність, зава́да, несприя́тливість, шкідли́вість

disagree [дисеґри́] *v* не зго́джуватися, супере́чити

disappear [дисепі́ер] *v* зника́ти, пропада́ти, щеза́ти

disappoint [дисепо́йнт] *v* розчаро́вувати, не спра́вджувати

disaster [диза́стер] *n* ли́хо, неща́стя

disbelief [дисбилі́ф] *n* су́мнів, неві́ра, недові́р'я

discharge [дисча́рдж] *v* випуска́ти, виванта́жувати, вилива́ти, розряджа́ти; *n* по́стріл, витіка́ння, виванта́жування, ви́правдання

disclose [дисклóуз] *v* відкривáти, виявлáти, покáзувати

disconnect [дискенéкт] *v* роз'єднувати, відокрéмити

discover [дискáвер] *v* довíдуватися, виявлáти

discriminate [дискрúминейт] *v* розрізнятй, виділятй, розпізнавáти

discuss [дискáс] *v* обмірковувати, обговóрювати, розглядáти

discussion [дискáшн] *n* обмірковування, обговóрення, дебáти

disease [дизíз] *n* хворóба, захвóрювання

disgust [дисгáст] *n* відрáза, огúда

dish [дишь] *n* пóсуд, стрáва

dishonest [дисóнист] *adj* нечéсний, несумлíнний

dismiss [дисмúс] *v* відпускáти, звільнятй, проганятй

disobey [дúсебéй] *v* не слýхатися, не корúтися

disperse [диспиéрс] *v* розвíювати, розганятй, розхóдитися

display [дисплéй] *v* виставлятй, покáзувати, виявлятй

dispute [дисп'ю́т] *v* спóрити, сперечáтися, сварúтися, протúвитися; *n* спір, супéречка, полéміка

disrespect [дисриспéкт] *n* неповáга, нешаноблúвість

dissonance [дисененс] *n* неблагозвучність, невідповідність, розлад

distant [дистент] *adj* віддалений, стриманий, далекий, холодний

distinct [дистинкт] *adj* чіткий, відмінний, особливий, різний

distinguish [дистингуишь] *v* розрізняти, відзначатися, помічати різницю

disturb [дистиерб] *v* непокоїти, турбувати, перешкоджати

dive [дайв] *v* поринати, заглиблюватися, запускати

divide [дивайд] *v* ділитися, відділятися, разходитися

divine [дивайн] *adj* божественний, пророчий

divorce [диворс] *n* розлучення, роз'єднання, розрив

do [ду] *v* готувати, робити, виконувати, заподіювати, годитися, кінчати

doctor [доктер] *n* лікар, доктор

document [док'юмент] *n* документ

dog [дог] *n* пес, собака

doll [дол] *n* лялька

dolphin [долфин] *n* дельфін

domestic [диместик] *adj* домашній, хатній

donate [доунейт] *v* дарувати, жертвувати

donkey [донки] *n* осел

doom [дум] *n* доля, нещасливе призначення

door [дор] *n* двéрі

double [дабл] *adj* двоíстий, подвíйний, здвóєний

doubt [дáут] *n* сýмнів; *v* сумнівáтися, не довіря́ти

doubtful [дáутфул] *adj* сумнíвний, підозрíлий, непéвний

doubtless [дáутлис] *adj* безсумнíвно, безперéчно

doughnut [дóунат] *n* пампýшка, обáрінок

dove [дав] *n* гóлуб

down [дáун] *adv* вниз, донизу, нанизý

downfall [дáунфол] *n* повáлення, падíння, крах, злива

downstairs [дáунстéирз] *adv* вниз, на нижньому пóверсі

doze [дóуз] *v* дрімáти

drama [дрáме] *n* дрáма

drastic [дрáстик] *adj* рішýчий, сувóрий

draw [дро] *n* волочити, витягáти, запинáти, рисувáти, виписувати

drawing [дрóин] *n* рисýнок, малювáння, крéслення

dread [дред] *v* жахáтися, боя́тися

dream [дрім] *n* сон, мрíя; *v* мрíяти, уявля́ти, бачити сон

dress [дрес] *n* сýкня, óдяг, плáття; *v* одягáтися, причісувати, прикрáшувати

drill [дрил] *v* тренувáтися, вправля́тися, муштрувáтися

drink [дринк] *n* напій, питво, ковток; *v* пити

drive [драйв] *v* їхати, везти, приводити, рухати

drop [дроп] *n* краплина, капля; *v* опускати, знижувати, пропускати, губити, скинути, щезати

drought [драут] *n* посуха, засуха

drown [драун] *v* тонути, заливати, заглушувати

drug [драг] *n* ліки, медикамент, наркотик

drum [драм] *n* барабан, бубон

dry [драй] *adj* сухий, спраглий, нудний

dry cleaning [драй клінин] *n* хемічна чистка

due [д'ю] *adj* належний, гідний, обумовлений, достойний

dull [дал] *adj* нудний, похмурий, тупий, млявий

dumb [дам] *adj* німий, безсловесний, дурний

duration [д'юрейшн] *n* тривалість

during [д'юерин] *prep* протягом, під час

dusk [даск] *n* присмерк, сутінки

dust [даст] *n* порох, пилок; *v* посипати, запорошувати, витрушувати

duty [д'юти] *n* обов'язок, вартування

dwell [дуел] *v* жити, мешкати, перебувати

dynamic [дайнемик] *adj* активний, енергійний, діючий

E

each [іч] *adj* ко́жний
eager [і́ґер] *adj* нетерпля́чий, палки́й, жа́дібний, завзя́тий
eagle [і́ґл] *n* оре́л
ear [і́ер] *n* ву́хо
early [иє́рли] *adj* ра́нній, завча́сний, скоростиглий
earn [иє́рн] *v* заробля́ти, заслу́жувати
earring [і́ерин] *n* сере́жка
earth [иє́рс] *n* земля́, су́ша, суході́л; *v* зарива́тися, зако́пувати
earthly [иє́рсли] *adj* земни́й
ease [із] *n* неви́мушеність, ле́гкість, дозві́лля; *v* полє́гшувати, заспоко́ювати
easily [і́зили] *adv* ле́гко, ві́льно
east [іст] *n* схід
Easter [і́стер] *n* Вели́кдень
easy [і́зи] *adj* ле́гкий, неви́мушений, споко́йний, ві́льний, гнучки́й
eat [іт] *v* і́сти
echo [е́коу] *n* ві́дгомін, луна́
economic [ікино́мик] *adj* економі́чний, господа́рський
edge [едж] *n* край, ві́стря, грань; *v* заго́стрювати, підрі́внювати, облямо́вувати
edit [е́дит] *v* редагува́ти, працюва́ти
editor [е́дитер] *n* реда́ктор

educate [ед'юкейт] *v* вихо́вувати, дава́ти осві́ту

education [ед'юке́йшн] *n* вихова́ння, осві́та, навча́ння

effect [ифе́кт] *n* на́слідок, вплив, дія, вра́ження

efficient [ифи́шент] *adj* умі́лий, дійови́й, спромо́жний, спра́вний

effort [е́форт] *n* зуси́лля, спро́ба, напру́ження, нату́га

egg [ег] *n* яйце́

ego [е́ґоу] *n* я, люди́на

egotism [е́ґоутизм] *n* еґоти́зм, самозако́ханість

eight [ейт] *num* ві́сім

eighteen [ейті́н] *num* вісімна́дцять

either [а́йзер] *adj* оби́два, ко́жний

elaborate [иле́берет] *adj* стара́нно, подрі́бно опрацьо́ваний, розро́блений

elbow [е́лбоу] *n* лі́коть

elect [иле́кт] *v* вибира́ти, обира́ти

electricity [илектри́сити] *n* еле́ктрика

elephant [е́лефнт] *n* слон

elevate [е́ливейт] *v* підно́сити, піднима́ти, поши́рювати

eleven [иле́вн] *num* одина́дцять

eligible [е́лиджибл] *adj* підхо́жий, прида́тний, ба́жаний

eliminate [или́минейт] *v* виключа́ти, ліквіду́вати, виділя́ти

eloquent [éлокуент] *adj* красномóвний,
промóвистий

else [елс] *adv* ще, крім

elsewhere [éлсуеир] *adv* в íнше мíсце

elude [илýд] *v* уникáти, не прихóдити в
гóлову

embargo [имбáрґоу] *n* заборóна, ембáрго

embassy [éмбеси] *n* посóльство, амбасáда

embrace [имбрéйс] *v* обнімáтися, охóплю-
вати, включáти; *n* обíйми

emerge [имиéрдж] *v* виявлятися, вихóдити

emigrate [éмиґрейт] *v* еміґрувáти, пересе-
лятися

emotion [имóушн] *n* хвилювáння, почуття,
емóція

emphasis [éмфесис] *n* нáголос, вирáзність

emphasize [éмфесайз] *v* підкрéслювати,
вирізняти, наголóшувати

emphatic [имфáтик] *adj* емфатúчний,
вирáзний, рішýчий

employ [имплóй] *v* приймáти, застосóву-
вати, використóвувати

employee [éмплоїі] *n* службóвець, працíв-
нúк

employer [имплóєр] *n* працедáвець

empty [éмпти] *adj* порóжній, пустúй; *v*
спорóжнюватися

enchant [инчáнт] *v* зачарóвувати

enclosure [инклóужир] *n* вклáдка, замика-
кáння, огорóжа

encourage [инка́ридж] *v* заохо́чувати, підбадьо́рювати

end [енд] *n* кіне́ць, край, на́слідок, мета́; *v* кінча́тися

endless [е́ндлис] *adj* безкра́їй, нескінче́нний

endorse [индо́рс] *v* підтве́рджувати, схва́лювати

endure [инд'ю́ир] *v* ви́тримати, зно́сити

enemy [е́неми] *n* во́рог, проти́вник

energetic [енерджє́тик] *adj* енергі́йний, жва́вий

enforce [инфо́рс] *v* прово́дити, спону́кувати, підси́лювати

engage [инге́йдж] *v* займа́тися, приверта́ти, обручи́ти, прива́блювати

engine [е́нджин] *n* мото́р, маши́на

engineer [енджині́ер] *n* інжене́р, машині́ст

English [і́нглишь] *adj* англі́йський

enjoy [инджо́й] *v* ма́ти задово́лення, втіша́тися

enlarge [инла́рдж] *v* збі́льшуватися, розво́дитися

enough [ина́ф] *adj* доста́тній; *adv* до́сить, дово́лі; *pron* доста́тня кі́лькість

enrich [инрі́ч] *v* збага́чувати, попо́внювати, прикраша́ти

enslave [инсле́йв] *v* понево́лювати

enter [е́нтер] *v* вхо́дити, вступа́ти, запи́сувати

enterprise [éнтерпрайз] *n* підприємство, заповзятливість, ініціятивність

entertain [ентертéйн] *v* розважáти, забавляти

enthusiasm [инсýзиазм] *n* захóплення, ентузіязм

entire [интáєр] *adj* цíлий, суцíльний

entity [éнтити] *n* суть, реáльність

entry [éнтри] *n* вхід, внéсення, стаття

enumerate [инýмерейт] *v* перелíчувати

envelope [éнвелоуп] *n* ковéрт, обгóртка, покришка

environment [инвáєренмент] *n* середóвище, отóчення

envy [éнви] *n* зáздрість *v* зáздрити

equal [йкуел] *adj* однáковий, рíвний; *v* рівнятися, прирíвнювати

equality [икуóлити] *n* рíвність, рівноправність

equalize [икуелáйз] *v* зрíвнювати, робити рíвним

equip [икуйп] *v* устаткóвувати, постачáти, споряджáти

equipment [икуйпмент] *n* устаткувáння, облáднання

equity [éкуити] *n* справедлúвість, безсторóнність

equivalent [икуйвелент] *adj* рівноцíнний, еквівалéнтний

era [íере] *n* добá, éра, епóха

erase [ирéйз] *v* стира́ти, підчища́ти, викре́слювати

err [иéр] *v* помиля́тися, хи́бити

error [éрор] *n* по́ми́лка

escape [искéйп] *n* вте́ча, ви́тік, ви́хід; *v* врятува́тися, вирива́тися

especial [испéшл] *adj* особли́вий

especially [испéшели] *adv* особли́во, зокрема́

espouse [испáуз] *v* одру́жуватися, віддава́ти за́між

essay [éсей] *n* на́рис, стаття́, спро́ба, до́слід; *v* намага́тися, про́бувати

essence [éсенс] *n* су́тність, істо́тність

essential [исéншл] *adj* істо́тний, головни́й, необхі́дний

establish [истéблишь] *v* устано́влювати, влашто́вувати, засно́вувати

esteem [истíм] *n* шанува́ння, пова́га; *v* поважа́ти, шанува́ти

estimate [éстимит] *n* оці́нка, кошто́рис; **estimate** [éстимейт] *v* оці́нювати, склада́ти кошто́рис

eternal [итиéрнл] *adj* ві́чний, незмі́нний, пості́йний

eulogy [ю́леджи] *n* похва́ла, вихваля́ння, тра́урне сло́во

Europe [ю́ереп] *n* Евро́па

evaluate [ивéл'юейт] *v* оці́нювати, виража́ти в чи́слах

evaporate [ивéпорейт] *v* випарóвувати, зникáти, щезáти

eve [ів] *n* переддéнь

even [івн] *adj* рíвний, урівновáжений; *adv* рíвно, якрáз, тóчно

evening [íвнин] *n* вéчір, вечíрка

event [ивéнт] *n* подíя, пригóда, нáслідок

eventual [ивéнчуел] *adj* випадкóвий, можлúвий, кінцéвий

eventually [ивéнчуели] *adv* зрéштою, кінéць кінцéм

ever [éвер] *adv* бýдь-коли, зáвждú, колúсь

every [éври] *adj* кóжний, всякий

everybody [éврибоди] *pron* кóжний, всі, всяка людúна

everyday [éвридей] *adj* щодéнний, повсякдéнний

everything [éврисин] *pron* все

evidence [éвиденс] *n* дóказ, очевúдність, свíдчення

evil [івл] *adj* злий, лиховíсний, шкідлúвий, згýбний; *n* зло, лúхо, бідá, нещáстя

evolve [ивóлв] *v* розвивáтися, розгортáтися, виділяти

exact [икзéкт] *adj* тóчний, акурáтний, доклáдний

exactly [икзéктли] *adv* якрáз, сáме, тóчно

exaggerate [игзéджерейт] *v* перебíльшувати, надмíрно підкрéслювати

exam [икзéм] *n* íспит

example [икзе́мпл] *n* при́клад, зразо́к

exceed [иксі́д] *v* переве́ршувати, переви́щувати

excellent [е́кселент] *adj* відмі́нний, найкра́щий

except [иксе́пт] *prep* за ви́нятком, крім

exception [иксе́пшн] *n* ви́няток, ві́двід, запере́чення

exchange [иксче́йндж] *v* обмі́нюватися, міня́тися; *n* обмі́н, ро́змін, бі́ржа

excite [икса́йт] *v* хвилюва́ти, збу́джувати, ви́клика́ти, дражни́ти, турбува́ти

exclaim [иксклє́йм] *v* вигу́кувати

exclude [иксклу́д] *v* виключа́ти, не допуска́ти

exclusively [иксклу́сивли] *adv* ви́ключно, ті́льки

excuse [икск'ю́з] *v* вибача́ти, проща́ти, звільня́ти

excuse [икск'ю́с] *n* проба́чення, ви́правдання, звільне́ння

execute [е́ксик'ют] *v* вико́нувати, стра́чувати, оформля́ти

exempt [иг‑зе́мпт] *v* звільня́ти

exercise [е́ксесайз] *n* впра́ва; *v* вправля́тися, навча́тися, користува́тися, виявля́ти

exhausted [иг‑зо́стид] *adj* зму́чений, ви́снажений

exhibit [игзи́бит] *n* по́каз, експона́т; *v* виявля́ти, пока́зувати

exist [игзи́ст] *v* існува́ти

existent [игзи́стент] *adj* ная́вний, існу́ючий

expand [икспа́нд] *v* поши́рюватися, розпуска́тися, розкрива́ти

expect [икспе́кт] *v* очі́кувати, сподіва́тися

expectation [экспекте́йшн] *n* чека́ння, сподіва́ння, імові́рність, можли́вість

expel [икспе́л] *v* виключа́ти, викида́ти

expense [икспе́нс] *n* ви́трати, вида́тки

expensive [икспе́нсив] *adj* дороги́й, кошто́вний

experience [икспі́еріенс] *n* життє́вий до́свід; *v* зазнава́ти, почува́ти

expert [е́кспиерт] *n* знаве́ць, експе́рт; *adj* досві́дчений, обі́знаний, впра́вний

expiration [экспире́йшн] *n* закі́нчення, ви́дих

expire [икспа́єр] *v* закі́нчуватися, видиха́ти, згаса́ти

explain [иксплє́йн] *v* поя́снювати

explicit [икспли́сит] *adj* то́чний, я́сний, пе́вний

explore [икспло́р] *v* досліджувати, вивча́ти, перевіря́ти

express [икспре́с] *n* експре́с, термі́нове відпра́влення; *v* виража́ти, означа́ти

extend [иксте́нд] *v* простяга́тися, продо́вжуватися, розши́рювати

extensive [икстéнсив] *adj* розлóгий, простóрий, обшúрний

external [екстиéрнл] *adj* зóвнішній

extinguish [икстúнгуишь] *v* гасúти, затьмáрювати, вбивáти

extreme [икстрíм] *n* крáйність, протилéжність, протирíччя; *adj* крáйній, надзвичáйний, остáнній

eye [ай] *n* óко, вíчко

eyebrow [áйбрау] *n* бровá

eyelash [áйлешь] *n* вíя

eyelid [áйлид] *n* повíка

eyesight [áйсайт] *n* зір

eyewitness [áйуитнис] *n* свідóк, очевúдець

F

fable [фейбл] *n* бáйка, кáзка, вúгадка

fabulous [фéб'юлес] *adj* мітúчний, легендáрний, нечýваний

face [фейс] *n* лицé, облúччя, повéрхня; *v* дивúтися прямо в вíчі, вихóдити, обкладáти

fact [фект] *n* подíя, дíйсність, обстáвина

faculty [фéкилти] *n* здíбність, дар, факультéт

fade [фейд] *v* в'янути, линяти, затихáти

fail [фейл] *v* зазнати невдачі, не зробити, ухилитися, відмовитися, не виправдати

failure [фейльєр] *n* невдача, провал, неспроможність, пошкодження

faint [фейнт] *adj* в'ялий, слабкий, млявий, боязкий, неясний, незначний

fair [феир] *n* ярмарок; *adj* красивий, гарний, справедливий, сприятливий, чималий; *adv* справедливо, відверто, ввічливо

fairy tale [феири тейл] *n* чарівна казка, вигадка

faith [фейс] *n* віра, вірність, довір'я

faithful [фейсфул] *adj* вірний, правдивий, правовірний

falcon [фолкен] *n* сокіл

fall [фол] *v* падати, знижуватися, осідати, попадати; *n* падіння, зниження, осінь, перепад, опадання

false [фолс] *adj* хибний, неправдивий, штучний, віроломний

fame [фейм] *n* слава, відома популярність

familiar [фемиліер] *adj* близький, загальновідомий, дружній

family [фемили] *n* родина, сім'я, рід; *adj* родинний, сімейний, домашній

family name [фемили нейм] *n* прізвище, прізвисько

famine [фемин] *n* голод

famous [феймес] *adj* славетний, відомий

fan [фен] *n* фанáт

fanciful [фéнсифул] *adj* примхлúвий, химéрний, капрúзний

fancy [фéнси] *n* уя́ва, прúстрасний нáхил; *adj* казкóвий, примхувáто-вигáдливий, вúшукано-прикрáшений

fantastic [фентéстик] *adj* химéрний, фантастúчний, уя́вний

fantasy [фéнтеси] *n* фантáзія, уя́ва

far [фар] *n* значнá вíддаль; *adj* далéкий, віддáлений; *adv* далéко

fascinate [фéсинейт] *v* чарувáти, глядíти з захóпленням

fashion [фешн] *n* мóда, спóсіб, вид, манéра; *v* надавáти вúгляду, формувáти, виробля́ти

fast [фест] *adj* міцнúй, твердúй, тривкúй, постíйний; *adv* швúдко, прýдко, хýтко

fast [фест] *n* піст, пóщення *v* постúти, не íсти

fasten [фестн] *v* прикріпля́ти, зцíплювати, спрямóвувати

fat [фет] *n* товщ, сáло; *adj* товстúй, підгодóваний, маснúй

fatal [фейтл] *adj* неминýчий, згýбний, смертéльний, нещаслúвий

fate [фейт] *n* дóля, судьбá, признáчення, загúбель

father [фáзер] *n* бáтько, родоначáльник

father-in-law [фа́зеринло] *n* тесть, све́кор
fatigue [фетíг] *n* вто́ма, сто́млюваність
fatten [фе́ттен] *v* відгодо́вуватися, товстíти
fault [фолт] *n* ва́да, дефе́кт, про́мах, прови́на, пошко́дження
favor [фе́йвер] *n* прихи́льність, схва́лення, ла́ска, послу́га; *v* підтри́мувати, уподíбнюватися
favorable [фе́йвребл] *adj* сприя́тливий, добрози́чливий
fear [фíер] *n* страх, пробо́ювання; *v* боя́тися
fearful [фíерфул] *adj* страшни́й, жахли́вий
feast [фіст] *n* пир, свя́то, вшанува́ння
feature [фíчир] *n* ри́са, прикме́та, озна́ка, власти́вість; *v* зобража́ти, змальо́вувати
February [фе́бруери] *n* лю́тий
feeble [фíбл] *adj* кво́лий, слабки́й
feed [фід] *v* харчува́тися, живи́тися; *n* їжа, харч, годува́ння
feel [філ] *v* почува́ти, ма́цати, дотика́тися; *n* відчуття́, до́тик
fellow [фе́лоу] *n* люди́на, па́рубок, това́риш
fellowship [фе́лоушип] *n* товари́ство, бра́тство, співу́часть
female [фíмейл] *n* жíнка
fertile [фие́ртайл] *adj* родю́чий, плодоно́сний, рясни́й, бага́тий

fervent [фиĕрвент] *adj* палки́й, завзя́тий, гаря́чий

festive [фе́стив] *adj* святко́вий, ра́дісний, урочи́стий

fever [фі́вер] *n* гаря́чка, лихома́нка, жар

few [ф'ю] *adj* ма́ло, небага́то

fictional [фи́кшенл] *adj* ви́гаданий, фікти́вний

field [філд] *n* по́ле, га́лузь

fifteen [фифті́н] *num* п'ятна́дцять

fifty [фи́фти] *num* п'ятдеся́т

fight [файт] *n* бі́йка, супере́чка, боротьба́; *v* би́тися, боро́тися, змага́тися, воюва́ти

figurative [фи́г'юретив] *adj* фігура́льний, перено́сний, зобража́льний

figure [фи́ґер] *v* зобража́ти, фігурува́ти, розрахо́вувати; *n* фігу́ра, по́стать, зобра́ження

fill [фил] *n* доста́тня кі́лькість; *v* наси́чувати, задовольня́ти, спо́внюватися, вико́нувати

final [файнл] *adj* оста́нній, кінце́вий, заклю́чний, цільови́й

finally [фа́йнели] *adv* зре́штою, кіне́ць, остато́чно

find [файнд] *v* знахо́дити, виявля́ти

fine [файн] *adj* хоро́ший, тонки́й, ви́шуканий, прега́рний; *adv* ви́шукано, то́нко, прекра́сно

finger [фи́нґер] *n* па́лець, стрі́лка

fingernail [фи́нгернейл] *n* ні́готь

finish [фи́нишь] *v* кінча́тися, заве́ршуватися, припиня́ти; *n* закі́нчення, обро́блення, заве́ршеність

fire [фа́єр] *n* вого́нь, пожа́р, стріляни́на, жар; *v* запа́люватися, займа́тися, топи́ти, обпа́лювати

firm [фие́рм] *adj* міцни́й, стійки́й, си́льний, ста́лий, рішу́чий

first [фие́рст] *adj* пе́рший, видатни́й, значни́й; *n* поча́ток; *adv* спе́ршу, споча́тку

fish [фи́шь] *n* ри́ба; *v* лови́ти ри́бу, шука́ти

fist [фист] *n* кула́к, вказівни́й знак

fit [фит] *v* годи́тися, пасува́ти; *adj* прида́тний, нале́жний, підхо́жий, гото́вий, здоро́вий

five [файв] *num* п'ять

fix [фикс] *v* закріпля́ти, запрова́джувати, вирі́шувати, зупиня́ти

fixed [фикст] *adj* нерухо́мий, закрі́плений, постійний, призна́чений

flag [флег] *n* пра́пор, стяг, знаме́но́, плита́

flame [флейм] *n* по́лум'я, за́пал, при́страсть; *v* пала́ти, полумені́ти, рум'яні́ти

flat [флет] *n* рівни́на, площина́; *adj* пло́ский, горизонта́льний, рі́вний, прями́й, нудни́й

flatter [флéтер] *v* лести́ти, удава́ти, пести́ти, ми́лувати, мани́ти

flavor [флéйвер] *n* смак, арома́т, за́пах, відчуття́

flee [флі] *v* тіка́ти, уника́ти, ще́знути

flesh [флешь] *n* м'я́со, ті́ло

flexible [флéксибл] *adj* гнучки́й, посту́пливий

flight [флайт] *n* літ, переліт

float [флóут] *n* поплаве́ць; *v* пла́вати, нести́ся

flood [флад] *n* пóвінь; *v* затопля́ти, підніма́тися

floor [флор] *n* підлóга, пóверх

flour [флáуер] *n* бóрошно, мука́

flourish [флáришь] *n* цвіті́ння, рóзквіт, рóзмах; *v* процвіта́ти, буя́ти, прикра́сити

flow [флоу] *v* текти́, ли́тися, струмені́ти, ри́нути *n* течія́, потíк, пла́вність

flower [флáуер] *n* квíтка, цвіті́ння, цвіт; *v* цвісти́, квíтнути

fluency [флуéнси] *n* вíльність, спра́вність, пла́вність

fluent [флуéнт] *adj* пла́вний, швидко-впра́вний, спра́вний

flush [флашь] *n* рум'я́нець, потíк, припли́в, збу́дження; *v* би́ти струми́ною, ли́нути, спóвнювати, збу́джувати, пу́рхати, ляка́ти; *adj* рíвний, бага́тий, надмíрний, ще́дрий; *adv* рíвно, пря́мо

fly [флай] *n* му́ха, полі́т; *v* літа́ти, ма́яти, розлеті́тися

fog [фог] *n* густи́й тума́н, мря́ка

fold [фо́улд] *n* скла́дка, за́стібка, коша́ра; *v* заганя́ти, склада́ти, згорта́ти

folk [фо́ук] *n* наро́д, люди

follow [фо́лоу] *v* наслі́дувати, гна́тися, розумі́ти

fond [фонд] *adj* лю́блячий, нерозсу́дливий, заслі́плений

food [фуд] *n* харчува́ння, корм, їжа

fool [фул] *n* ду́рень; *v* дурі́ти, пустува́ти

foot [фут] *n* стопа́, нога́, підні́жжя, крок

for [фор] *prep* для, зара́ди, з, че́рез, вна́слідок

forbid [фербид] *v* забороня́ти

force [форс] *n* си́ла, при́мус, наси́льство; *v* приси́лувати, приму́шувати, зла́мувати, приско́рювати

forceful [фо́рсфул] *adj* си́льний, дійови́й, перекó́нливий

forecast [фо́ркаст] *n* передба́чення, завба́чення

forecast [форка́ст] *v* передбача́ти, завбача́ти

forefather [фо́рфазер] *n* пре́док

forehead [фо́рид] *n* лоб

foreign [фо́рин] *adj* закордо́нний, іноэе́мний, чужи́й

foreigner [фо́ринер] *n* чужи́нець, сторо́ння люди́на

foremost [фо́рмоуст] *adj* передови́й, пере́дній; *adv* по-пе́рше, наса́мперед

foresee [форсі́] *v* передбача́ти

forest [фо́рист] *n* ліс

forever [фере́вер] *adv* наза́вжди́

forget [ферге́т] *v* забува́ти

forgive [ферги́в] *v* проща́ти, вибача́ти

fork [форк] *n* виде́лка, ви́ла, розви́лка, розгалу́ження

form [форм] *n* вид, фо́рма, о́бриси; *v* формува́тися, утво́рюватися

former [фо́рмер] *adj* попере́дній, коли́шній, мину́лий

formerly [фо́рмерли] *adv* рані́ше, коли́сь

forth [форс] *adv* впере́д, нада́лі

fortunate [фо́рчнит] *adj* сприя́тливий, щасли́вий, вда́лий

fortune [форчн] *n* до́ля, ща́стя, бага́тство

forty [фо́рти] *num* со́рок

forward [фо́руерд] *adj* передови́й, пере́дній, завча́сний; *adv* да́лі, впере́д; *v* приско́рювати, сприя́ти, пересила́ти

found [фа́унд] *v* засно́вувати, утво́рювати, пла́вити

foundation [фаунде́йшн] *n* осно́ва, підва́лина, заснува́ння, устано́ва

four [фор] *num* чоти́ри

fourteen [фортí́н] *num* чотирна́дцять

fox [фокс] *n* лис

fraction [фрекшн] *n* дріб, частка, крихта, уламок, перерив

fracture [фрекчир] *n* тріщина, надлом, розрив

fragile [фреджайл] *adj* ламкий, крихкий, слабкий, тендітний

frame [фрейм] *n* споруда, спорудження, структура, кістяк, остов, зруб; *v* складати, утворювати, пристосовувати, споруджувати

frank [френк] *adj* щирий, відвертий

fraternity [фретиєрнити] *n* братство, громада

fraud [фрод] *n* обман, шахрайство, підроблення, обманець

free [фрі] *adj* вільний, невимушений, добровільний, безплатний

freedom [фрідем] *n* свобода, воля, вільність

freeze [фріз] *v* морозити, мерзнути

French [френч] *adj* французький

frequency [фрікуенси] *n* частота, частотність

frequent [фрікуент] *adj* частий

fresh [фрешь] *adj* свіжий, прісний

Friday [фрайдей] *n* п'ятниця

friend [френд] *n* друг, приятель

friendship [френдшип] *n* дружба, приятелювання

fright [фрайт] *n* ляк, страх

frighten [фрайтн] *v* лякати, страхати

frog [фроґ] *n* жа́ба

from [фром] *prep* з, із, від, у

front [франт] *n* пере́д, фронт, чоло́; *adj* пере́дній; *v* протистоя́ти

frost [фрост] *n* моро́з; *v* покрива́тися моро́зом, глязува́ти

frozen [фро́узн] *adj* заме́рзлий, заморо́жений, студе́ний

fruit [фрут] *n* плід, о́воч

fruitful [фру́тфул] *adj* родю́чий, плодотво́рний

fruitless [фру́тлис] *adj* неродю́чий, неплі́дний, ма́рний

frustrate [фрастре́йт] *v* ни́щити, знівечити

fry [фрай] *v* сма́житися, жа́ритися; *n* смажени́на

frying pan [фра́йин пен] *n* сковорода́

fuel [ф'ю́ел] *n* па́ливо, пальне́

fulfill [фулфи́л] *v* здій́снювати, заве́ршувати, вико́нувати

full [фул] *adj* по́вний, цілкови́тий, бага́тий; *adv* цілкови́то, пря́мо

fully [фу́ли] *adv* цілко́м, зо́всім, по́вністю

fume [ф'ю́м] *n* дим, кі́птява, ви́пар, за́пах, збу́дження; *v* дими́ти, кури́ти, се́рдитися, роздрато́вуватися

fun [фан] *n* жарт, ве́селощі, розва́га

function [фанкшн] *n* фу́нкція, завда́ння; *v* ді́яти, функціонува́ти

fundamental [фандемéнтл] *adj* основни́й, докорíнний, істóтний

funeral [ф’ю́нерел] *n* пóхорон; *adj* похорóнний

funny [фáни] *adj* забáвний, втíшний, смішни́й, чудни́й, ди́вний

fur [фиóр] *n* ху́тро, шкíра

furious [ф’ю́ріес] *adj* оскаженíлий, нестя́мний, несамови́тий

furnish [фиéрнишь] *v* меблювáти, приставля́ти, постачáти

furniture [фиéрничир] *n* мéблі, облáднання

further [фиéрзер] *adv* дáльше, пóтім

fury [ф’ю́ри] *n* лють, несамови́тість, шалéнство

fuss [фас] *n* суєтá, метушня́; *v* мету́шитися, бу́ти вередли́вим

future [ф’ю́чир] *n* майбу́тність, будучинá

G

gadfly [ґéдфлай] *n* ґедзь, óвід

gain [ґейн] *v* добувáти, діставáти, одéржувати, здобувáти, доби́тися; *n* виго́да, кóристь, нажи́ва, прибу́тки

gallery [ґéлери] *n* ґалéрія

gamble [ґембл] *n* газардóва гра, непéвна спрáва; *v* си́льно рискувáти, газáрдничати

game [ґейм] *n* гра, змагáння, розвáга

gap [ґеп] *n* щілúна, провáл, промíжок, розрúв

garage [ґéраж] *n* ґарáж

garbage [ґáрбидж] *n* сміттá, пóкидьки

garden [ґардн] *n* сад

garlic [ґáрлик] *n* часнúк

gas [ґес] *n* бензúна, пальнé

gasp [ґесп] *v* задихáтися, роззявляти рóта; *n* утрýднене дúхання

gas station [ґéс стейшн] *n* автонапувáлка

gate [ґейт] *n* ворóта, хвíртка, застáва, прохíд

gather [ґéзер] *v* скýпчуватися, збирáтися, тóвпитися, підбирáти, збагнýти

gauge [ґейдж] *n* мíра, грýбість, товщинá; *v* мíряти, перевіряти, калібрувáти, оцíнювати

gem [джем] *n* самоцвíт, дорогоцíнний кáмінь

gender [джéндер] *n* рід

gene [джін] *n* ген

general [джéнерл] *n* генерáл, полковóдець; *adj* загáльний, звичáйний

generalize [джéнерелайз] *v* узагáльнювати

generally [джéнерели] *adv* взагалí, звичáйно, здебíльшого

generate [джéнерейт] *v* спричинáти, порóджувати, викликáти

generation [дженерéйшн] *n* поколíння, рід, потóмство

generous [джéнерес] *adj* великодýшний, щéдрий, благорóдний

genius [джíніес] *n* гéній, дух, обдарóваність

gentle [джентл] *adj* лáгідний, дóбрий, родовúтий, лéгкий, нíжний

gentleman [джéнтлмен] *n* дóбре вúхована осóба, джентлмéн

genuine [джéн'юин] *adj* спрáвжній, íстинний, щúрий

German [джиéрмен] *adj* німéцький

gesture [джéсчир] *n* жест, рух тíла; *v* жестикулювáти

get [гет] *v* діставáти, одéржувати, здобувáти, дістáтися, навістúти, заробля́ти

ghost [гóуст] *n* прúвид, примáра, дух

giant [джáєнт] *n* вéлет, гігáнт; *adj* велетéнський, гігáнтський

gift [гифт] *n* подарýнок, дар, здíбність, талáнт; *v* дарувáти, наділя́ти

giggle [гúгл] *v* хихúкати

Gipsy [джúпси] *adj* цигáнський

giraff [джирáф] *n* жирáфа

girl [гиéрл] *n* дíвчина, служнúця

give [гив] *v* давáти, давáти згóду, вручáти

glad [глед] *adj* рáдий, задовóлений, втíшний

glamour [глéмер] *n* чарíвність, очарувáння

glass [ґлас] *n* скло, склянка
glide [ґлайд] *v* ковзати, планерувати
glimmer [ґлимер] *v* мигтіти, блимати; *n* мигтіння, блимання, проблиск
glimpse [ґлимпс] *n* спалах, проблиск; *v* майнути, побачити на мить
glitter [ґлитер] *v* блищати; *n* виблискування, пишність
globe [ґлоуб] *n* глобус, куля
gloomy [ґлуми] *adj* похмурий, насуплений, сумовитий, темний
glorify [ґлорифай] *v* прославляти, вихваляти
glory [ґлори] *n* слава, пишнота; *v* торжествувати, пишатися
glove [ґлав] *n* рукавичка
glow [ґлоу] *n* жар, заграва, рум'янець, запал; *v* жевріти, палати, горіти, сяяти
glue [ґлу] *n* клей; *v* клеїти, прилипати
go [ґоу] *v* іти, ходити, рухатися, загинути
goal [ґоул] *n* мета, ціль
goat [ґоут] *n* цап, козел
God [ґод] *n* Бог
goddaughter [ґоддотер] *n* хрещениця
goddess [ґодис] *n* богиня
godfather [ґодфазер] *n* хрещений батько
godmother [ґодмазер] *n* хрещена мати
godson [ґодсан] *n* хрещеник
gold [ґоулд] *n* золото

gone [ґон] *adj* пропащий, загублений

good [ґуд] *adj* добрий, гарний, придатний, корисний, вмілий *n* добро, користь

good-bye [ґуд-бай] *interj* до побачення, прощавайте

good night [ґуд найт] *interj* добраніч

goods [ґудз] *n* речі, товар, крам

goose [ґус] *n* гуска

gossip [ґосип] *n* плітка, базікання; *v* базікати, розпускати чутки

govern [ґавен] *v* правити, управляти, володіти, керувати

government [ґавнмент] *n* уряд, урядування, керування

governmental [ґавнментал] *adj* урядовий

grab [ґреб] *v* хапати, захоплювати, привласнювати

grace [ґрейс] *n* витонченість, привабливість, ласка, прихильність, світлість

graceful [ґрейсфул] *adj* витончений, приємний, ласкавий, благородний

grade [ґрейд] *n* градус, якість, гатунок, ступінь, кляса; *v* клясувати, сортувати

gradual [ґреджуел] *adj* послідовний, поступовий

graduate [ґреджуейт] *v* закінчувати університет, ґрадуювати

grain [ґрейн] *n* зерно, крупинка, волокно, нитка

grammar [ґре́мер] *n* грама́тика

grand [ґренд] *adj* велич́ний, головни́й, важли́вий, пара́дний

granddaughter [ґре́ндотер] *n* вну́ка, ону́ка

grandfather [ґре́ндфазер] *n* дід, діду́сь

grandmother [ґре́нмазер] *n* ба́ба, бабу́ся

grandson [ґре́нсан] *n* внук, ону́к

grant [ґрант] *n* субси́дія, дар; *v* дозволя́ти, пого́джувати, задовольня́ти

grape [ґрейп] *n* виногра́д

grasp [ґрасп] *v* хапа́ти, схо́плювати, затиска́ти, зрозумі́ти

grass [ґрас] *n* трава́

grateful [ґре́йтфул] *adj* вдя́чний

gratify [ґре́тифай] *v* задовольня́ти, дава́ти насоло́ду

gratitude [ґре́тит'юд] *n* вдя́чність, подя́ка

grave [ґрейв] *n* моги́ла, гріб; *v* виріз́блювати, закарбо́вувати, гравірува́ти; *adj* важли́вий, серйо́зний, пова́жний, те́мний

graveyard [ґре́йв'ярд] *n* кладови́ще

gray [ґрей] *adj* сі́рий, си́вий

great [ґрейт] *adj* вели́кий, велич́ний, чудо́вий, сла́вний

great-grandfather [ґрейтґре́ндфазер] *n* пра́дід

great-hearted [ґре́йтхартид] *adj* великоду́шний

greed [ґрід] *n* жадо́ба, жа́дібність

greedy [ґріди] *adj* пожа́дливий, ненаже́рливий

Greek [ґрік] *adj* гре́цький

green [ґрін] *n* зе́лень, лука́; *adj* зеле́ний, нести́глий, неспі́лий

greet [ґріт] *v* віта́тися, вклоня́тися, здорови́ти

greeting [ґрі́тин] *n* віта́ння, поклі́н, приві́т

grief [ґріф] *n* го́ре, сум

grieve [ґрів] *v* горюва́ти, сумува́ти

groom [ґрум] *n* ко́нюх, жени́х

ground [ґра́унд] *n* ґрунт, земля́, мі́сце; *v* засно́вувати, обґрунто́вувати, кла́сти

grow [ґро́у] *v* рости́, збі́льшуватися, виро́щувати

growth [ґро́ус] *n* ріст, ро́звиток, виро́щування, проду́кт

guarantee [ґе́ренті] *n* пору́ка, заста́ва, гара́нтія, поручи́тель; *v* ручи́тися, забезпе́чувати

guard [ґард] *n* сторо́жа, ва́рта, охоро́на, обере́жність; *v* стерегти́, охороня́ти, захища́ти, берегти́ся

guardian [ґа́рдієн] *n* опіку́н

guess [ґес] *v* вгада́ти, припуска́ти, вважа́ти; *n* здо́гад, припу́щення

guide [ґайд] *v* вести́, керува́ти, направля́ти

guilt [ґилт] *n* прови́на

guitar [ґита́р] *n* гіта́ра

gulf [ґалф] *n* морська́ зато́ка, вир, безо́дня
gut [ґат] *n* ки́шка, ну́трощі
gymnastic [джимне́стик] *adj* гімнасти́чний

H

habit [хе́бит] *n* зви́чка, особли́вість,
власти́вість *v* вдяга́ти
hail [хейл] *n* град, віта́ння, о́клик
hair [хе́ир] *n* во́лос, шерсть
hairbrush [хе́ирбрашь] *n* щі́тка для воло́сся
haircut [хе́иркат] *n* стри́жка
hairdresser [хе́идресер] *n* перука́р, фризе́р
half [хаф] *n* полови́на *adv* наполови́ну,
півнапі́в
ham [хем] *n* ши́нка, стегно́
hammer [хе́мер] *n* молото́к, мо́лот *v* заби-
ва́ти, би́ти, сту́кати
hand [хенд] *n* рука́, умі́ння *v* передава́ти,
вруча́ти
handful [хе́ндфул] *n* при́горща, жме́ня
handicap [хе́ндикеп] *n* зава́да, перешко́да
handicraft [хе́ндикрафт] *n* ремесло́, ручна́
робо́та
handkerchief [хе́нкиерчиф] *n* ху́сточка
handle [хендл] *n* ру́чка, держа́к *v* бра́ти
руко́ю, перебира́ти, керува́ти, контро-
люва́ти

handshake [хéндшейк] *n* рукостискáння

handsome [хéнсем] *adj* вродлúвий, гáрний, значнúй, пристíйний

handwriting [хéндрайтин] *n* пóчерк, рукóпис

handy [хéнди] *adj* впрáвний, умíлий, спосíбний, готóвий

hang [хен] *v* вíшати, уважáти

happen [хепн] *v* ставáтися, траплЯтися

happy [хéпи] *adj* щаслúвий, задовóлений, вдáлий

harbor [хáрбер] *n* прúстань, порт

hard [хард] *adj* твердúй, жóрсткий, сувóрий, важкúй *adv* мíцно, сúльно, впéрто, насúлу

hardship [хáрдшип] *n* злúдні, нестáтки, трýднощі

hare [хéир] *n* зáєць

harm [харм] *v* шкóдити, ображáти, робúти зле *n* зло, шкóда, збúток, обрáза, урáження

harsh [харшь] *adj* шорсткúй, неприЄмний, грýбий, бездýшний

harvest [хáрвест] *n* жнивá, врожáй

hasty [хéйсти] *adj* поспíшний, кваплúвий, швидкúй, нерозсýдливий

hat [хет] *n* капелЮх

hate [хейт] *n* ненáвисть *v* ненáвидіти

have [хев] *v* мáти, володíти, містúти, одéржати, знáти, розумíти

hay [хей] *n* сíно

hazardous [хéзедес] *adj* небезпéчний, рискóвний

he [хі] *pron* він

head [хед] *n* головá, людина, провідник *v* очóлювати, вести *adj* чільний, передній

headache [хéдейк] *n* біль головú

heal [хіл] *v* вилікóвувати, зціляти, загóюватися

health [хелс] *n* здорóв'я

hear [хíер] *v* чýти, слýхати, дізнавáтися

heart [харт] *n* сéрце, почуття, душá, переживáння

heat [хіт] *n* жар, спéка, теплотá, зáпал, гнів *v* нагрівáтися, розжáрюватися, розгарячáтися

heaven [хевн] *n* нéбо, Провидíння

heavy [хéви] *adj* тяжкúй, важкúй, багáтий, твердúй, сúльний, погáний

heel [хіл] *n* п'ятá

height [хайт] *n* висотá, зріст, підвúщення, пáгорб

hell [хел] *n* пéкло

hello [хелóу] *interj* привíт!, здорóв!

help [хелп] *v* допомагáти, сприяти, частувáти

helpful [хéлпфул] *adj* корúсний, допомічнúй

helpless [хéлплис] *adj* безпорáдний, безпóмічний

hen [хен] *n* кýрка

here [хіер] *adv* тут, сюди, ось

heritage [хéритидж] *n* спáдщина, спáдок

hero [хíероу] *n* герóй

hesitation [хезитéйшн] *n* вагáння, нерішýчість, неохóта

hide [хайд] *v* ховáтися, закривáти, притаíти

high [хай] *adj* висóкий, піднéсений, велúкий, сúльний, головнúй, чудóвий, багáтий, весéлий

high school [хай скул] *n* серéдня шкóла

highway [хáйуей] *n* бúтий шлях, шосé, тракт

hill [хил] *n* горб, пáгорбок

hint [хинт] *n* нáтяк *v* натякáти

hippopotamus [хипепóтемес] *n* гіпопотáм

hire [хáер] *v* наймáти, здавáти внáйми *n* наймáння

history [хíстери] *n* істóрія

hit [хит] *v* ударя́ти, знахóдити *n* удáр, пóштовх, влучáння

hold [хóулд] *v* тримáти, держáти, містúти, дýмати *n* влáда, вплив, схóплювання, опóра

holder [хóулдер] *n* влáсник, опрáва, держáк, обóйма

hole [хóул] *n* дірá, óтвір, я́ма, норá

holiday [хо́лидей] *n* свя́то, відпу́стка, вака́ції

hollow [хо́лоу] *adj* поро́жній, пусти́й, запа́лий, глухи́й

holy [хо́ули] *adj* святи́й, свяще́нний

home [хо́ум] *n* дім, житло́, ба́тьківщи́на, приту́лок

honest [о́нист] *adj* че́сний, правди́вий, щи́рий

honey [ха́ни] *n* мед, лю́бий, лю́ба

honor [о́нер] *n* честь, сла́ва, благоді́йність, пова́га *v* шанува́ти, поважа́ти, удосто́юватися

hook [хук] *n* крюк, гак

hope [хо́уп] *n* наді́я *v* наді́ятися, споді́ва́тися, упова́ти

horn [хорн] *n* ріг, ріжо́к

horrible [хо́ребл] *adj* страшни́й, жахли́вий

horror [хо́рер] *n* жах, страх

horse [хорс] *n* кінь, кінно́та

hospital [хо́спитл] *n* ліка́рня, шпита́ль

host [хо́уст] *n* госпо́дар, хазя́їн

hostile [хо́стайл] *adj* воро́жий, неприя́зний

hot [хот] *adj* гаря́чий, жарки́й, го́стрий, палки́й, збу́джений *adv* га́ряче, па́лко, роздрато́вано, си́льно

hot dog [хо́т дог] *n* гаря́ча соси́ска

hour [а́уер] *n* годи́на

house [ха́ус] *n* дім, ха́та, житло́, роди́на, рід *v* посели́ти, помі́щувати

how [хáу] *adv* як?

however [хауéвер] *adv* як би не *conj* проте, однáк

huge [х'юдж] *adj* величéзний, велетéнський

human [х'юмен] *adj* лю́дський *n* люди́на

humanism [х'юменизм] *n* лю́дяність, гуманíзм

humanity [х'юмéнити] *n* лю́дство, гумáнність, лю́дяність

humid [х'юмид] *adj* воло́гий, во́гкий

humiliate [х'юмилейт] *v* прини́жувати

humility [х'юми́лити] *n* покíрність, поко́ра, скро́мність

humor [х'ю́мер] *n* гу́мор, нáстрій *v* потурáти, пристосо́вуватися

humorous [х'ю́мерес] *adj* гумористи́чний, смішни́й, забáвний

hundred [хáндред] *num* сто

hunger [хáнгер] *n* го́лод, жадо́ба *v* голодувáти, жадáти

hungry [хáнгри] *adj* голо́дний, бíдний, неродю́чий

hunt [хант] *v* полювáти, переслíдувати, шукáти

hurry [хáри] *v* квáпитися, поспішáти, нáглити

hurt [хио́рт] *v* порани́ти, ображáти, зачіпáти, ураз
и́ти, болíти

husband [хáзбенд] *n* чоловíк, госпóдар, головá сім'ї

hut [хат] *n* колúба, хатúна, халýпа

hypocrisy [хипóкреси] *n* лицемíрство

I

I [ай] *pron* я

ice [айс] *n* лід, крúга

ice cream [айс крім] *n* морóзиво

icicle [áйсикл] *n* сóпля, льодовá бурýлька

icon [айкн] *n* ікóна

icy [áйси] *adj* льодовúй, крижанúй

idea [айдíе] *n* ідéя, понáття, уáвлення, дýмка, гáдка

ideal [айдíел] *n* ідеáл *adj* досконáлий, уáвний, ідеáльний

identical [айдéнтикл] *adj* однáковий, тотóжний

identification [айдентификéйшн] *n* ототóжнення, розпізнавáння

identify [айдéнтифай] *v* розпізнавáти, ототóжнюватися

identity [айдéнтити] *n* спрáвжність, правдúвість, тотóжність, осóба

idle [айдл] *adj* бездіáльний, лінúвий, вíльний, мáрний, зáйвий

ignorance [и́гнеренс] *n* не́уцтво, незнання́, неосві́ченість

ignorant [и́гнерент] *adj* не́уцький, неосві́чений, нетямý́щий

ignore [игнóр] *v* нехтувáти, ігнорувáти, легковáжити

ill [ил] *adj* хвóрий, погáний, шкідли́вий *n* зло, шкóда, нещáстя *adv* зле, погáно, недóбре, несприя́тливо

illegal [илíгел] *adj* незакóнний, нелегáльний

illegitimate [илиджи́тимет] *adj* незакóнний, непрáвильний, неслý́шний, неви́правданий

illiterate [илíтерит] *adj* неписьмéнний, безгрáмотний

illness [и́лнис] *n* недý́га, хворóба, слáбість

illuminate [ильюминейт] *v* освíтлювати, проя́снювати, оздóблювати

illumination [ильюминéйшн] *n* освíтлення, ілюмінáція, оздóблення

illusion [илю́жн] *n* обмáн почуттíв, ілю́зія

illusive [илю́сив] *adj* облý́дний, омáнний, ілюзóрний

illustrate [и́лестрейт] *v* поя́снювати, ілюструвáти

illustrious [илáстріес] *adj* знамени́тий, відóмий, славéтний, вели́кий

image [имидж] *n* зобра́ження, подо́ба, о́браз, відбиття́ *v* зобража́ти, уявля́ти собі́, змальо́вувати, відбива́ти

imaginary [име́джинри] *adj* уя́вний, уя́влюваний

imagine [име́джин] *v* уявля́ти собі́, гада́ти, ду́мати

imitate [и́митейт] *v* наслі́дувати, копіюва́ти, уподі́бнювати

immature [и́мечуер] *adj* незрі́лий, нести́глий, недорозви́нений

immediate [имі́діет] *adj* нега́йний, спі́шний, безпосере́дній

immediately [имі́діетли] *adv* нега́йно, пря́мо, невідкла́дно, безпосере́дньо

immense [име́нс] *adj* неося́жний, безмі́рний, величе́зний

imminent [и́минент] *adj* неминучий, загро́зливий, близьки́й

immortal [имо́ртел] *adj* безсме́ртний, нев'я́нучий, ві́чний

impatient [импе́йшнт] *adj* нетерпели́вий, дратівли́вий, неспокі́йний

imperative [импе́ретив] *adj* наказо́вий, вла́дний, коне́чний

imperfect [импио́рфикт] *adj* непо́вний, незаве́ршений, недоста́тній, недоскона́лий

impertinent [импио́ртинент] *adj* зухва́лий, наха́бний, недоре́чний

implicate [ймпликейт] *v* заплу́тувати, втяга́ти, включа́ти, місти́ти

implication [импликейшн] *n* вплу́тування, втяга́ння, включення, причетність, на́тяк

implore [импло́р] *v* блага́ти, проси́ти

imply [импла́й] *v* ма́ти на ду́мці, натяка́ти, зна́чити

importance [импо́ртенс] *n* важли́вість, вага́, зна́чення

impose [импо́уз] *v* накладати, обма́нювати, нака́зувати, висвя́чувати

impossible [импо́сибл] *adj* неможли́вий, неймові́рний, нестерпний

impress [импре́с] *v* справля́ти вра́ження, друкува́ти, штампува́ти, вселя́ти *n* відби́ток, печа́тка, вра́ження, слід

impression [импре́шн] *n* вра́ження, уя́влення

impressive [импре́сив] *adj* вража́ючий, вира́зний

improper [импро́пер] *adj* невідпові́дний, неслу́шний, неприда́тний, несправний

improve [импру́в] *v* полі́пшуватися, удоскона́люватися, кра́щати

impulse [ймпалс] *n* спону́ка, по́штовх, пори́в

in [ин] *prep* на мі́сце, у, в, на, за, че́рез

inability [инеби́лити] *n* незда́тність, неспромо́жність, нездібність

inaccurate [инек'ю́рит] *adj* нето́чний, несправний, непра́вильний

inanimate [инéнимит] *adj* неживи́й, безжи́вний

inborn [инбóрн] *adj* приро́дний, приро́джений

incapable [инкéйпебл] *adj* нездáтний, нездíбний

incarnation [инкарнéйшн] *n* втíлення, уосóблення

incident [и́нсидент] *n* ви́падок, приго́да, інциде́нт *adj* випадко́вий, неісто́тний

incidental [инсиде́нтл] *adj* випадко́вий, неісто́тний, другоря́дний, побíчний, власти́вий

inclination [инклинéйшн] *n* схи́льність, укíс, спад

incline [инклáйн] *v* нахиля́тися, бу́ти схи́льним *n* спад, схíлення

include [инклу́д] *v* місти́ти, охóплювати, включáти

incoherent [инкоухíерент] *adj* незв'язний, несклáдний, непослідóвний

income [и́нкам] *n* прибу́ток, дохíд, заробíток

inconsistent [инконси́стент] *adj* непослідóвний, супере́чний, нестáлий, мінли́вий

inconvenience [инкенвíніенс] *n* незру́чність, турбóта

increase [инкрíс] *n* прúріст, збíльшення, ріст *v* збíльшуватися, зростáти, поси́люватися

incredible [инкре́дибл] *adj* неймові́рний, неправдоподі́бний

indecent [инди́снт] *adj* непристо́йний

indecisive [индиса́йсив] *adj* нерішу́чий, непе́вний

indeed [инді́д] *adv* спра́вді, ді́йсно

indefinite [инде́финит] *adj* неви́значений, нея́сний, неозна́чений

independent [индипе́ндент] *adj* незале́жний, самості́йний

indicate [и́ндикейт] *v* вка́зувати, позача́ти

indication [индике́йшн] *n* вказі́вка, позна́чка, показа́ння

indifferent [инди́френт] *adj* байду́жий, безсторо́нній, індифере́нтний

indirect [индире́кт] *adj* непрями́й, посере́дній, побі́чний, ухи́льний

individual [индиви́джуел] *n* індиві́д, осо́ба; *adj* особи́стий, окре́мий

individuality [индивиджуе́лити] *n* окре́мий хара́ктер, індивідуа́льність

indoor [и́ндор] *adj* вну́трішній, ха́тній

induce [инду́с] *v* спону́кати, переко́нувати, спричиня́ти

induced [инду́ст] *adj* зму́шений

induct [инда́кт] *v* втяга́ти, залуча́ти, вво́дити, садови́ти

indulge [инда́лдж] *v* віддава́тися втіхам, потура́ти, ми́луватися, захо́плюватися

industrial [индáстріел] *adj* промислóвий, індустріáльний, виробничий

industrious [индáстріес] *adj* працьовитий, старáнний

inefficient [инифишіент] *adj* нездáтний, бездáрний, недолýгий *n* недотéпа

inevitable [инéвитебл] *adj* неминýчий, невідворóтний

inexperienced [иникспíеріенст] *adj* недосвíдчений

infallible [инфéлебл] *adj* безпомилкóвий, непогрішимий

infamous [инфéймес] *adj* ганéбний, безслáвний, огидний, мерзóтний

infant [инфент] *n* дитина, немовля; *adj* дитячий, зародкóвий, зачáтковий

infect [инфéкт] *v* заражáтися, заполóнювати

infection [инфéкшн] *n* зарáження, інфéкція

infer [инфиóр] *v* вивóдити висновок, означáти

inferior [инфíеріер] *adj* підлéглий, нижчий, гíрший

infinite [инфинит] *adj* безконéчний, безмéжний, неознáчений

infinity [инфинити] *n* безконéчність, безмéжність, нескінчéнність

inflict [инфликт] *v* завдавáти, накладáти

influence [инфлуенс] *n* вплив *v* впливáти

influential [инфлуéншл] *adj* впливóвий

inform [инфóрм] *v* повідомляти,
сповістити, доносити, сповнювати
informal [инфóрмл] *adj* неформáльний,
невимушений
information [инфермéйшн] *n* повідóмлення,
інформáція, скáрга, донóс
ingenious [инджíніес] *adj* дотéпний,
винахідливий, впрáвний, умілий
inhabit [инхéбит] *v* мéшкати, жити,
населяти
inhabitant [инхéбитент] *n* мéшканець,
житель
inhale [инхéйл] *v* вдихáти, затягуватися
inherence [инхíеренс] *n* притамáнність,
власти́вість, прирóдність
inherit [инхéрент] *v* діставáти в спáдку,
успадкóвувати
inheritance [инхéритенс] *n* спáдщина,
успадкувáння
initial [инишл] *adj* початкóвий, пéрві-
сний, попередній
initiate [инишиейт] *v* приймáти, започат-
кóвувати, почáти
initiative [инишетив] *n* почин, ініціяти́ва
adj початкóвий, вступни́й
injure [йнджер] *v* порáнити, пошкóдити,
зіпсувáти, обрáзити
injustice [инджáстис] *n* несправедли́вість,
кри́вда
ink [инк] *n* чорни́ло

inmate [йнмейт] *n* пожилець, мешканець

inmost [йнмоуст] *adj* найглибший, потаємний, захований

innate [инейт] *adj* природний, природжений, властивий

inner [йнер] *adj* внутрішній

innocence [йнесенс] *n* невинність

innocent [йнесент] *adj* невинний

innovation [иноувейшн] *n* нововведення, новаторство

input [йнпут] *n* ввід, ввідна сила

inquire [инкуаєр] *v* питати, розпитувати, дізнаватися, досліджувати

insane [инсейн] *adj* божевільний, психічнохворий

insanity [инсенити] *n* божевілля, безумство

inscribe [инскрайб] *v* вписувати, зазначити, затримати

insect [йнсект] *n* комаха

inseparable [инсеперебл] *adj* нероздільний, нерозлучний

insert [инсиорт] *v* вставляти, вміщати, уткнути, устромити

inside [инсайд] *n* середина, внутрішня частина, виворіт, спід

insight [инсайт] *n* прозорливість, проникливість, інтуіція, мудрість, розуміння

insignificant [инсигніфикент] *adj* незначний, неважливий, беззмістовний

insist [инсист] *v* наполягáти, твердúти, вистóювати

insomnia [инсóмніе] *n* безсóння

inspect [инспéкт] *v* оглядáти, перевіря́ти, переглянýти

inspiration [инсперéйшн] *n* надхнéння, вплив, заохóчення

inspire [инспáєр] *v* надихáти, навівáти, вселя́ти

install [инстóл] *v* встанóвлювати, провóдити, умостúтися

instance [úнстенс] *n* прúклад, зразóк, вимóга

instant [úнстент] *n* мить, момéнт

instantly [úнстентли] *adv* зрáзу, негáйно

instead [инстéд] *adv* зáмість

instinct [úнстинкт] *adj* пóвний, спóвнений

instruct [инстрáкт] *v* вчúти, навчáти, повідомля́ти, інструктувáти

instrument [úнструмент] *n* знаря́ддя, прúлад, докумéнт, акт

insult [úнсалт] *n* обрáза, зневáга

insult [инсáлт] *v* ображáти, зневажáти

insurance [иншýеренс] *n* страхувáння, забезпéчення

intact [интéкт] *adj* незáйманий, непошкóджений, цíлий

intake [интéйк] *n* поглинáння, всисáння, всмóктування

integrate [и́нтиґрейт] *v* твори́ти, об'є́дну-
вати, доповня́ти

integrity [инте́ґрити] *n* че́сність, чистота́,
щи́рість, недото́рканість, ці́лісність

intellect [и́нтилект] *n* інтеле́кт, ро́зум,
бе́зліч знання́

intellectual [интиле́кчуел] *adj* розумо́вий,
інтелектуа́льний, ми́слячий

intelligence [инте́лидженс] *n* ро́зум, кміт-
ли́вість, тяму́чість, зна́ння, ві́сті

intend [интенд] *v* ма́ти на́мір, заду́мувати,
збира́тися, признача́тися

intensive [инте́нсив] *adj* напру́жений,
інтенси́вний, пи́льний

intent [инте́нт] *n* на́мір, мета́, зна́чення,
суть; *adj* ува́жливий, пи́льний,
поси́лений, завзя́тий, рішу́чий,
наполе́гливий

intention [инте́ншн] *n* на́мір, мета́, ціль,
пра́гнення

intentional [инте́ншенл] *adj* навми́сний

interest [и́нтрист] *n* зацíка́вленість,
інтере́с, ви́года, ко́ристь; *v* ціка́вити

interested [и́нтристид] *adj* зацíка́влений,
кори́сливий

interesting [и́нтристин] *adj* ціка́вий,
інтере́сний

interfere [интерфíер] *v* втру́чуватися,
шко́дити, докуча́ти, проти́витися

intermission [интерми́шн] *n* пере́рва

internal [интиéрнл] *adj* внýтрішній, душéвний, інтúмний

international [интернéшнл] *adj* міжнарóдний, інтернаціонáльний

interpret [интиéрприт] *v* переклáдати, тлумáчити, поя́снювати

interpretation [интиерпритéйшн] *n* тлумáчення, перéклад

interpreter [интиéрпритер] *n* переклáдач, тлумáч, інтерпретáтор

interrogate [интéрегейт] *v* питáти, розпúтувати

interrogative [интерóгетив] *adj* питáльний, запитáльний

interrupt [интерáпт] *v* переривáти, зупиня́ти, втручáтися, заважáти

interruption [интерáпшн] *n* перéрва, зупúнка

interval [úнтервл] *n* промíжок, вíдстань, перéрва

interview [úнтерв'ю] *n* інтерв'ю́, побáчення

intimacy [úнтимеси] *n* інтúмність, блúзькість

intimate [úнтимит] *adj* дрýжній, інтúмний *n* друг *v* повідомля́ти, вкáзувати, натякáти

intimidate [интúмидейт] *v* заля́кувати, страхáти

into [úнту] *prep* у, в, на, до

intrepid [интрéпид] *adj* безстрáшний

intricate [интрикит] *adj* складни́й, скрутни́й, заплу́таний

introduce [интред'ю́с] *v* вво́дити, представля́ти, знайо́мити, рекомендува́ти

introduction [интреда́кшн] *n* вступ, передмо́ва, предста́влення, рекомендува́ння, впрова́дження, нововве́дення

introspection [интреспе́кшн] *n* самоаналі́за, самоспостере́ження

intrude [интру́д] *v* вдира́тися, втруча́тися, нав'я́зуватися

intrusion [интру́жн] *n* вто́ргнення, втруча́ння, нав'я́зування

intrusive [интру́зив] *adj* насти́рливий, набри́дливий

invade [инве́йд] *v* вдира́тися, вторга́тися, охопи́ти, поглину́ти

invalid [и́нвелід] *n* непрацезда́тний, хво́рий, інвалі́д; *adj* нечи́нний, неді́йсний, нева́ртий

invent [инве́нт] *v* винахо́дити, вига́дувати, ство́рювати

inventive [инве́нтив] *adj* винахі́дливий

invert [инвие́рт] *v* переверта́ти, переставля́ти, перекида́ти

invest [инве́ст] *v* вмі́щати, вклада́ти, одяга́ти, ото́чувати, обкла́сти

investigate [инве́стигейт] *v* розслі́дувати, розві́дувати, проника́ти, нагляда́ти

invisible [инви́зибл] *adj* неви́димий, непомі́тний

invitation [инвите́йшн] *n* запро́шення

invite [инва́йт] *v* запро́шувати, проси́ти, прива́блювати, мани́ти

inviting [инва́йтин] *adj* прина́дний, прива́бливий

involve [инво́лв] *v* втяга́ти, вплу́тувати, замо́тувати, охо́плювати, обійма́ти, попада́ти

involvement [инво́лвмент] *n* втяга́ння, вплу́тування, утру́днення

inward [и́нуерд] *adj* вну́трішний, розмо́вий, духо́вний *adv* всере́дину, вну́трішньо, в душі́

inwards [и́нуердс] *adv* всере́дину, вну́трішньо

ire [а́ер] *n* гнів, лють

iron [а́ерен] *n* залі́зо, кайда́ни; *adj* залі́зний, ду́жий, міцни́й, си́льний; *v* прасува́ти, гла́дити

irrational [ире́шнл] *adj* нераціона́льний, нерозу́мний

irresistable [иризи́стебл] *adj* неперемо́жний, невідпо́рний

irritate [и́ритейт] *v* се́рдити, дратува́ти, турбува́ти, докуча́ти, дражни́ти

irritation [ирите́йшн] *n* роздратува́ння, гнів, подра́знення, доса́да, докуча́ння

island [а́йленд] *n* о́стрів, плятфо́рма

isolate [áйселейт] *v* ізолювáти, відокрéмлювати

issue [йш'ю] *v* видавáти, випускáти; *n* вúпуск, видáння, нáслідок, результáт

it [ит] *pron* він, вонá, вонó

Italian [итéл'єн] *adj* італíйський

itch [ич] *n* сверблячка, прáгнення; *v* свербíти, кортíти

J

jacket [джéкит] *n* жакéт, кýртка, суперобклáдинка

jail [джейл] *n* в'язнúця, тюрмá

jam [джем] *v* стискáти, защемляти, притиснýти, загатúти, перебивáти; *n* затóр, варéння, джем

January [джéн'юери] *n* сíчень

Japanese [джéпеніз] *adj* япóнський

jaw [джо] *n* щéлепа, рот, пáща

jealous [джéлес] *adj* зáздрісний, ревнúвий, завидючий, турбóтливий

jeans [джінз] *n* джíнси

jewel [джýел] *n* самоцвíт, коштóвність, скарб

jewelry [джýелри] *n* коштóвності, ювелíрні вúроби

Jewish [джу́ишь] *adj* жиді́вський,
євре́йський

job [джоб] *v* працюва́ти відря́дно *n*
робо́та, заня́ття *adj* на́йманий

jog [джог] *v* штовха́ти, труси́ти,
стру́шувати

join [джойн] *v* долучи́ти, з'єдна́тися,
вступа́ти, сходитися; *n* приє́дна́ння,
мі́сце сполу́ки

jointly [джо́йнтли] *adv* спі́льно, сукýпно,
ра́зом

joke [джо́ук] *v* жартува́ти, посмія́тися; *n*
жарт, до́теп

jolly [джо́ли] *adj* весе́лий, жва́вий, при-
є́мний, втішний *adv* ду́же

journal [джиє́рнл] *n* щоде́нник, журна́л

journey [джиє́рни] *n* по́дорож, поїздка

joy [джой] *n* ра́дість, утіха; *v* раді́ти,
весели́тися

joyful [джо́йфул] *adj* ра́дісний, задово́-
лений, щасли́вий

judge [джадж] *n* суддя́, знаве́ць, оці́нник;
v суди́ти, оці́нювати, вважа́ти, гада́ти

judgement [джа́джмент] *n* ви́рок, при́суд,
га́дка, ду́мка, оці́нка

judicious [джуди́шес] *adj* розсу́дливий,
помірко́ваний, неупере́джений

jug [джаг] *n* глек, гладу́щик

juice [джус] *n* сік

July [джула́й] *n* ли́пень

jump [джамп] *n* скок, стрибо́к *v* скака́ти, стриба́ти, пли́гати, підви́щуватися
June [джун] *n* че́рвень
jungle [джангл] *n* джу́нглі, не́трі, ха́ща
junior [джу́ніер] *adj* моло́дший, у́чень
just [джаст] *adj* справедли́вий, безсторо́нній, пра́вильний, то́чний, зако́нний *adv* то́чно, са́ме, якра́з, про́сто, цілко́м, лише́
justice [джа́стис] *n* справедли́вість, правосу́ддя, заві́дування
justify [джа́стифай] *v* випра́вдувати, знахо́дити, мотивува́ти
justly [джа́стли] *adv* справедли́во, зако́нно

K

keen [кін] *adj* го́стрий, си́льний, прони́зливий, палки́й, ре́вний, заповзя́тливий
keep [кіп] *v* трима́ти, держа́ти, зберіга́ти, трива́ти, продо́вжувати, приму́шувати, пильнува́ти, уважа́ти, охороня́ти
kerchief [кие́рчиф] *n* ху́стка, хусти́на
kettle [кетл] *n* казано́к, чайни́к
key [кі] *n* ключ; *v* настро́їти; *adj* ключови́й, керівни́й, головни́й, основни́й, кома́ндний
kick [кик] *v* ко́пати, то́ргати, штовха́ти

kid [кид] *n* козеня, цапеня, дитина

kidnap [кіднеп] *v* викрадати людей

kidney [кідни] *n* нірка

kill [кил] *v* убивати, губити, знищувати, послабляти, заглушити

killer [килер] *n* убивця

kin [кин] *n* рідня, родич; *adj* споріднений

kind [кайнд] *adj* добрий, милий, ласкавий; *adv* рід, вид, різновидність, сорт

kindergarten [кіндергартн] *n* дитячий садок

kindly [кайндли] *adj* привітний, ласкавий, добрий, м'який; *adv* привітно, ласкаво, ввічливо, люб'язно

kindness [кайнднис] *n* доброта, доброзичливість, ласка

king [кин] *n* король

kingdom [кіндем] *n* королівство, царство

kinship [кіншип] *n* спорідненість, подібність

kiss [кис] *n* поцілунок, чоломкання; *v* цілуватися, чоломкатися

kitchen [кічин] *n* кухня

knapsack [непсек] *n* наплечник

knee [ні] *n* коліно

kneel [ніл] *v* стояти навколішки, ставати

knife [найф] *n* ніж, струг, різець

knit [нит] *v* гачкувати, робити, очкувати

knock [нок] *n* стук, удар; *v* стукати, ударити

knot [нот] *v* зв'язувати, сплутуватися; *n* вузол, гурт, пучок, жмуток, наріст, утруднення, заковика

knotty [ноти] *adj* вузлуватий, заплутаний, морочливий, безвихідний

know [ноу] *v* знати, вміти, пізнавати, відрізняти, помітити, побачити

knowledge [нолидж] *n* знання, пізнання, знайомство, відомість

L

label [лейбл] *n* ярлик, бирка, лейбл, етикетка

labor [лейбер] *n* праця, робота, зусилля, роди, пологи; *v* працювати, домагатися, мучитися родами

laborious [лейберес] *adj* працьовитий, старанний, стомливий, запопадливий

lack [лек] *v* потребувати, не мати, бракувати; *n* брак, недостача, відсутність

ladder [ледер] *n* драбина

lady [лейди] *n* пані, дружина

lake [лейк] *n* озеро

lamb [лем] *n* ягня

lame [лейм] *adj* кривий, кульгавий, закляклий, натягнутий, непереконливий *v* нівечити, покалічити, ушкодити

lamp [лемп] *n* лямпа, ліхта́р, світи́льник

land [ленд] *n* земля́, су́ша; *v* прича́лювати до бе́рега, приземля́тися, прибува́ти, опини́тися

landing [ле́ндин] *n* ви́садка, призе́млення

landlord [ле́ндлорд] *n* хазя́їн, вла́сник буди́нку, госпо́дар

landmark [ле́ндмарк] *n* ві́ха, орієнти́р

landscape [ле́ндскейп] *v* прикра́шувати; *n* краєви́д, пейза́ж

language [ле́нґуидж] *n* мо́ва

lantern [ле́нтерн] *n* ліхта́р, світоч

lap [леп] *n* пола́, колі́на, ло́но; *v* склада́ти, загорта́ти, обку́тувати, охо́плювати, перекрива́ти

large [лардж] *adj* вели́кий, обши́рний; *adv* ши́роко, докла́дно, дета́льно

laser disc [ле́йзер диск] *n* ла́зерний диск

last [ласт] *adj* оста́нній, мину́лий, надзвича́йний; *v* трива́ти, витри́мувати, зберіга́тися, вистача́ти

lasting [ла́стин] *adj* трива́лий, тривки́й, міцни́й

late [лейт] *adj* пі́зний, коли́шній, мину́лий, неда́вній, оста́нній; *adv* пі́зно, неда́вно

lately [ле́йтли] *adv* нещода́вно

lateness [ле́йтнис] *n* запі́знювання, спі́знення

latent [лéйтент] *adj* прихóваний, лятéнтний

later [лéйтер] *adv* пізнíше

latter [лéтер] *adj* недáвній

laugh [лаф] *v* сміятися; *n* сміх, рéгіт

laundry [лóндри] *n* прáльня, білúзна

lavish [лéвишь] *adj* марнотрáтний, достáтній

law [ло] *n* закóн, прáвило

lawn [лон] *n* морíг, муравá

lay [лей] *v* клáсти, покладáти, повалúти, прим'ятú, вирíвнювати, підготовлятú

lazy [лéйзи] *adj* лінúвий, ледáчий

lead [лід] *v* вестú, привóдити, керувáти, управлятú, примýшувати, перевéршувати, почáти

leader [лíдер] *n* керівнúк, вождь, лíдер, передовá

leadership [лíдершип] *n* прóвід, керівнúцтво

leaf [ліф] *n* листóк, лúстя

leak [лік] *n* вúтік, тéча; *v* тектú, просóчуватися

lean [лін] *v* нахилятися, спирáтися, покладáтися; *adj* худощáвий, худúй, убóгий, бíдний, піснúй

learn [лиéрн] *v* вчúтися, дізнавáтися, розвíдати

learned [лиéрнид] *adj* учéний

learning [лиéрнин] *n* вчéння, знання, наýка

lease [ліс] *v* здава́ти, найма́ти; *n* найма́ння, оре́нда, до́говір

least [ліст] *adj* найме́нший; *n* найме́нша кі́лькість

leather [ле́зер] *n* шкі́ра, ре́мінь

leave [лів] *v* залиша́ти, покида́ти, від'їжджа́ти

lecture [ле́кчир] *n* ле́кція

left [лефт] *adj* лі́вий; *adv* злі́ва

leftover [ле́фтоувер] *n* за́лишок, оста́ча, пережи́ток

leg [лег] *n* нога́, штани́на, холо́ша, ні́жка, сті́йка

legal [лі́гел] *adj* правови́й, зако́нний, лега́льний

legibility [леджиби́лити] *n* чі́ткість

legible [ле́джибл] *adj* вира́зний, чі́ткий, розбі́рливий

legislation [леджислéйшн] *n* законода́вство

legitimate [лиджи́тимит] *adj* зако́нний, пра́вильний, зако́ннонаро́джений

legitimate [лиджи́тимейт] *v* узако́нювати, усиновля́ти

leisure [ле́жер] *n* дозві́лля

lemon [ле́мен] *n* цитри́на

lend [ленд] *v* позича́ти, дава́ти, вдава́тися

length [ленс] *n* довжина́, трива́лість, відрі́зок, кусо́к

lengthen [ле́нсен] *v* подо́вжуватися, трива́ти, тягну́тися

lenient [лініент] *adj* поблáжливий, м'якúй, терпелúвий, ласкáвий

less [лес] *adv* мéнше

lesson [лесн] *n* годúна, лéкція

lest [лест] *prep* щоб не, як би не

let [лет] *v* дозволя́ти, пуска́ти, дава́ти

lethal [лíсел] *adj* смертонóсний, фатáльний

letter [лéтер] *n* бýква, лíтера, послáння, літератýра, учéність

lettuce [лéтис] *n* салáта

level [левл] *adj* горизонтáльний, рíвний, плоскúй, однáковий; *n* рíвень, стýпінь, нівелíр, рівнúна; *v* зрíвнювати, зглáджувати; *adv* рíвно, врíвень

liability [лаєбúлити] *n* схúльність, заборгóваність, перешкóда

liable [лáєбл] *adj* схúльний, можлúвий, зобов'я́заний, достýпний

liar [лáєр] *n* брехýн

liberal [лúберел] *adj* щéдрий, великодýшний, вільнодýмний

liberate [лúберейт] *v* визволя́ти, звільня́ти

liberty [лúберти] *n* вóля, свобóда, привілéї

library [лáйбрери] *n* бібліотéка

license [лáйсенс] *n* ліцéнзія, дóзвіл, вíльність, сваволя, розбéщеність

lick [лик] *v* лиза́ти, облúзувати

lid [лид] *n* крúшка, нáкривка

lie [лай] *v* бреха́ти; *n* брехня́

lie [лай] *v* лежа́ти

life [лайф] *n* життя́, існува́ння, осо́ба, чи́нність, си́ла

lift [лифт] *v* підніма́ти, підно́сити, розсі́юватися; *n* підняття́, ванта́ж

light [лайт] *n* сві́тло, осві́тлення, відо́мості, інформа́ція; *adj* сві́тлий; *v* осві́тлювати, запа́люватися, світи́ти, опромі́нювати

light [лайт] *adj* легки́й, незначни́й, дрібни́й, несуво́рий, легкова́жний, весе́лий

light [лайт] *v* сходити, опуска́тися, па́дати

lighten [лайтн] *v* осві́тлювати, ся́яти, ясні́шати, вия́снюватися, поле́гшувати

lightly [ла́йтли] *adv* злегка́, ледь, спокі́йно, урівнова́жено

lightness [ла́йтнис] *n* ле́гкість, проя́снення, пі́льга, легкова́жність

lightning [ла́йтнин] *n* бли́скавка

likable [ла́йкебл] *adj* ми́лий, приє́мний, прина́дний

like [лайк] *adj* схо́жий, поді́бний, одна́ковий, рі́вний; *adv* поді́бно, так, можли́во; *prep* на́че, поді́бно; *v* подо́батися, люби́ти

likelihood [ла́йклихуд] *n* ймові́рність

likely [ла́йкли] *adj* ймові́рний, підхо́жий, можли́вий; *adv* ма́буть, звича́йно

likeness [ла́йкнис] *n* схо́жість, поді́бність, відби́тка

likewise [ла́йкуайз] *adv* та́кож, теж, подіб-
но

limb [лим] *n* кінці́вка, рука́, нога́, гілля́

limber [ли́мбер] *adj* гнучки́й, підда́тли-
вий, прово́рний

limit [ли́мит] *n* межа́, грани́ця; *v* обме́жу-
вати

limited [ли́митид] *adj* обме́жений

line [лайн] *n* лі́нія, ри́ска, межа́

lineal [ли́ніел] *adj* родови́й, спадко́вий

linen [ли́нин] *n* полотно́, білизна

lingual [ли́нгуел] *adj* язико́вий, мо́вний

link [линк] *n* ла́нка, з'єдна́ння; *v* з'єдну-
вати, зв'язувати, зче́плювати

lion [ла́єн] *n* лев

lip [лип] *n* губа́, край

liquid [ли́куид] *n* рідина́; *adj* рідки́й, не-
ста́лий

liquidate [ли́куидейт] *v* покі́нчувати, зни́-
щувати, ліквідува́ти, розрахува́тися

liquor [ли́кер] *n* напі́й, ро́зчин

list [лист] *n* спи́сок, пере́лік, облямі́вка,
на́хил

listen [лисн] *v* слу́хати, поступа́тися

listener [ли́снер] *n* слуха́ч, радіослуха́ч

literacy [ли́тереси] *n* письме́нність

literal [ли́терел] *adj* буква́льний, то́чний

literate [ли́терит] *adj* письме́нний, осві́че-
ний

literature [ли́теречер] *n* літерату́ра

litter [ли́тер] *n* відхо́ди, безла́ддя, ви́водок, носи́лки *v* сміти́ти, підстила́ти

little [литл] *adj* мале́нький, коро́ткий, незначни́й; *adv* небага́то, ма́ло; *n* невели́ка кі́лькість, де́що, дрібни́ця

live [лив] *v* жи́ти, існува́ти, ме́шкати

live [лайв] *adj* живи́й, дія́льний, життєви́й

lively [ла́йвли] *adj* живи́й, весе́лий, яскра́вий, енергі́йний

liver [ли́вер] *n* печі́нка

living [ли́вин] *n* життя́, прожива́ння

loaded [ло́удид] *adj* навата́жений, обтя́жений

loaf [ло́уф] *n* буха́нка, хлібина, байдикува́ння

local [ло́укл] *adj* місце́вий

locate [лоуке́йт] *v* примі́щувати, пошука́ти, показа́ти, ви́значити

location [лоуке́йшн] *n* ви́значення, поло́ження, помі́щення, посе́лення

lock [лок] *n* замо́к, за́сув, за́щіпка, кля́мка, за́гвіздок, га́тка, шлю́за; *v* замика́ти, стиска́ти, ута́ювати

log [лог] *n* коло́да, дереви́на

logical [ло́джикл] *adj* логі́чний, послідо́вний

lonely [ло́унли] *adj* само́тній, відлю́дний

lonesome [ло́унсем] *adj* само́тній

long [лон] *adj* до́вгий, довга́стий, ви́довжений, протя́жний; *adv* до́вго, відда́вна, давно́; *v* пра́гнути, зітха́ти

longing [ло́нгин] *n* ту́га, пра́гнення

look [лук] *v* диви́тися, огляда́ти, сте́жити, шука́ти, здава́тися; *n* по́гляд, вника́ння, ви́гляд, зо́внішність

lookout [лу́каут] *n* пи́льність, спостеріга́ч, дозо́рці

loose [лус] *adj* ві́льний, незв'я́заний, просто́рий, нещі́льний, нето́чний, розпу́щений, неоха́йний; *v* звільня́ти, визволя́ти, розв'я́зувати, розпуска́ти; *adv* ві́льно, просто́ро

loosen [лусн] *v* ослабля́тися, розв'я́зувати, розхи́тувати, відпуска́ти

lose [луз] *v* губи́ти, втрача́ти, програва́ти, позбавля́ти, заги́нути, пропусти́ти

loss [лос] *n* втра́та, про́граш, шко́да

lost [лост] *adj* втра́чений, загу́блений, про́граний

loud [ла́уд] *adj* голосни́й, гучни́й, звучни́й, крикли́вий

loudly [ла́удли] *adv* го́лосно, гу́чно, кричу́ще

love [лав] *n* любо́в, коха́ння *v* люби́ти, коха́ти, хоті́ти, бажа́ти

lovely [ла́вли] *adj* га́рний, прекра́сний, ми́лий, розкі́шний

lover [ла́вер] *n* коха́ний, коха́нець

loving [лáвин] *adj* люблячий, ніжний, відданий

low [лóу] *adj* низький, невеликий, мілкий, слабкий, тихий; *adv* низько, злиденно, слабо, тихо

lower [лóуер] *v* хмуритися, дивитися сердито

loyal [лоéл] *adj* вірний, льояльний

lucid [лýсид] *adj* ясний, прозорий, зрозумілий

luck [лак] *n* щастя, доля, талан, удача

lucky [лáки] *adj* щасливий, вдалий, удачливий

luggage [лáгидж] *n* багаж

luminous [лýминес] *adj* світний, світлий, ясний, зрозумілий

lunch [ланч] *n* легка перекуска; *v* перекушувати

lung [лан] *n* легеня

lurk [лиéрк] *v* ховатися, критися, притаїтися

lust [ласт] *n* хтивість, пристрасть

lustre [лáстер] *n* блиск, слава, полиск

luxurious [лагжýеріес] *adj* розкішний

lying [лáїн] *n* брехня, неправда; *adj* брехливий, неправдивий, облудний, обманний

lying [лáїн] *adj* лежачий

lyrical [лúрикл] *adj* емоційний, ліричний

M

machine [мешíн] *n* машúна, механíзм

mad [мед] *adj* божевíльний, скажéний, шалéний, несамовúтий, розлючений

madden [медн] *v* дратувáти, звóдити з рóзуму

made [мейд] *adj* зрóблений, фабрúчний

madness [мéднис] *n* божевíлля, безýмство, шалéність, несамовúтість

magazine [мéґезин] *n* журнáл, магазúн

magic [мéджик] *n* мáгія, чáри, чаклýнство; *adj* магíчний, чародíйний

magnificent [меґнúфисент] *adj* розкíшний, пúшний, чудóвий

magnify [мéґнифай] *v* збíльшувати

magnitude [мéґнитуд] *n* величинá, рóзмір, важлúвість, значýщість

maid [мейд] *n* служнúця, покоївка, дíвчина, слýжка

maiden [мейдн] *n* дíвчина; *adj* неодрýжена, дівóчий

mail [мейл] *n* пóшта

main [мейн] *adj* головнúй, основнúй

mainly [мéйнли] *adv* здебíльшого, перевáжно

maintain [мейнтéйн] *v* утрúмувати, відстóювати, обстóювати

maize [мейз] *n* кукурýдза

majestic [меджéстик] *adj* велúчний

major [ме́йджер] *adj* бі́льший, важливі́ший

majority [меджо́рити] *n* бі́льшість, повноліття

make [мейк] *v* роби́ти, твори́ти, станови́ти, склада́ти, става́ти, пригото́вити, спону́кувати

male [мейл] *n* саме́ць, чолові́к

malice [ме́лис] *n* злоба́

malicious [мели́шес] *adj* злобли́вий, злий

maltreat [мелтрі́т] *v* зневажа́ти, не шанува́ти, поневіря́ти

man [мен] *n* люди́на, чолові́к, лю́дство

manage [ме́нидж] *v* управля́ти, заві́дувати, керува́ти, впо́ратися

management [ме́ниджмент] *n* управлі́ння, керівни́цтво, діловодство

manhood [ме́нхуд] *n* зрі́лість, змужні́лість

manifest [ме́нифест] *adj* я́вний, очеви́дний; *v* роби́ти очеви́дним, виявля́ти

manipulate [мени́п'юлейт] *v* пово́дитися, керува́ти, маніпулюва́ти

mankind [ме́нкайнд] *n* лю́дство, чоловіки́

manner [ме́нер] *n* спо́сіб, мане́ра, рід, сорт

manual [ме́н'юел] *adj* ручни́й

manufacture [мен'юфе́кчир] *v* виробля́ти, фабрикува́ти, продукува́ти, вига́дувати; *n* виробни́цтво, проду́кція, фабрика́ція, ви́роби

manuscript [ме́н'юскрипт] *n* руко́пис

many [ме́ни] *adj* бага́то, числе́нні

map [меп] *n* ка́рта, ма́па

March [марч] *n* бе́резень

march [марч] *v* маршува́ти; *n* марш, похі́д, ро́звиток

margin [ма́рджин] *n* край, бе́рег, грань, по́ле, промі́жок

marital [ме́ритл] *adj* подру́жній, шлю́бний, чоловı́ків

mark [марк] *n* знак, слід, по́значка, мı́тка, оцı́нка, штамп, грани́ця, но́рма; *v* відзнача́ти, штемпелюва́ти, мı́тити

marked [маркт] *adj* відзна́чений, помı́тний, вира́зний

market [ма́ркит] *n* база́р, торгı́вля, ри́нок, торг, збут; *v* купува́ти, продава́ти, збува́ти

marketing [ма́ркетин] *n* ма́ркетинг

marriage [ме́ридж] *n* одру́ження, замı́жжя

married [ме́рид] *adj* одру́жений, жона́тий

marry [ме́ри] *v* одру́жуватися, жени́тися

martial [ма́ршел] *adj* воє́нний, войовни́чий

marvel [ма́рвел] *n* чу́до, ди́во; *v* дивува́тися, захо́плюватися

marvelous [ма́рвелес] *adj* дивови́жний, чудо́вий

masculine [ме́ск'юлин] *adj* чоловı́чий, му́жній

mask [меск] *n* ма́ска, личи́на, машка́ра; *v* маскува́ти, прихо́вувати, прикида́тися

mass [мес] *n* ма́са, вели́ка кі́лькість, бе́зліч

master [ма́стер] *n* госпо́дар, хазя́їн, ма́йстер, учи́тель; *v* оволодіва́ти, опано́вувати, подола́ти, спра́витися, перебо́рювати, керува́ти

masterpiece [ма́стерпіс] *n* шеде́вр, архітві́р

match [меч] *n* сірни́к, рі́вня, па́ра, ді́брана, змага́ння, гра *v* підхо́дити, відповіда́ти, одру́жуватися

materialize [меті́еріелайз] *v* зді́йснюватися, матеріялізува́тися

maternity [метиє́рнити] *n* матери́нство

matter [ме́тер] *n* спра́ва, пита́ння, предме́т, зміст, речови́на, матерія́л; *v* зна́чити

mature [мечу́ер] *v* достига́ти, дозріва́ти, настава́ти *adj* сти́глий, дозрілий, гото́вий

maturity [мечу́ерти] *n* зрі́лість, сти́глість

May [мей] *n* тра́вень

may [мей] *v* могти́, ма́ти можли́вість

maybe [ме́йбі] *adv* можли́во, ма́бу́ть

meadow [ме́доу] *n* луг

meal [міл] *n* і́жа

mean [мін] *v* означа́ти, чини́ти; *adj* посере́дній, пога́ний, слабки́й, пі́длий, нече́сний, скупи́й, занедбаний

meaning [мінин] *n* зна́чення; *adj* багатозна́чний, значу́щий

meanness [мінис] *n* підлість, убогість, скупість, нікчемність

measure [межер] *n* міра, критерій, захід, крок, розмір; *v* міряти, оцінювати, визначати

measurement [межермент] *n* розмір, вимірювання

meat [міт] *n* м'ясо

meddle [медл] *v* втручатися, вмішуватися, устрявати

medial [мідіел] *adj* середній, серединний

medicaid [медикейд] *n* медикейд

medical [медикл] *adj* лікарський, медичний

medicine [медсин] *n* медицина, ліки

meditate [медитейт] *v* міркувати, роздумувати, замишляти, розважати

medium [мідіем] *n* середина, посередництво, засіб, оточення, умови; *adj* середній, проміжний

meek [мік] *adj* лагідний, покірний, смиренний

meet [міт] *v* зустрічатися, здибатися, збиратися, сходитися, знайомитися, задовольняти, стикатися, сплачувати, збиратися

meeting [мітин] *n* збори, засідання, мітинг

melon [мелен] *n* диня

melt [мелт] *v* топитися, розплавляти, танути, розпускатися, м'якшати, зникати

member [мéмбер] *n* член

memorial [мемóріел] *n* пáм'ятник, замíтка; *adj* пáм'ятний, меморіáльний

memorize [мéмерайз] *v* вúвчити, запам'ятóвувати

memory [мéмери] *n* пáм'ять, спóмин, спóгад

menace [мéнес] *n* загрóза, небезпéка; *v* загрóжувати

mend [менд] *n* штóпання, лáгодження, латáння, полíпшення; *v* штóпати, латáти, ремонтувáти, полíпшувати

mental [ментл] *adj* розумóвий, мúслений, психíчний

mention [меншн] *v* згáдувати

merchant [миéрчент] *n* купéць, торгóвець; *adj* торгóвий

merciful [миéрсифул] *adj* милосéрдний, співчутлúвий, м'якúй

merciless [миéрсилис] *adj* безжáлісний, немилосéрдний

merge [миéрдж] *v* зливáтися, поглинáти, лучúтися, сполучáтися, втíлюватися

merit [мéрит] *n* заслýга, достóїнства, цíнність, важлúвість

merry [мéри] *adj* весéлий, рáдісний

mess [мес] *n* бéзлад, гидóта, неприéмності, стрáва, зáмішка; *v* бруднúти, смітúти, нíвечити, псувáти

message [ме́сидж] *n* повідо́млення, посла́ння, ві́домість, дору́чення

messy [ме́си] *adj* безла́дний, неоха́йний, брудни́й

method [ме́сед] *n* мето́да, спо́сіб, систе́ма

methodical [месо́дикл] *adj* системати́чний, методи́чний

midday [ми́дей] *n* по́лудень, пі́вдень

middle [мидл] *n* середи́на *adj* сере́дній

midnight [ми́днайт] *n* пі́вніч

midway [ми́дуей] *adv* на півдоро́зі

midwife [ми́дуайф] *n* повиту́ха

might [майт] *n* могу́тність, міць, си́ла, поту́жність

mighty [ма́йти] *adj* могу́тній, всеси́льний

migrate [майгре́йт] *v* переселя́тися, мигрува́ти

mild [майлд] *adj* ла́гідний, м'яки́й, ти́хий, те́плий, ле́гкий, слабки́й

military [ми́литери] *adj* військо́вий, воє́нний

milk [милк] *n* молоко́; *v* доі́ти

milliard [ми́л'ярд] *n* мілья́рд

million [ми́л'єн] *n* мільйо́н

mind [майнд] *n* ро́зум, глузд, ум, ду́мка, по́гляд, нага́дування, бажа́ння; *v* пам'-я́тати, займа́тися, уважа́ти, берегти́ся, пови́нуватися, запере́чувати

mindful [ма́йндфул] *adj* ува́жний, дбайли́вий

mingle [мингл] *v* змішуватися, бувати, обертатися

minor [майнер] *adj* менший, незначний, другорядний

minority [майнорити] *n* меншість, неповноліття

minute [минит] *n* хвилина, мить, момент

miracle [миракл] *n* чудо, дивна річ

miraculous [мирек'юлес] *adj* чудесний, дивний, надприродний

mirror [мирер] *n* дзеркало; *v* віддзеркалювати, відображати

misbehave [мисбихейв] *v* погано поводитися

miscellaneous [мисилейніес] *adj* мішаний, різноманітний, всесторонній

mischief [мисчиф] *n* зло, лихо, шкода, збиток

mischievous [мисчивес] *adj* злий, зловмисний, пустотливий, неслухняний, шкідливий, згубний

miserable [мизеребл] *adj* бідолашний, жалюгідний, поганий, убогий

misery [мизери] *n* злидні, нужда, убогість, терпіння

misfortune [мисфорчен] *n* невдача, нещастя, горе, лихо

miss [мис] *v* схибити, промахнутися, пропустити, не помітити, не почути; *n* приціл, промах, відсутність, втрата

missing [мисин] *adj* відсутній

mistake [мистейк] *n* помилка, непорозуміння; *v* помилятися

mistrust [мистраст] *v* не довіряти; *n* недовір'я, підозра

mix [микс] *v* змішуватися, сполучити, спілкуватися, дружити; *n* змішування, суміш, плутанина, безладдя

mixed [микст] *adj* змішаний, різнорідний

mobile [моубайл] *adj* рухомий, рухливий, жвавий

mock [мок] *v* висміювати, насміхатися, глумитися, кепкувати; *adj* несправжній, удаваний, фальшивий, підроблений

mode [моуд] *n* спосіб, метода, вид, форма

moderate [модерит] *adj* помірний, стриманий, середній, приступний, спокійний, урівноважений

moderate [модерейт] *v* стримувати, приборкувати, вгамовувати, стихати

modern [модерн] *adj* сучасний, новий

modest [модист] *adj* скромний, помірний, стриманий

modify [модифай] *v* видозмінювати, перетворюватися

moist [мойст] *adj* вогкий, вологий, дощовий

moisten [мойсн] *v* змочуватися, відволожуватися

moment [момент] *n* мить, хвилина, момент

momentary [мо́ментери] *adj* хвили́нний, момента́льний, короткоча́сний

Monday [ма́нди] *n* понеді́лок

money [ма́ни] *n* гро́ші, валю́та

monkey [ма́нки] *n* ма́впа

monotonous [мено́тенес] *adj* одномані́тний, нудни́й

monster [мо́нстер] *n* потво́ра, страхо́вище, дивогля́д

monstrous [мо́нстрес] *adj* потво́рний, жахли́вий, величе́зний

month [манс] *n* мі́сяць

monthly [ма́нсли] *adj* щомі́сячний

monument [мо́н'юмент] *n* па́м'ятник, монуме́нт

monumental [мон'юме́нтл] *adj* незвича́йний, дивови́жний, монумента́льний

mood [муд] *n* на́стрій

moon [мун] *n* мі́сяць

mop [моп] *n* ми́йка, па́тли, грима́са; *v* чи́стити, змива́ти, витира́ти

moral [мо́рел] *adj* мора́льний,ети́чний, доброче́сний, повча́льний; *n* мора́ль, повча́ння

moreover [моро́увер] *adv* крім то́го, прито́му, на́дто

morning [мо́рнин] *n* ра́нок

morose [меро́ус] *adj* пону́рий, похму́рий

mortal [мо́ртел] *adj* сме́ртний, смерте́льний

mortality [мортéлити] *n* смéртність

mostly [мóустли] *adv* здебíльшого, переважно

mother [мáзер] *n* мáти

mother-in-law [мáзеринло] *n* тéща, свекрýха

motherland [мáзерленд] *n* бáтьківщúна, вітчúзна

motion [мóушн] *n* рух, хід

motivate [мóутивейт] *v* мотивувáти

motive [мóутив] *n* мотúв, прúвід, спонýка; *adj* рушíйний

mount [мáунт] *v* підніматися, сходити, підвúщуватися, лíзти, оправляти, вставляти

mountain [мáунтин] *n* горá, кýпа, бéзліч

mountainous [мáунтинес] *adj* горúстий, величéзний

mourn [морн] *v* оплáкувати, лементувáти, сумувáти

mournful [мóрнфул] *adj* жáлібний, сумнúй

mourning [мóрнин] *n* жалóба, голосíння, плач

mouse [мáус] *n* мúша

moustache [местáшь] *n* вýса

mousy [мáуси] *adj* мúшачий, тúхий, боязкúй

mouth [мáус] *n* устá, рот, гúрло, шúйка, óтвір, вхід

move [мув] *v* ру́хатися, пересува́тися, вору́шитися, зворушувати, хвилюва́ти, переселя́тися, посу́нути

movement [му́вмент] *n* рух, перемі́щення, пересува́ння, перехі́д, переї́зд, пересе́лення, темп, шви́дкість

movies [му́виз] *n* кіно́

much [мач] *adj* бага́то; *adv* ду́же, ма́йже, приблизно

mud [мад] *n* грязь, боло́то, твань

muddy [ма́ди] *adj* боло́тний, брудни́й, каламу́тний, нечи́стий

mug [маг] *n* глек, ку́холь

multiple [ма́лтипл] *adj* багаторазо́вий, числе́нний, складни́й

multiply [ма́лтиплай] *v* збі́льшуватися, мно́жити

multitude [ма́лтит'юд] *n* бе́зліч, вели́ка кі́лькість, на́товп

munch [манч] *v* жува́ти, хру́пати, ця́мкати

murder [мие́рдер] *n* уби́вство; *v* убива́ти

museum [м'юзі́ем] *n* музе́й

mushroom [ма́шрум] *n* гриб

music [м'ю́зик] *n* му́зика

must [маст] *v* виража́є пови́нність, необхі́дність

mustard [ма́стерд] *n* гірчи́ця

mutate [м'юте́йт] *v* видозмі́нюватися

mute [м'ют] *adj* німи́й, безмо́вний

mutiny [м'ютини] *n* за́колот, повста́ння, бунт

mutual [м'ю́чуел] *adj* взає́мний, обопі́льний

mystery [ми́стери] *n* таємни́ця, місте́рія

N

nail [нейл] *n* цвях, ні́готь, кі́готь; *v* прибива́ти

naked [не́йкид] *adj* го́лий, незахи́щений, я́вний, очеви́дний

name [нейм] *n* ім'я́, на́зва, найменува́ння, сла́ва, ша́на; *v* назива́ти, признача́ти

nameless [не́ймлис] *adj* безіме́нний, невимо́вний

namely [не́ймли] *adv* а са́ме, тобто

nap [неп] *v* дріма́ти; *n* дрімо́та, коро́ткий сон

napkin [не́пкин] *n* серве́тка, підгу́зок

narrate [нере́йт] *v* розка́зувати, оповіда́ти

narration [нере́йшн] *n* ро́зповідь

narrative [не́ретив] *n* оповіда́ння, по́вість; *adj* розповідни́й

narrow [не́роу] *adj* вузьки́й, тісни́й, скрутни́й, обме́жений, докла́дний, то́чний

nasal [нейзл] *adj* носови́й

nasty [насти] *adj* огидний, бридкий, мерзенний, нестерпний, непривітний, прикрий

nation [нейшн] *n* нація, народ

national [нешенл] *adj* національний, народний

nationality [нешенелити] *n* національність, громадянство

native [нейтив] *n* уродженець, тубілець; *adj* рідний, природний, тубільний

natural [нечрел] *adj* природний, натуральний, справжній, звичайний, нормальний, властивий, невимушений

naturally [нечрели] *adv* природно, звичайно, зроду, невимушено, легко

nature [нейчир] *n* природа, натура, рід, гатунок, характер

nausea [ноше] *n* млість, нудотність, відраза

naval [нейвл] *adj* морський

navigate [невигейт] *v* плавати, літати, керувати

near [нієр] *adv* близько, коло, біля, недалеко, віддалік, поряд, скоро, незабаром

nearby [нієрбай] *adj* близький, недалекий, сусідський; *adv* поблизу, віддалік

nearly [нієрли] *adv* майже, приблизно

neat [ніт] *adj* чистий, охайний, чіткий, точний, старанний

neatly [нітли] *adv* охайно, акуратно, чітко, вправно

necessarily [несисе́рили] *adv* обов'язко́во, немину́че, необхі́дно

necessary [не́сисери] *adj* потрі́бний, немину́чий, коне́чний

necessity [нисе́сити] *n* необхі́дність, потре́ба, бі́дність, нужда́

neck [нек] *n* ши́я, ко́мір, переши́йок

necklace [не́клейс] *n* нами́сто

need [нід] *n* потре́ба, неста́ток, бі́дність, нужда́; *v* потребува́ти

needle [нідл] *n* го́лка, крючо́к, стрі́лка, шпиль

needy [ні́ди] *adj* бі́дний, нужде́нний

negate [ниге́йт] *v* запере́чувати, відкида́ти

negation [ниге́йшн] *n* запере́чення, протистоя́ння, протиле́жність

negative [не́гетив] *adj* від'є́мний, запере́чний, негати́вний

neglect [негле́кт] *v* не́хтувати, легкова́жити; *n* не́хтування, знева́га

negligent [не́глиджент] *adj* недба́лий, знева́жливий, неоха́йний, байду́жий

negotiate [него́ушіейт] *v* переговорювати, домовля́тися

neighbor [не́йбер] *n* сусі́д; *adj* сусі́дній, сумі́жний; *v* межува́ти, ме́шкати, прожива́ти

neighborhood [не́йберхуд] *n* сусі́дство, сусі́ди, бли́зькість

neither [на́йзер] *adj* ні той, ні і́нший, жо́ден

nephew [не́в'ю] *n* племі́нник, не́біж

nerve [ние́рв] *n* нерв, си́ла, бадьо́рість, жи́лка

nervous [ние́рвес] *adj* нерво́вий, знерво́ваний, подра́зливий, схвильо́ваний, триво́жний

nest [нест] *n* гніздо́, кубло́, ви́водок

net [нет] *n* сіть, тене́та; *adj* чи́стий

neutral [н'ю́трел] *adj* невтра́льний, сере́дній, промі́жний

neutralize [н'ю́трелайз] *v* невтралізува́ти, врівнова́жувати

never [не́вер] *adv* ніко́ли

nevertheless [не́верзиле́с] *adv* проте́

new [н'ю] *adj* нови́й, і́нший, сві́жий, неда́вній, суча́сний; *adv* неда́вно, за́ново

newborn [н'ю́борн] *adj* новонаро́джений

news [н'юс] *n* нови́на, ві́сті, зві́стка

newspaper [н'ю́спейпер] *n* часо́пис, газе́та

next [некст] *adj* насту́пний, найбли́жчий, сусі́дній, майбу́тній; *adv* потім, знову; *prep* по́руч, бі́ля

nice [найс] *adj* га́рний, ми́лий, хоро́ший, приє́мний

niece [ніс] *n* племі́нниця

night [найт] *n* ніч, ве́чір, те́мрява, пітьма́

nightfall [на́йтфол] *n* при́смерк

nightingale [на́йтингейл] *n* солове́й

nightmare [найтмеир] *n* кошма́р, прима́ра, страхі́ття

nine [найн] *num* де́в'ять

nineteen [найнті́н] *num* дев'ятна́дцять

no [но́у] *adj* нія́кий, не; *adv* не, ніскі́льки; *n* запере́чення, відмо́ва

nobility [ноуби́лити] *n* дворя́нство, шля́хта

noble [но́убл] *adj* шляхе́тний, знатни́й, вельмо́жний

nobody [но́убеди] *pron* ніхто́

nod [нод] *v* кива́ти, потака́ти, дріма́ти, куня́ти

noise [нойз] *n* крик, ве́реск, га́лас, га́мір; *v* розголо́шувати

noisy [но́йзи] *adj* крикли́вий, верескли́вий, галасли́вий, гамірли́вий

nominate [но́минейт] *v* іменува́ти, висува́ти, признача́ти

none [нан] *pron* ніхто́, жо́ден; *adv* ніскі́льки, анітро́хи

nonsense [но́нсенс] *n* дурни́ця, нісені́тниця, безглу́здя

noodle [нудл] *n* локши́на

noon [нун] *n* по́лудень, пі́вдень

norm [норм] *n* но́рма, зразо́к, станда́рт

normal [но́рмел] *adj* норма́льний, звича́йний, пра́вильний

north [норс] *n* пі́вніч

nose [но́уз] *n* ніс, нюх, чуття́; *v* ню́хати, чу́ти, просте́жити, просува́тися

nostril [ностро́л] *n* ні́здря

not [нот] *adv* не

note [ноут] *n* за́пис, нота́тка, замі́тка, ви́носка, розпи́ска, ува́га, вида́тність; *v* помі́чати, запи́сувати

noted [но́утид] *adj* відо́мий

nothing [на́син] *n* ніщо́

notice [но́утис] *n* опо́вістка, сповіще́ння, попере́дження, об'я́ва *v* помі́чати, відзнача́ти, попереджа́ти

notify [но́утифай] *v* повідомля́ти, сповіща́ти, оголо́шувати

notion [но́ушн] *n* іде́я, поня́ття, уя́влення, по́гляд, ду́мка

notorious [ноуто́ріес] *adj* горезві́сний, я́вний, загальновідо́мий

nourish [на́ришь] *v* живи́ти, годува́ти, плека́ти

novel [новл] *n* по́вість, рома́н

novelty [но́велти] *n* новина́, нова́торство

November [ноуве́мбер] *n* листопа́д

now [на́у] *adv* тепе́р, вже, щойно́ *conj* коли́, якщо́, раз

nowhere [но́уueир] *adv* нікýди, ніде́

nude [нуд] *adj* го́лий, непокри́тий

nuisance [н'юснс] *n* при́кра, ли́хо, біда́, при́крість, кло́піт, доса́да

null [нал] *adj* неді́йсний, нечи́нний

nullify [на́лифай] *v* скасува́ти, розрива́ти, анулюва́ти

numb [нам] *adj* отерплий, заціпенілий, закляклий, задубілий

number [намбер] *n* число, кількість, число, сума, цифра, випуск, ряд, серія; *v* почислити, порахувати, нумерувати

numbness [намнис] *n* затерплість, задубілість, нечутливість

numeral [н'юмерел] *adj* числовий, цифровий

numerate [нумерейт] *v* рахувати, лічити, нумерувати

numerous [нумерес] *adj* численний

nurse [ниерс] *n* доглядальниця, няня, годувальниця; *v* няньчити, лікувати, годувати

nut [нат] *n* горіх

O

oat [оут] *n* овес

oath [оус] *n* присяга, клятва

obedience [ибідіенс] *n* слухняність, покора

obedient [ибідіент] *adj* слухняний, покірний

obey [ибей] *v* слухатися, коритися, підкорятися

object [обджект] *n* предмет, річ, мета

object [ибджéкт] *v* заперéчувати,
проти́витися

objection [ибджéкшн] *n* заперéчення,
зáкид, протéст

obligation [облигéйшн] *n* обóв'язок

oblige [иблáйдж] *v* зобов'я́зувати, роби́ти
пóслугу

oblique [ибли́к] *adj* похи́лий, коси́й,
посерéдній, кружни́й

oblivion [ибли́віен] *n* забуття́, непáм'ять

obscene [обсíн] *adj* непристóйний,
безсорóмний, плюгáвий, оги́дний

obscure [ибск'ю́ер] *adj* нея́сний,
невідóмий, прихóваний, тьмя́ний,
хму́рий, відлю́дний *v* прихóвувати,
затéмнювати, затьмáрювати

obscurity [ибск'ю́рити] *n* нея́сність,
нерозумíлість, прихóвання, відлю́ддя,
невідóмість, тéмрява

observation [обзиервéйшн] *n* спостерé-
ження, нáгляд, заувáження

observe [ибзиéрв] *v* спостерігáти, стéжити,
помічáти, дотри́мувати

obstacle [óбстекл] *n* перепóна, завáда,
перешкóда

obstruct [ибстрáкт] *v* перешкоджáти,
забивáти, заступáти

obstruction [ибстрáкшн] *n* перепóна,
перешкóда, завáда, обстру́кція

obtain [ибте́йн] *v* оде́ржувати, здобува́ти, існува́ти

obvious [о́бвіес] *adj* очеви́дний, я́сний, я́вний

occasion [икейжн] *n* наго́да, можли́вість, при́від, причи́на, підста́ва, ока́зія

occasional [икейжнл] *adj* випадко́вий, принагі́дний

occupation [ок'юпе́йшн] *n* заня́ття, фах, пра́ця

occupy [о́к'юпай] *v* займа́ти, заволодіва́ти, окупува́ти

occur [икие́р] *v* трапля́тися, відбува́тися, попада́тися

ocean [о́ушн] *n* океа́н

October [окто́убер] *n* жо́втень

odd [од] *adj* непари́стий, рі́зний, випадко́вий, ди́вний

odor [о́удер] *n* за́пах, арома́т, сла́ва

offend [ифе́нд] *v* обража́ти, вража́ти, пору́шати, завини́ти

offer [о́фер] *v* пропонува́ти, прино́сити, трапля́тися, ста́вити *n* пропози́ція, зая́ва, освідчення

offering [о́ферин] *n* же́ртва, поже́ртвування

offspring [о́фсприн] *n* па́росток, наща́док

often [офн] *adv* ча́сто, бага́то разі́в

oil [ойл] *n* олі́я, на́фта, масти́ло

ointment [о́йнтмент] *n* мазь, притира́ння, пома́да

old [оулд] *adj* старий, давній, поношений, застарілий, досвідчений

omission [оумишн] *n* пропуск, упущення, недогляд, недобачення

omit [оуміт] *v* випускати, включати, нехтувати, злегковажити

on [он] *prep* на, над, біля, коло, до, по, після, протягом

once [уанс] *adv* раз

one [уан] *num* один; *adj* однаковий

oneness [уаннис] *n* єдність, тотожність, незмінність, згода

oneself [уанселф] *pron* себе, собі

onion [ан'єн] *n* цибуля

only [оунли] *adj* єдиний, одинокий; *adv* тільки, лише, щойно *conj* але, тільки, якби, колиб

onward [онуерд] *adv* вперед, далі

open [оупен] *adj* відкритий, відчинений, доступний, незайнятий, вільний, щирий; *v* відкривати, відчинятися, розширювати

opening [оупенин] *n* отвір, щілина, відкривання, прохід, початок, вступ

operate [оперейт] *v* діяти, працювати, керувати

opinion [ипініен] *n* думка, погляд

opponent [ипоунент] *n* противник, суперник; *adj* протилежний, супротивний

opportunity [оперт'юнити] *n* нагода, можлйвість

oppose [ипо́уз] *v* проти́витися, опира́тися, перешкоджа́ти, заважа́ти

opposite [о́пезит] *adj* протиле́жний, супроти́вний, відмі́нний, неодна́ковий; *adv* напро́ти

opposition [опези́шн] *n* о́пір, протиле́жність, протистоя́ння

oppress [ипре́с] *v* гноби́ти, гніти́ти, нево́лити

oppression [ипре́шн] *n* гно́блення, гніт, тира́нія

oppressive [ипре́сив] *adj* гніткю́чий, жорсто́кий, обтя́жливий, тяжки́й

optimistic [оптими́стик] *adj* життєра́дісний, оптимісти́чний

option [опшн] *n* альтернати́ва, ві́льний ви́бір

optional [о́пшенл] *adj* дові́льний, необов'язко́вий

or [ор] *conj* або́, чи

oral [о́рел] *adj* у́сний, ротови́й

orange [о́ріндж] *n* апельси́н *adj* помара́нчовий, ора́нжевий, апельси́новий

orchard [о́рчерд] *n* сад

order [о́рдер] *n* поря́док, нака́з, послідо́вність, замо́влення; *v* нака́зувати, розпоряджа́тися, замовля́ти

ordinary [о́рднри] *adj* звича́йний, зага́льний, буде́нний, типови́й

origin [о́риджин] *n* похо́дження, поча́ток, джерело́

original [ири́джинел] *adj* перві́сний, самобу́тній, оригіна́льний, спра́вжній, нови́й, сві́жий

orphan [орфн] *n* сирота́ *v* осироти́ти

orthodox [о́рседокс] *adj* правосла́вний, загальнопри́йнятий, ортодокса́льний

other [а́зер] *adj* і́нший, котри́йсь, дру́гий; *adv* іна́кше

otherwise [а́зеруайз] *adv* іна́кше, по-і́н-шому

ought [от] *v* виража́є пови́нність

out [а́ут] *adv* назо́вні, геть; *adj* зо́внішній, кра́йній, незвича́йний

outburst [а́утбиерст] *n* спа́лах, ви́бух

outcast [а́уткаст] *n* поки́дько, вигна́нець

outdated [аутде́йтид] *adj* застарі́лий

outfit [а́утфит] *n* устаткува́ння, виря́-дження, обладна́ння; *v* споряджа́ти, виряджа́ти

outlet [а́утлет] *n* ви́хід, ви́тік, ги́рло

outline [а́утлайн] *n* о́брис, на́рис, схе́ма, конспе́кт

outlook [а́утлҳк] *n* вид, краєви́д, споді-ва́ння

output [а́утпут] *n* ви́добуток, ви́пуск, проду́кція

outrage [áутрейдж] *n* обра́за, знева́га, мора́льна кри́вда; *v* обража́ти, зневажа́ти, пору́шувати

outrageous [аутре́йджіес] *adj* обра́зливий, обу́рливий, негі́дний, пі́длий

outside [аутса́йд] *n* части́на, пове́рхня, зо́внішність; *adv* зо́вні, надво́рі; *prep* по́за, за ме́жі

outskirts [áутскиертс] *n* передмі́стя, око́лиці, край

outstanding [аутсте́ндин] *adj* видатни́й, знамени́тий

outstretched [аутстре́чт] *adj* простя́г-нений, розпросте́ртий

outward [áутуерд] *adj* зо́внішній, навколи́шній, поверхне́вий

outwards [áутуердз] *adv* назо́вні

over [о́увер] *prep* над, ви́ще, че́рез, бі́льше, щодо, про

overall [о́уверол] *adj* всеося́жний, зага́льний; *adv* скрізь, всю́ди

overcast [о́уверкаст] *v* затьма́рювати, затяга́ти; *adj* хма́рний, похму́рий

overcoat [о́уверкоут] *n* плащ, пальто́

overcome [о́уверкам] *v* подола́ти, пере-могти́, поборо́ти

overcrowded [оуверкра́удид] *adj* перепо́-внений

overdue [оуверд'ю́] *adj* запі́знений

overhead [óуверхед] *adj* ве́рхній, надзе́мний

overnight [óувернайт] *adv* напередо́дні, вве́чері, всю ніч

owe [óу] *v* заборгува́тися, завдя́чувати

own [óун] *adj* свій вла́сний, рі́дний; *v* ма́ти, посіда́ти, признава́тися

owner [óунер] *n* вла́сник, госпо́дар

P

pace [пейс] *n* крок, хода́, шви́дкість; *v* крокува́ти, ступа́ти

pacific [песи́фик] *adj* споко́йний, ми́рний

pacify [пе́сифай] *v* заспоко́ювати, усмиря́ти, умиротворя́ти

pack [пек] *n* паку́нок, клу́нок, в'юк, бе́зліч, гру́па, загото́вля; *v* пакува́тися, запо́внювати, набива́тися, ску́пчуватися

package [пе́кидж] *n* паку́нок, па́ка, клу́нок, поси́лка; *v* пакува́ти

pad [пед] *n* поду́шка, наби́вка, сіде́лко

page [пейдж] *n* сторі́нка

pail [пейл] *n* відро́

pain [пейн] *n* біль, стражда́ння, го́ре, зуси́лля, стара́ння

painful [пе́йнфул] *adj* болю́чий, бо́лізний

paint [пейнт] *v* малюва́ти, фарбува́ти, зобража́ти

painter [пе́йнтер] *n* живопи́сець, худо́жник, мисте́ць, ма́ляр

painting [пе́йнтин] *n* карти́на, живо́пис, малюва́ння

pair [пе́ир] *n* па́ра, подру́жжя, наре́чені

palace [пе́лис] *n* па́лац, пала́та

pale [пейл] *adj* блідий, тьмя́ний

palm [пам] *n* доло́ня, па́льма

palpable [пе́лпебл] *adj* відчу́тний, помі́тний, очеви́дний

pan [пен] *n* сковорода́, кастру́ля, лото́к

pancake [пе́нкейк] *n* млине́ць

paper [пе́йпер] *n* папі́р, газе́та, докуме́нт

paradise [пе́редайс] *n* рай

paraphrase [пе́рефрейз] *v* переповіда́ти, парафразува́ти

parasite [пе́ресайт] *n* парази́т, дармоі́д, чужоі́д

parcel [парсл] *n* клу́нок, поси́лка, паку́нок, ку́пка

pardon [пардн] *n* проба́чення, проще́ння; *v* проща́ти, вибача́ти

parent [пе́ирент] *n* ба́тько, ма́ти, ро́дич

park [парк] *n* парк, запові́дник

parking [па́ркин] *n* стоя́нка

parrot [пе́рет] *n* папу́га

parsley [па́рсли] *n* петру́шка

part [парт] *n* части́на, у́часть, сторона́; *v* розстава́тися, розділя́тися, відокре́млюватися; *adv* поча́сти, частко́во

partial [па́ршел] *adj* частко́вий, непо́вний, окре́мий, небезсторо́нній

participant [парти́сипейшн] *n* уча́сник

participate [парти́сипейт] *v* бра́ти у́часть

particular [перти́к'юлер] *adj* особли́вий, виняткко́вий, специфі́чний, стара́нний

partly [па́ртли] *adv* частко́во, поча́сти

party [па́рти] *n* па́ртія, гру́па, вечі́рка

pass [пас] *v* мина́ти, прохо́дити, випереджа́ти, відбува́тися, трапля́тися, діставатися, вино́сити, зника́ти, уме́рти; *n* прохі́д, пере́пустка, прото́ка, перева́л

passage [пе́сидж] *n* перехі́д, прохо́дження, коридо́р, хід

passenger [пе́синджер] *n* пасажи́р, сідо́к

passer-by [па́сербай] *n* перехо́жий

passing [па́син] *adj* мину́щий, митте́вий, випадко́вий *n* прохо́дження, перебі́г

passion [пешн] *n* при́страсть, за́пал, при́ступ

passionate [пе́шенит] *adj* при́страсний, палки́й, гаря́чий

passive [пе́сив] *adj* бездія́льний, паси́вний, іне́ртний

past [паст] *adj* мину́лий; *adv* ми́мо; *prep* ми́мо, повз, за, пі́сля, по́над

path [пас] *n* доро́га, сте́жка, шлях

pathetic [песéтик] *adj* зворýшливий, патети́чний, жáлісний

patience [пéйшенс] *n* терпели́вість, витривáлість

patient [пéйшент] *adj* терпели́вий, витривáлий; *n* хвóрий

pattern [пéтерн] *n* зразóк, узóр, крій

pause [поз] *n* перéрва, пáвза, перепочи́нок; *v* спиня́тися, перепочивáти

pavement [пéйвмент] *n* проклáдена дорóга, тротуáр

paw [по] *n* лáпа

pay [пей] *v* плати́ти, винагорóджувати, відшкодóвувати, окупи́тися

payment [пéймент] *n* сплáта, відплáта

pea [пі] *n* горóх

peace [піс] *n* мир, спóкій, ти́ша

peaceful [пíсфул] *adj* мíрний, спокíйний

peach [піч] *n* пéрсик

pear [пéир] *n* грýша

peasant [пéзент] *n* селяни́н; *adj* селя́нський, сільськи́й

peculiar [пик'ю́ліер] *adj* особли́вий, влáсний, особи́стий, незвичáйний, ди́вний, виняткóвий

peculiarity [пик'юлиéрити] *n* особли́вість, власти́вість, ди́вність

pedestrian [пидéстріен] *n* пішохíд; *adj* піший

peel [піл] *v* лупи́ти, обдирáти, лýщити

pen [пен] *n* перо́

penal [пінл] *adj* криміна́льний, ка́рний

penalize [пі́нелайз] *v* кара́ти, штрафува́ти

pencil [пенсл] *n* олівець

penetrate [пе́нитрейт] *v* проника́ти, пробива́ти, просо́чувати, вника́ти, вде́ртися

penetration [пенитре́йшн] *n* прони́кнення, вдертя́, вто́ргнення, прори́в

people [піпл] *n* наро́д, на́ція, лю́ди, насе́лення, жи́телі, ме́шканці

pepper [пе́пер] *n* пе́рець; *v* перчи́ти

perceive [персі́в] *v* відчува́ти, усвідо́млювати, спостеріга́ти, помі́чати, заува́жувати, збага́ти

perception [персе́пшн] *n* сприйма́ння, уя́влення, відчува́ння, розумі́ння

perfect [пие́рфикт] *adj* доскона́лий, цілкови́тий, бездога́нний, то́чний, ці́лісний, закі́нчений, знамени́тий; *v* вдоскона́лювати, поліпшувати

perform [перфо́рм] *v* роби́ти, здійснювати, спо́внювати

performance [перфо́рменс] *n* викона́ння, здійснення, гра

perhaps [перхе́пс] *adv* можли́во, мо́же бу́ти

period [пі́еріед] *n* епо́ха, доба́, пері́од, цикл, кра́пка

periodic [піері́одик] *adj* періоди́чний, циклі́чний

perish [пе́ришь] *v* ги́нути, пропа́сти, зотлі́ти, спали́ти

permanent [пие́рменент] *adj* постı́йний, довгоча́сний

permissible [пермı́себл] *adj* дозво́лений, припусти́мий

permission [пермı́шн] *n* до́звіл, зго́да, домо́вленість

permit [пие́рмит] *n* пере́пустка, до́звіл

permit [пермı́т] *v* дозволя́ти, допуска́ти

persecute [пие́рсик'ют] *v* переслı́дувати, гноби́ти, чıпля́тися, напастува́ти, докуча́ти

persecution [пие́рсик'юшн] *n* переслı́дування, гонı́ння, гно́блення

persist [персı́ст] *v* упира́тися, наполяга́ти, ви́тримати, ви́стояти, зберıга́ти

persistence [персı́стенс] *n* наполе́гливість, упе́ртість, трива́лість, постı́йність

persistent [персı́стент] *adj* наполе́гливий, стıйки́й, постı́йний, тривки́й

person [пие́рсен] *n* осо́ба, персо́на

personality [пиерсене́лити] *n* особи́стість, індивıдуа́льність

perspiration [пиерспере́йшн] *n* піт, потı́ння

persuade [персуе́йд] *v* умовля́ти, переко́нувати, підгово́рити

persuasion [персуе́йжн] *n* переко́нування, переко́нливість, віросповıда́ння

pertain [пиертéйн] *v* налéжати, стосувáтися, підхóдити

pertinent [пиóртинент] *adj* дорéчний, придáтний, влýчний, слýшний

perverse [первиéрс] *adj* вередлúвий, злий, дволúчний, злостúвий, упéртий, помилкóвий

pervert [первиéрт] *v* перекрýчувати, звóдити, псувáти

pet [пет] *n* улю́блене звіря́тко, улю́б-ленець, пестýнчик

petition [петúшн] *n* прохáння, клопотáння, благáння, молúтва; *v* благáти, просúти, молúти, випрóшувати

petty [пéти] *adj* незначнúй, неважлúвий, дрібнúй

pharmacy [фáрмеси] *n* фармацéвтика, аптéка

phase [фейз] *n* стáдія, різновúдність, аспéкт, перíод

phenomenal [финóминл] *adj* незвичáйний, вúключний, рíдкісний

phrase [фрейз] *n* вúслів, фрáза, рéчення

physical [фúзикл] *adj* фізúчний, тілéсний

physician [физúшн] *n* лíкар

pick [пик] *v* вибирáти, зривáти, знімáти, протикáти, обгризáти, обскýбувати, дéрти, крáсти; *n* вúбір, кáйло, мотúка

pickled [пиклд] *adj* солóний, маринóваний

picture [пи́кчир] *n* карти́на, малю́нок, зобра́ження, портре́т; *v* малюва́ти, зобража́ти, уявля́ти

picturesque [пикчере́ск] *adj* мальовни́чий, о́бразний, яскра́вий

pie [пай] *n* соло́дкий пирі́г, то́ртик

piece [піс] *n* кусо́к, кри́хта, ула́мок, обри́вок, річ, ла́тка, зразо́к, моне́та

pig [пиг] *n* свиня́

pigeon [пи́джин] *n* го́луб

pile [пайл] *n* ку́па, стіс, нагрома́дження, стоя́н; *v* склада́ти, нагрома́джувати

pillow [пи́лоу] *n* поду́шка, підкла́дка

pin [пин] *n* шпи́лька, бро́шка, кіло́к, штифт; *v* пришпи́лювати, прикріпля́ти

pinch [пинч] *v* щипа́ти, му́лити, змо́рщувати, марні́ти; *n* щипо́к, защемле́ння, пу́чка

pineapple [па́йнепл] *n* анана́с

pink [пинк] *adj* роже́вий

pit [пит] *n* я́ма, запа́дина, па́стка, віспи́на

pitch [пич] *v* ки́дати, жбурля́ти, мета́ти, подава́ти

pitiful [пи́тифул] *adj* жа́лісливий, бідола́шний

pity [пи́ти] *n* жа́лість, милосе́рдя, співчуття́; *v* жалі́ти

place [плейс] *n* мі́сце, житло́, сиді́ння, ури́вок; *v* ста́вити, розмі́щувати, кла́сти

plain [плейн] *adj* зрозумілий, ясний, очевидний, прямий, звичайний, рівний, гладкий, простий, щирий

plane [плейн] *n* площина, рівень, літак; *adj* плоский, площинний

plant [плант] *n* рослина, саджанець, устаткування; *v* садити

plate [плейт] *n* тарілка, ґравюра, панцир

play [плей] *n* гра, забава, вистава, поведінка, дія, воля; *v* гратися, розважатися, виконувати, діяти, переливатися

plea [плі] *n* просьба, привід

plead [плід] *v* виправдуватися, захищати, просити, благати

pleasant [плезнт] *adj* приємний, милий, приятельський

please [пліз] *v* подобатися, догоджати, примилятися

pleasure [пле́жер] *n* задоволення, втіха, розвага, бажання

plenty [пле́нти] *n* достаток, надмір, безліч

plug [плаґ] *n* затичка, стопор; *v* втикати, уткнути, закупорювати

plum [плам] *n* слива

plural [плю́ерел] *adj* множинний, численний

pocket [по́кит] *n* кишеня, вибоїна, луза

poem [по́уим] *n* поема, вірш

poetry [по́уитри] *n* поезія, вірші, поети́-
чність

point [пойнт] *n* кра́пка, пита́ння, суть,
предме́т, то́чка, мі́сце; *v* гостри́ти,
наво́дити, вка́зувати, спрямо́вувати

pointed [по́йнтид] *adj* прони́кливий,
го́стрий, наве́дений

poison [пойзн] *n* отру́та; *v* отру́ювати

poisonous [по́йзнес] *adj* отру́йний

police [полі́с] *n* полі́ція; *v* охороня́ти,
патрулюва́ти

polish [по́лишь] *v* поліруба́ти, чи́стити; *n*
лиск, політу́ра, ви́тонченість, пока́зність

polished [по́лишьт] *adj* блиску́чий,
ви́шуканий, ви́тончений

polite [пела́йт] *adj* вві́чливий, ви́тон-
чений, присто́йний

politeness [пела́йтнис] *n* вві́чливість, че́м-
ність, ви́хованість

pollute [пелю́т] *v* забру́днювати, паску́дити

pollution [полю́шн] *n* забру́днення,
нечистота́

pond [понд] *n* став, водо́ймище

poor [пу́ер] *adj* бі́дний, незамо́жний,
неща́сний, убо́гий, непоказни́й

popular [по́п'юлер] *adj* наро́дний,
загальнопоши́рений, популя́рний

popularity [поп'юле́рити] *n* присту́пність,
зрозумі́лість

population [поп'юле́йшн] *n* насе́лення, засе́лення, жи́телі

pork [порк] *n* свини́на

porridge [по́ридж] *n* ка́ша, вівся́нка

port [порт] *n* порт, га́вань

portable [по́ртебл] *adj* склада́ний, розбірни́й

porter [по́ртер] *n* ворота́р, поси́льник

portion [поршн] *n* ча́стка, части́на, наді́л, при́дане, спа́док, до́ля

portrait [по́ртрит] *n* портре́т, зобра́ження, о́пис

portray [портре́й] *v* зобража́ти, опи́сувати, змальо́вувати

pose [по́уз] *v* позува́ти, ста́вити; *n* по́за, уда́вання

position [пези́шн] *n* поло́ження, місце, розташува́ння, стано́вище

positive [по́зитив] *adj* пе́вний, то́чний, рішу́чий, ная́вний, су́щий, незапере́чний, дода́тний, спасе́нний

possess [позе́с] *v* володі́ти, мати, опу́тувати, посіда́ти

possessed [позе́ст] *adj* божеві́льний, одержи́мий

possession [позе́шн] *n* володі́ння, майно́, вла́сність

possibility [посеби́лити] *n* можли́вість, імові́рність

possible [по́сибл] *adj* можли́вий

postpone [поустпо́ун] *v* відкладáти, відстро́чувати

posture [по́счир] *n* по́за, поло́ження, стан

pot [пот] *n* горщо́к, глек, ку́бок

potato [петéйтоу] *n* карто́пля

potency [по́утенси] *n* си́ла, міць, спромо́жність

potent [по́утент] *adj* си́льний, міцни́й, могу́тній, спромо́жний

pour [пор] *v* ли́тися, впадáти, пускáти

poverty [по́верти] *n* бі́дність, убо́гість

power [пáуер] *n* си́ла, міць, поту́жність, могу́тність, держáва

powerful [пáуерфул] *adj* си́льний, могу́тній, сильноді́ючий

practical [прéктикл] *adj* практи́чний, доцí́льний

practice [прéктис] *n* впрáва, прáктика, дíя, тренувáння, зви́чка

praise [прейз] *n* хвалá, величáння; *v* хвали́ти, прославля́ти, звели́чувати

pray [прей] *v* моли́тися, проси́ти, благáти

prayer [прéер] *n* моли́тва, прохáння, благáння

preach [прі́ч] *v* проповíдувати, повчáти, спону́кувати

precede [прісí́д] *v* передувáти, переважáти, промо́щувати

preceding [прісí́дин] *adj* поперéдній

precious [прéшес] *adj* дорогоцінний, коштóвний, дорогúй, вúтончений

precise [присáйс] *adj* тóчний, акурáтний, чіткúй

precision [присúжн] *n* тóчність, чіткість, влýчність

predecessor [предисéсер] *n* поперéдник, прéдок

predict [придúкт] *v* віщувáти, пророкувáти, передрікáти, завбачáти

prediction [придúкшн] *n* провíщення, передрéчення, порóцтво, завбáчення

preface [прéфис] *n* передмóва, вступ

prefer [прифиéр] *v* волíти, підвúщувати, призначáчувати, подавáти

preference [прéференс] *n* перевáга, першенствó

pregnancy [прéгненси] *n* вагíтність, черевáтість

prejudice [прéджудис] *n* упередження, шкідлúвість

preliminary [прилúминери] *adj* попередній, вступнúй, підготóвний

premature [прímечýер] *adj* передчáсний, поспíшний, непродýманий

preparation [преперéйшн] *n* готувáння, препарáт

prepare [препéир] *v* готувáтися, проклáсти, уторувáти

prerequisite [прірéкуизитив] *adj* необхíдний

prescribe [прискра́йб] *v* припи́сувати, пропи́сувати

presence [пре́зенс] *n* прису́тність, ная́вність, поста́ва

present [пре́знт] *n* подару́нок; *adj* прису́тній, ная́вний

present [призе́нт] *v* дарува́ти, засві́дчувати, ставля́тися

preservation [презиерве́йшн] *n* зберіга́ння, запобіга́ння, консервува́ння, перехо́вування

preserve [презие́рв] *v* берегти́, охороня́ти, перехо́вувати, заготовля́ти

press [прес] *v* ти́снути, пресува́ти, вида́влювати; *n* тиск, по́спіх, нада́влювання, друка́рня, на́товп

pressure [пре́шер] *n* тиск, сти́снення, насті́йність, напру́га

presume [приз'ю́м] *v* припуска́ти, гада́ти, насмі́люватися

presumption [приза́мпшн] *n* припу́щення, здо́гад, доми́сел, правдоподі́бність

pretence [прите́нс] *n* удава́ння, прикида́ння, обма́н

pretend [прите́нд] *v* удава́ти, прикида́тися, насмі́люватися, рискува́ти

pretty [при́ти] *adj* гарне́нький, прекра́сний, приє́мний

prevail [приве́йл] *v* панува́ти, існува́ти, перебо́рювати, умовля́ти

prevalent [пре́велент] *adj* поши́рений, перева́жний

prevent [привє́нт] *v* перешкоджа́ти, запобіга́ти, не допуска́ти

previous [прı́віес] *adj* попере́дній

previously [прı́віесли] *adv* заздалегı́дь, ранı́ше

prey [прей] *n* здо́бич, жир, твари́на, же́ртва

price [прайс] *n* ціна́

priceless [пра́йслис] *adj* неоціне́нний, кошто́вний, дорогоцı́нний

pride [прайд] *n* го́рдість, горди́ня, пи́ха

priest [прıст] *n* свяще́ник

primary [пра́ймери] *adj* перви́нний, основни́й, найважливı́ший

prime [прайм] *adj* головни́й, основни́й, найважливı́ший *n* ро́зквіт, цвіт, поча́ток, весна́

primitive [при́митив] *adj* примітú́вний, перви́нний, первобу́тній, основни́й, про́стий

principal [при́нсепл] *adj* головни́й, основни́й

principle [при́нсепл] *n* при́нцип, тве́рдження, причи́на, осно́ва, но́рма

prison [призн] *n* в'язни́ця, тюрма́

privacy [пра́йвеси] *n* відокре́млення, само́тність, зати́шшя, таємни́ця

private [прайвит] *adj* особистий, приватний, самотній, таємний, прихований, затишний

prize [прайз] *n* нагорода, премія, трофей; *adj* нагороджений, премійований; *v* оцінювати

probably [пробебли] *adv* мабуть, можливо

problem [проблем] *n* питання, завдання, проблема; *adj* трудний, важкий, примхливий

proceed [пресід] *n* прибуток, виторг; *v* продовжувати, розвиватися, виходити, міняти, порушувати

process [процес] *n* процес, рух, течія, спосіб, стадія

proclaim [преклейм] *v* проголошувати, оповіщати

produce [пред'юс] *v* продукувати, виробляти, пред'являти, постачати; *n* продукт, результат, наслідок

productive [предактив] *adj* продуктивний, родючий, плідний

profane [префейн] *adj* богохульний, нечистивий, поганий, мирський

proficiency [префишенси] *n* уміння, вправність, досвідченість

proficient [префишент] *adj* вправний, умілий, досвідчений; *n* знавець, спеціяліст

profile [про́уфайл] *n* о́брис, ко́нтур, про́філь

profit [про́фит] *n* прибу́ток, ко́ристь

progress [про́угрес] *n* по́ступ, прогре́с, дося́гнення, у́спіхи, ро́звиток, просува́ння

progress [прегре́с] *v* прогресува́ти, розвива́тися, удоскона́люватися

progressive [прегре́сив] *adj* поступо́вий, прогреси́вний, поступа́льний

prohibit [прехи́бит] *v* забороня́ти, заважа́ти

prolong [прело́н] *v* продо́вжувати, протяга́ти

prominent [про́минент] *adj* видатни́й, визначни́й, відо́мий, опу́клий

promise [про́мис] *n* обіця́нка, очі́кування; *v* обіця́ти, запевня́ти

promote [премо́ут] *v* підви́щувати, допомога́ти, підтри́мувати, заохо́чувати

promotion [премо́ушн] *n* підви́щення, сприя́ння, заохо́чення

pronounce [прена́унс] *v* вимовля́ти, оголо́шувати, заявля́ти, висло́влюватися

proof [пруф] *n* дове́дення, до́каз, гра́нка; *adj* неподáтливий, витрива́лий, несхи́льний, непроникни́й

proper [про́пер] *adj* власти́вий, відпо́відний, нале́жний, пра́вильний, присто́йний

property [про́перти] *n* вла́сність, госпо-
да́рство, майно́, я́кість, озна́ка, прикме́та
prophesy [про́фиси] *v* пророкува́ти,
віщува́ти
prophet [про́фит] *n* проро́к, прові́сник
proposal [препо́узл] *n* пропози́ція,
вне́сення
propose [препо́уз] *v* пропонува́ти, гада́ти,
представля́ти, осві́дчуватися
prosecute [про́сик'ют] *v* пору́шувати,
прово́дити, вико́нувати, продо́вжувати,
обвинува́чувати
prosecution [просик'ю́шн] *n* оска́рження,
обвинува́чення, ве́дення, вико́нування
prosper [про́спер] *v* ма́ти у́спіхи,
процвіта́ти, сприя́ти
prosperity [проспе́рити] *n* добробу́т,
процвіта́ння
prosperous [про́сперес] *adj* успі́шний,
замо́жний
prostrate [простре́йт] *v* підкоря́ти,
висна́жувати; *adj* розпросте́ртий,
знемо́жений, знеси́лений
protect [прете́кт] *v* захища́ти, охороня́ти,
оберіга́ти, забезпе́чувати
protection [прете́кшн] *n* за́хист, охоро́на,
покриття́, опі́ка, підтри́мка
protective [прете́ктив] *adj* захисни́й,
охоро́нний

protest [про́утест] *n* запере́чення, супере́чка, о́пір

protest [прете́ст] *v* запере́чувати, протестува́ти

proud [пра́уд] *adj* го́рдий, зарозумі́лий, пиха́тий, чудо́вий, вели́чний, пи́шний

proudly [пра́удли] *adv* го́рдо, вели́чно

prove [прув] *v* дово́дити, засві́дчувати, виявля́тися, випробо́вувати, стве́рджувати

proverb [про́верб] *n* прислі́в'я, при́казка

provide [прева́йд] *v* постача́ти, заготовля́ти, забезпе́чувати, утри́мувати, запобіга́ти

providence [про́виденс] *n* провиді́ння, бережли́вість, переба́чливість

provident [про́видент] *adj* передба́чливий, оба́чний, обере́жний, оща́дливий

prudence [пру́денс] *n* розсу́дливість, розва́жливість, передба́чливість, обере́жність

prudent [пру́дент] *adj* розсу́дливий, передба́чливий, обере́жний

psychology [сайко́лоджи] *n* психольо́гія

public [па́блик] *adj* грома́дський, держа́вний, наро́дний, відкри́тий, прилю́дний; *n* грома́дськість, пу́блика, наро́д

publication [публике́йшн] *n* вида́ння, опублікува́ння, оголо́шення

publish [па́блишь] *v* видава́ти, публі-
кува́ти, оголо́шувати

pull [пул] *v* тягну́ти, висми́кувати,
сі́пати, рва́ти, веслува́ти, притяга́ти

pulse [палс] *n* пульс, биття́, почуття́,
на́стрій

pump [памп] *n* насо́с, по́мпа; *v* пом-
пува́ти, нагніта́ти

pumpkin [па́мпкин] *n* гарбу́з

punish [па́нишь] *v* кара́ти

punishment [па́нишьмент] *n* ка́ра, покара́ння

pupil [п'юпл] *n* у́чень, вихова́нець

puppet [па́пет] *n* ля́лька, маріоне́тка

purchase [пие́рчес] *v* купува́ти, придба́ти;
n купі́вля, придба́ння

pure [п'ю́ер] *adj* чи́стий, вира́зний,
непоро́чний, спра́вжній, я́вний,
про́стий, абстра́ктний

purify [п'ю́ерифай] *v* очища́тися

purple [пие́рпл] *adj* пурпу́рний, багро́вий

purpose [пие́рпес] *n* на́мір, мета́, ціль,
призна́чення, у́спіх

purse [пие́рс] *n* гамане́ць, гро́ші, скарб

pursue [перс'ю́] *v* пересліду́вати, іти́,
продо́вжувати, гна́тися, дратува́ти

push [пушь] *v* пха́тися, напира́ти,
просува́тися, тисну́тися, штовха́тися,
штурха́ти, ква́пити, сприя́ти

put [пут] *v* кла́сти, ста́вити, дава́ти,
приво́дити, поя́снювати, оці́нювати

putrid [п'ютрид] *adj* трýхлий, гнилúй, зіпсóваний

puzzle [пазл] *n* загáдка, морóка, питáння

Q

quake [куéйк] *v* дрижáти, тремтíти, трусúтися *n* дрож, дрижáння, тремтíння

qualification [куолификéйшн] *n* вúзначення, придáтність

qualified [куóлифайд] *adj* підхóжий, придáтний, компетéнтний

qualify [куóлифай] *v* кваліфікувáти, готувáтися, визнáчувати

quality [куóлити] *n* я́кість, властúвість, особлúвість, прикмéта, станóвище

quantitative [куóнтитетив] *adj* кíлькісний

quantity [куóнтити] *n* кíлькість, рóзмір, величинá

quarrel [куóрел] *n* свáрка, лáйка, чвáри, спір *v* сварúтися, сперечáтися

quarrelsome [куóрелсем] *adj* сварлúвий, причéпливий

quarter [куóртер] *n* чверть, чéтверть, пощáда, помúлування

queen [куíн] *n* королéва, мáтка

queer [куíер] *adj* дúвний, чуднúй, чудернáцький

question [куéсчен] *n* питáння, спрáва, проблéма, допúтування, обговóрювання, сýмнів *v* питáти, допúтувати, дослíджувати, сумнівáтися

quick [куйк] *adj* швидкúй, жвáвий, мотóрний, бúстрий, нетерпелúвий, поспíшливий, гóстрий *adv* швúдко, скóро, негáйно

quiet [куáєт] *adj* спокíйний, тúхий, нечýтний, скрóмний, мúрний *n* тúша, спóкій, мир

quit [куйт] *v* залишáти, кúдати, припиняти

quite [куáйт] *adv* зóвсім, цілкóм, пóвністю, дýже

quiz [куйз] *v* опúтувати, глузувáти, насміхáтися *n* óпит, насмíшка, жарт

quote [куóут] *v* цитувáти, посилáтися, брáти в лапкú

R

rabbit [рéбит] *n* кріль, крóлик

race [рейс] *n* змагáння, гóнки, боротьбá, бистринá, потóмство, рід, похóдження; *v* змагáтися, мчáти, гнáти

racial [рéйшел] *adj* рáсовий

radiant [рéйдіент] *adj* промени́стий, випромі́нюючий, ся́ючий

radical [рéдикел] *adj* корінни́й, осно́вни́й, радика́льний, по́вний

rage [рейдж] *n* лють, гнів, несамови́тість, при́страсть; *v* лютува́ти, кази́тися, шаленíти

ragged [рéгид] *adj* дра́ний, коструба́тий, кошла́тий, неоха́йний

raid [рейд] *n* на́скок, обла́ва, налíт

railroad [рéйлроуд] *n* залізни́ця

rain [рейн] *n* дощ

rainbow [рéйнбоу] *n* весéлка, ра́йдуга

raincoat [рéйнкоут] *n* дощови́к

raise [рейз] *n* підви́щення, підняття́, збíльшення; *v* підніма́ти, зчини́ти, добува́ти, виро́щувати, видава́ти, поло́хати, рости́

random [рéндем] *adj* підíбраний, випадко́вий, безла́дний

range [рейндж] *n* ряд, па́смо, на́прям, межа́, про́стір, га́лузь, ца́рина, о́бсяг, вíддаль; *v* мандрува́ти, шикува́тися, тягти́ся

rank [ренк] *n* ряд, ла́ва, звання́, чин, розря́д; *adj* розкíшний, буйни́й, заро́слий, воно́чий

ransom [рéнсем] *n* ви́куп

rape [рейп] *n* гвалтува́ння, викрада́ння; *v* гвалтува́ти, викрада́ти

rapid [репид] *adj* швидки́й, ско́рий

rare [реир] *adj* рі́дкісний, незвича́йний, вийнятко́вий, негусти́й

rash [решь] *adj* нава́льний, швидки́й, необере́жний, необа́чний

raspberry [ра́збери] *n* мали́на

rate [рейт] *n* но́рма, ста́вка, ціна́, пропо́рція, шви́дкість, хід, сорт; *v* оці́нювати, обчисля́ти, вважа́ти, розгляда́ти

rather [ра́зер] *adv* кра́ще, перева́жно, ра́дше, вірні́ше, злегка́

rating [рейтін] *n* ре́йтинг

rational [ре́шенл] *adj* розва́жливий, доці́льний, помірко́ваний, пра́вильний

rattle [ретл] *v* тріскоті́ти, деренча́ти, ру́хатися, ляща́ти; *n* тріск, деренча́ння, цокоті́ння, пихті́ння, калата́ло

raw [ро] *adj* сири́й, недова́рений

ray [рей] *n* про́мінь, про́блиск

razor [ре́йзер] *n* бри́тва

reach [річ] *v* простяга́ти, дістава́тися, прибува́ти; *n* простяга́ння, дося́жність, охо́плення, кругозі́р, протя́жність

read [рід] *v* чита́ти, поя́снювати, пока́зувати, вивча́ти, мі́ряти, говори́ти

reader [рі́дер] *n* чита́ч, коре́ктор, хрестома́тія

readiness [ре́динис] *n* гото́вність, ме́ткість, жва́вість, зго́да

reading [рідин] *n* читання, знання, розуміння

ready [реди] *adj* готовий, згодний, схильний, охочий

real [ріел] *adj* дійсний, безперечний, реальний, нерухомий

realize [ріелайз] *v* збагати, здійснювати, реалізувати, нагромаджувати

really [ріели] *adv* дійсно, справді

reason [різн] *n* причина, привід, розум випаравдання, розсудливість; *v* міркувати, переконувати, умовляти

reasonable [різнебл] *adj* розсудливий, поміркований, недорогий, можливий

rebel [рибел] *v* повставати, протидіяти

rebellion [ребеліен] *n* бунт, заколот, повстання, опір

rebellious [ребеліес] *adj* бунтарський, заколотний, упертий, неслухняний

recall [рикол] *n* відкликання, скасування; *v* відкликати, виводити, скасовувати, згадувати, воскрешати

receipt [рисіт] *n* розписка, квитанція

receive [рисів] *v* одержувати, приймати, діставати, містити

recent [рисент] *adj* недавній, останній, свіжий

recently [рисентли] *adj* недавно, щойно

reception [рисепшн] *n* приймання, одержання, вечірка, зустріч

recess [рисéс] *n* перéрва, нíша, тайнúк

reciprocal [рисúпрекел] *adj* обопíльний, відповíдний

recitation [реситéйшн] *n* деклямáція, публíчне читáння

recite [рисáйт] *v* деклямувáти, розповідáти

reckless [рéклис] *adj* нерозсýдливий, необáчний, зневáжливий

recognition [рекеґнúшн] *n* визнáння, схвáлення, розпізнавáння

recognize [рéкеґнайз] *v* пізнавáти, усвідóмлювати

recommend [рекемéнд] *v* рáдити, доручáти, рекомендувáти, представлáти

reconstruction [рикенстрáкшн] *n* перебудóва

record [рéкорд] *n* зáпис, звіт, протокóл

record [рикóрд] *v* запúсувати, протоколювáти

recover [рикáвер] *v* знайтú, видýжувати, реґенерувáти, зуживáти

recovery [рикáвери] *n* вúдужання, віднóвлення, відшкодувáння

recreation [рекріéйшн] *n* розвáга

recuperate [рик'юперейт] *v* видýжувати

red [ред] *adj* червóний, багрóвий, кривáвий, рудúй

redeem [ридíм] *v* звільнáти, викуплáти, викóнувати, рятувáти

redeemer [ридíмер] *n* рятівнúк, визволúтель, спасúтель

reduce [рид'ю́с] *v* зме́ншувати, скоро́-
чувати, сху́днути, перетво́рювати
reduced [рид'ю́ст] *adj* зме́ншений,
зни́жений, скоро́чений
redundant [рида́ндент] *adj* за́йвий,
надмі́рний, багатослі́вний
refer [рифие́р] *v* відсила́ти, удава́тися,
передава́ти, стосува́тися
reference [ре́френс] *n* до́відка, посила́ння,
ви́носка, зга́дування, на́тяк,
рекоменда́ція
reflect [рифле́кт] *v* відбива́ти, відобража́ти
reflection [рифле́кшн] *n* відбиття́, ду́мка
відблиск, о́браз, розмірко́вування
reflex [рі́флекс] *n* рефле́кс, ві́друх,
відбиття́, ві́дблиск; *adj* рефлекто́рний,
мимові́льний, відби́тий
refrain [рифре́йн] *v* утри́муватися; *n*
при́спів, повто́рення
refresh [рифре́шь] *v* освіжа́ти, підновля́ти,
оживля́ти
refrigerate [рифри́джерейт] *v* охоло́джувати,
заморо́жувати
refugee [ре́ф'юджі] *n* бі́женець, утіка́ч
refuse [риф'ю́з] *v* відмовля́тися, запе-
ре́чувати
regard [рига́рд] *v* вважа́ти, стосува́тися; *n*
по́гляд, приві́т, відно́шення, ува́га,
прихи́льність

regardless [риґа́рдлис] *adj* необа́чний, нерозва́жливий

region [ри́джен] *n* краї́на, сму́га, сфе́ра

regional [ри́дженл] *adj* обласни́й, місце́вий, райо́нний

register [ре́джистер] *n* пере́лік, за́слінка; *v* запи́суватися, реєструва́тися

regret [ригре́т] *v* жалкува́ти, шкодува́ти, розка́юватися; *n* жаль, го́ре, каяття́, ви́бачення

regular [ре́ґ'юлер] *adj* пра́вильний, спра́вний, норма́льний, то́чний, постійний, черговий, регуля́рний

regulate [ре́ґ'юлейт] *v* упорядко́вувати, реґулюва́ти, пристосо́вувати

rehearsal [рихие́рсел] *n* репети́ція

reign [рейн] *n* царюва́ння, панува́ння; *v* царюва́ти, володі́ти, панува́ти

reincarnation [ріинкарне́йшн] *n* перевті́лення

reinforce [ріинфо́рс] *v* підкріпля́ти, поси́лювати

reinforcement [ріинфо́рсмент] *n* підкрі́плення, змі́цнення, підмо́га

reject [ридже́кт] *v* відкида́ти, відмовля́ти, забрако́вувати, виверга́ти

rejection [ридже́кшн] *n* відмо́ва, відхи-лення, відкида́ння, бракува́ння

rejoice [риджо́йс] *v* ра́дувати, весели́тися, святкува́ти

relate [риле́йт] *v* розповіда́ти, стосува́тися

related [рилéйтид] *adj* спорíднений, приналéжний

relationship [рилéйшншип] *n* спорíдненість, віднóшення, зв'язóк, стосýнки

relative [рéлетив] *n* рóдич; *adj* віднóсний, порівня́льний, взає́мний, залéжний

relax [рилéкс] *v* відпочивáти, осла-бля́тися, відідхнýти

release [рилúс] *v* випускáти, звільня́ти, закíнчувати, дарувáти, випускáти; *n* звíльнення, розпúска, відкриття́

relevant [рéливент] *adj* дорéчний

reliable [рилáєбл] *adj* пéвний, надíйний, достовíрний

relief [релúф] *n* полéгшення, заспо-кóєння, допомóга, змíна

relieve [релúв] *v* змéншувати, полéгшувати, виручáти, змíняти

religious [рилúджес] *adj* релігíйний, вíруючий

relish [рéлишь] *n* прúсмак, зáпах, дóмішка, припрáва, задовóлення, уподóбання

reluctance [рилáктенс] *n* неохóта, небажáння, відрáза

reluctant [рилáктент] *adj* неохóчий, некваплúвий

rely [рилáй] *v* покладáтися, довіря́ти

remain [римéйн] *v* залишáтися, зоставáтися

remark [римáрк] *v* помічáти, вислóв-
люватися; *n* помíтка, зауáження

remarkable [римáркебл] *adj* видатнúй,
славéтний, незвичáйний

remedy [рéмиди] *n* лíки, зáсіб; *v*
виліко́вувати, виправля́ти, зара́джувати

remember [ремéмбер] *v* пригáдувати,
пам'ятáти, дарувáти, відпúсувати

remembrance [ремéмбренс] *n* пáм'ять,
згáдка, сувенíр

remind [римáйнд] *v* нагáдувати

reminiscence [реминúснс] *n* спóгад, мемуáри

remit [римúт] *v* пересилáти, прощáти,
змéншуватися

remorse [римóрс] *n* каяття́, жаль

remote [римóут] *adj* далéкий, самóтний,
відлю́дний

remove [римýв] *v* переміщувати, усувáти,
винóсити, знімáти, звільня́ти

renounce [ринáунс] *v* відмовля́тися,
зрікáтися, відкидáти

renown [ринáун] *n* слáва, популя́рність

renowned [ринáунд] *adj* славéтний,
відóмий, популя́рний

rent [рент] *n* кварти́рна плáта, роздертя́,
щіли́на; *v* наймáти, здавáти в орéнду

repair [рипéир] *v* лáгодити, поправля́ти; *n*
лáгодження, ремóнт

repeat [рипíт] *v* повтóрювати, перекá-
зувати

repeated [рипíтид] *adj* повто́рний

repent [рипéнт] *v* розка́юватися, шко-дува́ти

repentance [рипéнтенс] *n* каяття́, жаль

repetition [репити́шн] *n* повто́рення

reply [рипла́й] *v* відповіда́ти

report [рипо́рт] *n* звіт, по́голос, чу́тка; *v* звітува́ти, доповіда́ти, рапортува́ти

represent [репризéнт] *v* зобража́ти, представля́ти, символізува́ти

representative [репризéнтетив] *n* представни́к, уповнова́жений, при́клад; *adj* представни́цький, характеристи́чний, показо́вий

reproach [рипро́уч] *n* до́кір, ганьба́, со́ром; *v* доріка́ти, ла́яти

reproduce [ріпред'ю́с] *v* поро́джувати, відтво́рювати, розмно́жуватися

reproductive [ріпреда́ктив] *adj* відтво́рювальний, плодови́тий

repulse [рипа́лс] *v* відкида́ти, відпиха́ти, відража́ти; *n* ві́дсіч, відбиття́, відмо́ва

reputation [реп'юте́йшн] *n* пова́жність, пова́га, авторите́т, репута́ція, сла́ва

request [рикуе́ст] *n* проха́ння, вимо́га, за́пит; *v* проха́ти, запи́тувати

require [рикуа́ер] *v* нака́зувати, зобов'я́зувати, потребува́ти, зале́жати

requirement [рикуа́ермент] *n* вимо́га, потре́ба

rescue [réск'ю] *v* рятувати, визволяти, виручати; *n* рятування, визволення

research [рисиéрч] *v* досліджувати

resemblance [ризéмбленс] *n* схожість

resemble [ризéмбл] *v* скидатися

resent [ризéнт] *v* обурюватися, ображатися

resentful [ризéнтфул] *adj* ображений, злопам'ятний, уразливий

resentment [ризéнтмент] *n* обурення, скривдження, образа

reservation [резервéйшн] *n* застереження, приховування, замовчування, обмеження

reserve [ризиéрв] *v* зберігати, заощаджувати, приберігати; *n* запас, резéрва, застереження, стриманість

reserved [ризиéрвд] *adj* стриманий, поміркований, запасний

reside [рисáйд] *v* проживати, мешкати, належати

resign [ризáйн] *v* відмовлятися, складати, залишати

resigned [ризáйнд] *adj* покірний

resist [ризист] *v* противитися, протидіяти, устояти, стримуватися

resistance [ризистенс] *n* опір, протидія, опірність

resistant [ризистент] *adj* стійкий, витривалий, загартований, несхильний

resource [рисóрс] *n* засоби, ресурси, можливість, меткість, спритність

resourceful [рисо́рсфул] *adj* винахі́дливий,
метки́й

respect [риспе́кт] *n* пова́га, відно́шення,
поша́на, приві́т, покло́н; *v* поважа́ти,
шанува́ти

respectful [риспе́ктфул] *adj* шанобли́вий,
вві́чливий, че́мний

respiration [респере́йшн] *n* ди́хання

responsibility [респонсеби́лити] *n* відпові-
да́льність, обо́в'язок

responsible [респо́нсебл] *adj* відповіда́-
льний, достові́рний

rest [рест] *n* відпочи́нок, сон, спо́кій; *v*
відпочива́ти, затри́муватися, спира́тися,
поклада́ти, клопота́ти, наді́ятися

restaurant [ре́стерен] *n* харчі́вня, рестора́н

restless [ре́стлис] *adj* неспокі́йний,
нетерпля́чий, невгамо́вний

restore [ристо́р] *v* відно́влювати, поверта́ти

restrain [ристре́йн] *v* стри́мувати,
вгамо́вувати, обме́жувати

restraint [ристре́йнт] *n* стри́маність,
самовладання́, обме́ження, прибо́ркання

result [риза́лт] *n* на́слідок, результа́т,
пі́дсумок, ефе́кт; *v* виплива́ти, вини-
ка́ти, закі́нчуватися

resurrection [резере́кшн] *n* воскресе́ння,
відно́влення

retain [рите́йн] *v* утри́мувати, зберіга́ти

retard [ритáрд] *v* сповíльнювати, гальмувáти, припиняти

retention [ритéншн] *n* стримування, збережéння, здíбність

reticent [рéтиснт] *adj* потайнúй, стрúманий

retire [ритáєр] *v* ітú, опускáти, звíльнятися, відступáти

return [ритиéрн] *v* повертáти, відплáчувати; *n* повéрнення, віддáча, відшкодувáння, прибýток

reveal [ривíл] *v* виявляти, викривáти

revelation [ревелéйшн] *n* вúявлення, відкриття, одкровéння

revenge [ривéндж] *n* пóмста; *v* мстúтися

reverse [ривиéрс] *n* протилéжне, невдáча; *adj* зворóтний, протилéжний, супротúвний; *v* перевертáти, переставляти

review [ривʼю] *v* переглядáти, перевіряти, робúти óгляд; *n* óгляд, перевіряння, рецéнзія

revise [ривáйз] *v* виправляти, переглядáти, міняти

revive [ривáйв] *v* пожвáвлюватися, оживáти, відсвíжувати

revolve [риволв] *v* обертáтися, обмір-кóвувати, передýмувати

reward [риуóрд] *n* нагорóда, відплáта; *v* нагорóджувати, віддячувати

rib [риб] *n* ребро́
ribbon [рибн] *n* стрі́чка
rice [райс] *n* рис
rich [рич] *adj* бага́тий, розкі́шний,
ці́нний, родю́чий, яскра́вий, живи́й,
м'яки́й
riddle [ридл] *n* за́га́дка
ride [райд] *v* і́хати, гна́ти, керува́ти
rifle [райфл] *n* рушни́ця, ґвер
right [райт] *adj* пра́вий, ві́рний,
справедли́вий, нале́жний; *adv*
пра́вильно, справедли́во, про́сто, то́чно,
якра́з
ring [рин] *n* кільце́, круг, ба́нда
ring [рин] *v* дзвені́ти, звуча́ти, луна́ти
rinse [ринс] *v* полоска́ти, промива́ти; *n*
полоска́ння
riot [ра́єт] *n* бунт, за́колот, розгу́л
ripe [райп] *adj* зрі́лий, сти́глий, спі́лий,
змужні́лий
ripen [ра́йпен] *v* зрі́ти, спі́ти, достига́ти
rise [райз] *v* підніма́тися, встава́ти,
схо́дити, зроста́ти; *n* зліт, піднесе́ння,
зроста́ння, полі́пшення, ви́хід
river [ри́вер] *n* ріка́
road [ро́уд] *n* доро́га, шлях, ву́лиця
roar [рор] *v* реві́ти, рича́ти, горла́ти
roast [ро́уст] *v* пекти́ся, сма́житися,
випа́лювати; *adj* пече́ний, жа́рений,
сма́жений

rob [роб] *v* грабувати, обкрадати

robbery [róбери] *n* грабіж, крадіж

rock [рок] *n* скеля, камінь, опора

rocky [róки] *adj* скелястий, кам'янистий, твердий

room [рум] *n* кімната, приміщення, місце, можливість

root [рут] *n* корінь, джерело; *v* вкорінюватися, приковувати, рити

rope [róуп] *n* мотуз, шнур, канат

rose [róуз] *n* троянда

rot [рот] *v* гнити, псуватися, мокнути

rotten [ротн] *adj* гнилий, зіпсований, тухлий, огидний

rough [раф] *adj* нерівний, шорсткий, коструб́атий, шершавий, неввічливий, різкий, тяжкий, важкий, терпкий

roughly [рáфли] *adv* грубо, неважливо, бурхливо, різко, майже

round [рáунд] *adj* круглий, кульовий, сутулий, коловий

rouse [рáуз] *v* будити, спонукувати

row [póу] *n* ряд *v* веслувати, гребти

royal [рóєл] *adj* королівський, розкішний

rub [раб] *v* потирати, чистити

rubber [ráбер] *n* гума, калоша

rug [раг] *n* килим

rule [рул] *n* правило, норма, рядження; *v* правити, установлювати, лініювати

rumor [рýмер] *n* чутка, поголос

run [ран] *n* біг, хід, продо́вження, пора́; *v* бі́гати, тіка́ти, промча́ти, текти́, си́патися
rural [ру́рел] *adj* сільськи́й
rush [рашь] *n* очере́т, трости́на, коми́ш; *v* мча́ти, порива́тися, руша́ти, ді́яти, хли́нути; *adj* поспі́шний, нава́льний, квапли́вий, терміно́вий
Russian [рашн] *adj* росі́йський
rust [раст] *n* іржа́; *v* іржа́віти
rusty [ра́сти] *adj* іржа́вий
ruthless [ру́слис] *adj* безжа́лісний, немилосе́рдний, жорсто́кий
rye [рай] *n* жи́то

S

sack [сек] *n* мішо́к, ла́нтух, розграбува́ння
sacred [се́йкрид] *adj* святи́й, свяще́нний, посвя́чений
sacrifice [се́крифайс] *n* же́ртва, посвя́та; *v* же́ртвувати
sacrilege [се́крилидж] *n* святота́тство, блюзні́рство
sad [сед] *adj* сумни́й, засму́чений, сумо-ви́тий, тьмя́ний
sadness [се́днес] *n* сум, журба́

safe [сейф] *adj* безпéчний, пéвний, оберéжений, непошкóджений, цíлий

safety [сéйфти] *n* безпéка, обережність, обáчність

sage [сейдж] *adj* мýдрий, розýмний

sail [сейл] *v* плáвати, мчáти, управляти

sailing [сéйлин] *n* плáвання, відплиття, кораблеволодіння

sailor [сéйлер] *n* моряк, матрóс

saint [сейнт] *n* святéнник, святéць;

sake [сейк] *n* зарáди

salad [сéлед] *n* салáта, вінегрéта

salary [сéлери] *n* платня, плáта

sale [сейл] *n* прóдаж

salt [солт] *n* сіль *v* солити *adj* солóний

same [сейм] *pron* той же сáмий, однáковий; *adj* вищезгáданий, одноманітний; *adv* так сáмо, подібно, без зміни

sample [семпл] *n* зразóк, прóба, модéль; *v* прóбувати, підбирáти, кýшати

sanctuary [сéнкчуери] *n* святилище, притýлок

sand [сенд] *n* пісóк

sane [сейн] *adj* розсýдливий

sanitation [сенитéйшн] *n* оздорóвлення

sash [сешь] *n* пóяс, стрíчка

satire [сéтаєр] *n* сатира, глузувáння

satirize [сéтерайз] *v* висмíювати

satisfaction [сетисфéкшн] *n* задовóлення

satisfactory [сéтисфéктери] *adj* задові-
льний, достáтній
satisfy [сéтисфай] *v* задовольня́ти,
відповідáти, заспокóювати
Saturday [сéтерди] *n* субóта
sauce [сос] *n* сóус, припрáва, підли́ва
saucepan [сóспен] *n* кастрýля, ри́нка
saucer [сóсер] *n* тарі́лочка, підстáвка
sausage [сóсидж] *n* ковбасá
savage [сéйвидж] *adj* ди́кий, лютий,
безпощáдний
save [сейв] *v* рятувáти, берегти́,
залишáти, еконóмити, оборон́яти
saving [сéйвин] *adj* ощáдливий,
еконóмний, рятівни́й, спасéнний
say [сей] *v* говори́ти, казáти
saying [сéїн] *n* при́казка, прислі́в'я
scar [скар] *n* шрам, рубéць
scarce [скарс] *adj* рі́дкісний, недостáтній
scare [скéир] *v* лякáти, відстрáшувати,
полóхати; *n* переля́к
scared [скéирд] *adj* переля́каний
scarf [скарф] *n* шаль, пов'я́зка
scatter [скéтер] *v* розкидáти, розганя́ти
scene [сін] *n* ді́я, видóвище, пейзáж,
декорáція
scent [сент] *n* зáпах, нюх, слід; *v* ню́хати,
слідкувáти
schedule [слéджл] *n* перéлік, рóзклад,
грáфік, план

scholar [ско́лер] *n* вче́ний, знаве́ць
school [скул] *n* шко́ла; *adj* шкільни́й, навча́льний
schoolboy [ску́лбой] *n* школя́р
science [са́єнс] *n* нау́ка, умі́ння, впра́вність
scientific [саєнти́фик] *adj* науко́вий, умі́лий, впра́вний
scientist [са́єнтист] *n* вчений, природо-зна́вець
scissors [си́зерз] *n* но́жиці
scorn [скорн] *v* зневажа́ти, погорджувати; *n* прези́рство, знева́га, не́хтування
scornful [ско́рнфул] *adj* знева́жливий, гордли́вий
scramble [скембл] *v* продира́тися, лі́зти, ки́дати, розха́пувати; *n* видира́ння, шарпани́на, боротьба́
scrap [скреп] *n* кусо́чок, ви́різка, ре́штки
scrape [скрейп] *v* скребти́, скобли́ти, чо́вгати, подря́пати
scratch [скреч] *n* подря́пина, ро́зчерк, помі́тка, насі́чка; *v* дря́патися, скребти́ся, роздря́пувати, чу́хатися, черка́ти
scream [скрім] *n* крик, вере́ск, зойк; *v* верещати, репетува́ти
screen [скрін] *n* засло́на, прикриття́, занаві́са, екра́н; *v* прикрива́ти, захища́ти, заслоня́ти, просі́ювати
script [скрипт] *n* по́черк, сцена́рій
scrutiny [скру́тини] *n* перевіря́ння, пере́лік

sea [сі] *n* мо́ре

seal [сіл] *n* печа́ть, пльо́мба, клеймо́, ущі́льнення *v* запеча́тувати, ізолюва́ти, стуля́ти

search [сиерч] *v* розшу́кувати, дос-лі́джувати; *n* шука́ння, трус, дослі́дження

season [сізн] *n* час, пері́од; *v* витри́-мувати, загарто́вувати

seat [сіт] *n* сиді́ння, мі́сце, поса́дка, сади́ба; *v* сіда́ти, вмі́щувати

seclusion [сиклю́жн] *n* відокре́млення, само́тність

second [се́кенд] *n* секу́нда, моме́нт, мить

secondary [се́кендри] *adj* другоря́дний, побі́чний, повто́рний, сере́дній

secrecy [сі́криси] *n* таємни́ця, секре́т, скри́тність

secret [сі́крит] *adj* таємний, секре́тний, прихо́ваний, скри́тний

secretly [сі́критли] *adv* непомі́тно, прихо́вано

section [секшн] *n* ро́зтин, перері́з, про́філь, части́на, пара́граф

secure [сик'ю́ер] *adj* безпе́чний, споко́йний, упе́внений, міцни́й; *v* за-безпе́чувати, охороня́ти, закріпля́ти, оде́ржувати

security [сик'ю́рити] *n* безпе́ка, охоро́на, за́хист, упе́вненість, заста́ва

seduce [сид'юс] *v* спокýшувати, зваб-
лювати

see [сі] *v* бáчити, дивúтися, спосте-
рігáти, оглядáти, розумíти, судúти,
уявляти, уважáти

seed [сід] *n* сíм'я, плід, почáток, зéрнó

seek [сік] *v* шукáти

seem [сім] *v* здавáтися, уявляти

seep [сіп] *v* тектú, просóчуватися,
крáпати, стікáти

seize [сіз] *v* хапáти, заволодівáти,
збагнýти, вхопúтися

seldom [сéлдем] *adv* рíдко

select [силéкт] *v* вибирáти *adj* вúбраний,
добíрний, перебíрливий

selection [силéкшн] *n* вúбір, селéкція

self [селф] *n* влáсна осóба, сам

selfish [сéлфишь] *adj* себелюбний,
егоїстúчний

sell [сел] *v* продавáтися, торгувáти,
зрáджувати

send [сенд] *v* посилáти, подавáти, кúдати

senior [сíніер] *adj* стáрший

sensation [сенсéйшн] *n* відчуття, врáження,
сенсáція

sense [сенс] *n* почуття, знáчення; *v*
відчувáти, розумíти

sensible [сéнсибл] *adj* розсýдливий,
розýмний, відчýтний, помíтний, тóчний

sensitive [сéнситив] *adj* чутлѝвий, сприйня́тливий, обра́зливий

sentence [сéнтенс] *n* ви́рок, ре́чення; *v* засу́джувати

sentiment [сéнтимент] *n* почуття́, на́стрій, сантимента́льність

separate [сéперейт] *v* відокре́млюватися, розійти́ся, сортува́ти; *adj* окре́мий, сепара́тний, відлу́чений

separation [сеперéйшн] *n* відокре́млення, по́діл

September [септéмбер] *n* ве́ресень

sequence [сíкуенс] *n* ряд, послідо́вність поря́дку

serf [сиéрф] *n* кріпа́к, раб

serial [сíеріел] *adj* послідо́вний, серíйний

serious [сíеріес] *adj* серйо́зний, пова́жний, стате́чний, нежартівли́вий, загро́зливий

servant [сиéрвент] *n* слуга́, прислу́га

serve [сиéрв] *v* служи́ти, обслуго́вувати, подава́ти, годи́тися

service [сиéрвис] *n* слу́жба, обо́в'язок, пови́нність, по́слуга, забезпе́чення

set [сет] *v* ста́вити, кла́сти, помі́щати, встано́влювати, вправля́ти, сади́ти; *n* набі́р, ряд, систе́ма, гру́па, на́хил, о́брис, крій

setting [сéтин] *n* ото́чення, опра́ва

settle [сетл] *v* вирі́шувати, установля́ти, ладна́ти, влашто́вувати, заселя́ти; *n* ла́ва, ослі́н

settlement [се́тлмент] *n* посе́лення, розраху́нок, ви́рішення, устано́влення

seven [севн] *num* сім

seventeen [севнті́н] *num* сімна́дцять

several [се́врел] *adj* ко́жний, окре́мий, поодино́кий, кі́лька

severe [сивіер] *adj* суво́рий, стро́гий, холо́дний, си́льний, важки́й

sex [секс] *n* стать

shade [шейд] *n* тінь, холодо́к, за́хисток, напівте́мрява, відті́нок; *v* затіня́ти, закрива́ти, тьма́рити

shadow [ше́доу] *n* тінь, су́тінки, прима́ра, на́тяк; *v* затіня́ти, затуля́ти, закрива́ти

shadowy [ше́доуи] *adj* тіни́стий, тума́нний, невира́зний

shake [шейк] *v* трясти́ся, стру́шуватися; *n* стру́шування, по́штовх, уда́р, трясі́ння, бо́втанка

shaky [ше́йки] *adj* тремтя́чий, нестійки́й, ненаді́йний, трі́снутий

shallow [ше́лоу] *adj* мілки́й

shame [шейм] *n* со́ром, ганьба́, стид

shameful [ше́ймфул] *adj* гане́бний

shameless [ше́ймлис] *adj* безсоро́мний, безсти́дний

shape [шейп] *n* фо́рма, о́брис, ви́гляд, мана́, по́стать; *v* надава́ти, формува́ти, моделюва́ти, витíсувати, накре́слювати, уявля́ти

share [ше́ир] *n* части́на, пай, співуча́сть, заслу́га; *v* діли́тися, паюва́ти, поділя́ти

sharp [шарп] *adj* го́стрий, чітки́й, крути́й, різки́й, швидки́й, вразли́вий, здíбний; *adv* то́чно, пунктуа́льно, на́гло

sharpen [ша́рпен] *v* гостри́ти

shatter [ше́тер] *v* розби́тися, трощи́ти, нівéчити, перекре́слювати, зруйнува́ти, ни́щити

shave [шейв] *v* голи́тися, струга́ти, скребти́, зріза́ти; *n* голíння, струг

shawl [шол] *n* шаль, плато́к

she [ші] *pron* вона́

shed [шед] *v* втрача́ти, губи́ти, міня́ти, скида́ти, випромíнювати

sheep [шіп] *n* вівця́, бара́н

sheet [шіт] *n* простира́ло, сму́га, верства́

shelf [шелф] *n* поли́ця

shell [шел] *n* шкаралу́па, лушпи́на, скори́на, стручо́к

shelter [ше́лтер] *n* приту́лок, за́хисток, бомбосхо́вище, покро́в

shield [шілд] *v* захища́ти, заступа́ти

shift [шифт] *v* переміщуватися, міня́тися; *n* переміщення, перестано́ва, змíна

shine [шайн] *v* чи́стити, світи́тися, ясні́ти, промені́ти; *n* ся́яння, сві́тло, блиск, ся́йво

shining [ша́йнин] *adj* яскра́вий, ся́ючий, блиску́чий

shiny [ша́йни] *adj* со́нячний, блиску́чий

ship [шип] *n* корабе́ль, судно́, літа́к; *v* ванта́жити, перево́зити

shirt [шие́рт] *n* соро́чка

shiver [ши́вер] *v* дрижа́ти, тремті́ти, здрига́тися; *n* дрож, тре́пет, здрига́ння

shock [шок] *n* струс, по́штовх, потря-сі́ння, уда́р; *v* потряса́ти, сколихну́ти, здрига́тися, зазнава́ти, обу́рюватися

shoe [шу] *n* череви́к

shoot [шут] *v* стріля́ти, порани́ти, полюва́ти

shooting [шу́тин] *n* стріляни́на, полю-ва́ння, росто́к

shop [шоп] *n* крамни́ця, майсте́рня; *v* купува́ти

shopping [шо́пин] *n* поку́пка

shopwindow [шо́пуиндоу] *n* вітри́на

shore [шор] *n* бе́рег

short [шорт] *adj* коро́ткий, недо́вгий, короткоча́сний; *adv* рі́зко, нара́з, на́гло, ра́птом, передча́сно

shortage [шо́ртидж] *n* недоста́ча

shortly [шо́ртли] *adv* незаба́ром, ко́ротко, сти́сло, рі́зко

shorts [шóртс] *n* шóрти
shoulder [шóулдер] *n* плечé, лопáтка
shout [шáут] *v* кричáти; *n* крик, вéреск, гукáння
show [шóу] *n* пóказ, вúставка, вúдимість; *v* покáзуватися, виявлятися, проявляти, вúвести
shower [шáуер] *n* злúва, душ
shrewd [шруд] *adj* пронúкливий, кмітлúвий, розýмний
shrink [шринк] *v* скорóчуватися, зсідáтися, змóрщуватися
shrub [шраб] *n* кущ, чагарнúк
shrug [шраг] *v* знúзувати плечúма
shrunken [шрáнкен] *adj* змóрщений, зсóхлий
shut [шат] *v* закривáти, запирáти, зачиняти
shy [шай] *adj* соромлúвий, полохлúвий, боязкúй, обережний
sick [сик] *adj* хвóрий, стóмлений, знесúлений, знеохóчений
sickness [сúкнис] *n* хворóба, нудóта
side [сайд] *n* бік, сторонá; *adj* бічнúй, побíчний
sidewalk [сáйдуок] *n* хіднúк, тротуáр
sigh [сай] *v* зітхáти; *n* зітхáння
sight [сайт] *n* зір, вид; *v* побáчити, спостерігáти, намірятися

sign [сайн] *n* знак, си́мвол, прикме́та, ви́віска; *v* підпи́суватися, найма́ти, значи́ти, підтве́рджувати
signature [си́гничер] *n* пі́дпис
significance [сигни́фикенс] *n* зна́чення, багатозна́чність, сенс, зміст, важли́вість
signify [си́гнифай] *v* зна́чити, виявля́ти
silence [са́йленс] *n* ти́ша, мовча́ння, забуття́
silent [са́йлент] *adj* безшу́мний, ти́хий, споко́йний, безмо́вний, німи́й
silver [си́лвер] *n* срі́бло; *adj* срі́бний
similar [си́милер] *adj* схо́жий, поді́бний, однорі́дний
simple [симпл] *adj* про́стий, приміти́вний, нескладни́й, щи́рий, простакува́тий
simplicity [симпли́сити] *n* простота́, наї́вність
simplification [симплификейшн] *n* спро́щення
simplify [си́мплифай] *v* спро́щувати
simply [си́мпли] *adv* про́сто, ле́гко
simultaneous [симелте́йніес] *adj* одноча́сний
sin [син] *n* гріх; *v* гріши́ти
since [синс] *prep* з, пі́сля; *adv* відто́ді
sincere [синсі́ер] *adj* щи́рий
sincerity [синсе́рити] *n* щи́рість
sinful [си́нфул] *adj* грі́шний, гріхо́вний
sing [синг] *v* співа́ти, дзвені́ти, скрекота́ти
singer [си́нгер] *n* співа́к

single [сингл] *adj* єди́ний, оди́н, одино́чний, неодру́жений, окре́мий, щи́рий; *v* добира́ти

singular [синг'юлер] *adj* незвича́йний, винятќовий, ди́вний, особли́вий, єди́ний

sink [синк] *v* опуска́тися, па́дати, тону́ти, зану́рюватися; *n* стік, злив, ра́ковина

sinner [си́нер] *n* гріш́ник

sister [си́стер] *n* сестра́

sister-in-law [си́стеринло] *n* зови́ця, братова́, своя́чениця

sit [сит] *v* сиді́ти, перебува́ти, лежа́ти

site [сайт] *n* місцеполо́ження

situated [си́т'юейтид] *adj* розмі́щений, розташо́ваний

situation [сит'юéйшн] *n* мі́сце, стан, ситуа́ція, обста́вина

six [сикс] *num* шість

sixteen [сикстíн] *num* шістна́дцять

size [сайз] *n* ро́змір, о́бсяг, величина́, но́мер, шлíхта

skate [скейт] *n* ковза́н

sketch [скеч] *n* на́черк, на́рис, ескíз; *v* накре́слювати

ski [скі] *n* ле́щета, ли́жва

skillful [ски́лфул] *adj* умíлий, майсте́рний, зру́чний

skill [скил] *n* впра́вність, зру́чність, спри́тність

skin [скин] *n* шкі́ра, бурдюк, оболо́нка, лушпи́на

skip [скип] *v* стриба́ти, скака́ти

skirt [скиéрт] *n* спідни́ця, поді́л

sky [скай] *n* не́бо

skyscraper [ска́йскрейпер] *n* хмаросяг

slack [слек] *adj* слабки́й, дря́блий, мля́вий, повíльний, ненапру́жений, недбайли́вий

slam [слем] *v* грю́кати, захло́пувати

slap [слеп] *v* ля́пати, ля́скати, плеска́ти, вда́рити; *adv* пря́мо, ра́птом

slash [слешь] *v* руба́ти, рі́зати, шмага́ти, скоро́чувати

slaughter [сло́тер] *n* різани́на, крово-проли́ття

slave [слейв] *n* раб, невíльник

sled [следж] *n* са́ни

sleep [слип] *v* спа́ти, засина́ти; *n* сон, спання́

sleepless [сли́плис] *adj* безсо́нний

sleepy [сли́пи] *adj* со́нний, сонли́вий

sleeve [слив] *n* рука́в

slender [сле́ндер] *adj* стрункий, слабки́й, незначни́й

slice [слайс] *n* скибка, кусо́чок, шматóчок

slide [слайд] *v* ко́взати, ви́слизнути, засо́вувати

slight [слайт] *adj* ле́гкий, незначни́й, слабки́й, крихки́й, худорля́вий

slim [слим] *adj* стрункий, слабкий, тендітний, худорлявий

slip [слип] *v* ковзати, прослизнути, зникнути

slippery [слипери] *adj* слизький, вивертки́й, ненаді́йний, сумнівний

slow [слóу] *adj* повільний, спізнений, млявий, неохочий, недбалий

slush [слашь] *n* сльота́, грязь

sly [слай] *adj* хитрий, лицемірний, лукавий, потайний

small [смол] *adj* малий, незначний, слабкий, недовгий

smart [смарт] *adj* різкий, пекучий, лютий, проворний, пронозливий, чепурний

smash [смешь] *v* лама́тися, розтрощити, знищити

smell [смел] *v* нюхати, пахнути; *n* за́пах, нюх

smile [смайл] *v* усміха́тися; *n* усмішка

smoke [смóук] *n* дим, кіптява, куріння, ви́пар; *v* дими́ти, чади́ти, кури́ти

smoky [смóуки] *adj* димний, курний, закопчений

smooth [смуз] *adj* гладе́нький, рівний, м'який, хороший, спокійний; *v* пригладжувати, вирівнювати, масти́ти

snack [снек] *n* пере́куска, за́ку́ска, па́йка

snap [снеп] *v* тріскати, клáцати, лóпати, вкусúти

snapshot [снéпшот] *n* світлúна, фотознíмка

sneakers [снúкерз] *n* кросóвки

sneeze [сніз] *v* чхáти; *n* чхáння

sniff [сниф] *v* сопíти, нюхати

snow [снóу] *n* сніг

so [сóу] *adv* так, теж, томý

soak [сóук] *v* змóчувати, мокáти, просякáти

soap [сóуп] *n* мúло

sob [соб] *v* ридáти, схлúпувати; *n* ридáння

sober [сóубер] *adj* тверéзий, поміркóваний, розсýдливий, спокíйний

sociable [сóушебл] *adj* товарúський, дрýжній

social [сóушл] *adj* суспíльний, громáдський, соціáльний

society [сесáєти] *n* суспíльство, громáда, об'єднáння

soft [софт] *adj* м'якúй, чутлúвий, лáгідний, нíжний

soften [софтн] *v* пом'якшувати

soil [сойл] *n* земля, бруд, грязь, пляма

solace [сóлес] *n* утíха, полéгшення, утішáння

soldier [сóулджер] *n* вóїн

solemn [сóлем] *adj* урочúстий, повáжний, похмýрий, серйóзний

solicit [селйсит] *v* проха́ти, випро́шувати, клопота́тися, зверта́тися

solid [со́лид] *adj* тверди́й, суці́льний, маси́вний, міцни́й, ваго́мий

solitary [со́литери] *adj* само́тній, окре́мий, поодино́кий

solve [солв] *v* розв'я́зувати, поя́снювати, розкрива́ти

some [сам] *adv* де́хто, де́які, одні́, і́нші

somebody [са́мбеди] *pron* хтось

somehow [са́мхау] *adv* я́кось, чому́сь

something [са́мсин] *n* щось

sometime [са́мтайм] *adv* коли́сь, ра́ніше; *adj* коли́шній

sometimes [са́мтаймз] *adv* і́ноді, і́нколи

somewhere [са́муеир] *adv* десь, куди́сь

son [сан] *n* син

song [сонг] *n* пі́сня, спів

son-in-law [са́нинло] *n* зять

sonorous [сено́рес] *adj* зву́чний, дзвінки́й, соно́рний

soon [сун] *adv* незаба́ром, шви́дко, ра́но, охо́че

soothe [суз] *v* ко́ювати, утиша́ти, вгамува́ти

sophisticated [сефи́стикейтид] *adj* ускла́днений, ви́тончений, вига́дливий

sore [сор] *adj* болю́чий, хво́рий; *n* біль, ра́на

sorrow [сóроу] *n* гóре, смýток, журбá, печáль

sorry [сóри] *adj* засмýчений, жалюгíдний, мізéрний, бідолáшний

sort [сорт] *n* рід, вид, різновѝд, тип; *v* сортувáти, укладáти

soul [сóул] *n* душá, людѝна

sound [сáунд] *n* звук, гóлос, вíдгук, шум; *v* звучáти, дзвенíти, вимовлáти, лунáти, видавáтися; *adj* здорóвий, кріпкѝй, розсýдливий, логíчний, пéвний, твердѝй

soup [суп] *n* ю́шка

sour [сáуер] *adj* кѝслий, незгíдливий, терпкѝй

source [сорс] *n* джерелó, початóк, первопричѝна

south [сáус] *n* пíвдень

sovereign [сóврин] *adj* суверéнний, повновлáдний, верхóвний

space [спейс] *n* прóстір, кóсмос, промí-жок, мíсце

spacious [спéйшес] *adj* простóрий, містκѝй, ширóкий

spare [спéир] *v* щадѝти, берегтѝ, жалíти, помѝлувати; *adj* запаснѝй, вíльний, зáйвий

sparrow [спéроу] *n* горобéць

speak [спік] *v* говорѝти, розмовлáти

speaker [спíкер] *n* промóвець

speaking [спíκин] *n* розмóва

special [спéшел] *adj* спеціяльний, особливий, вийнятковий

specific [специфик] *adj* особливий, характéрний, пéвний

specify [спéсифай] *v* установлювати, вказувати, уточнювати

specimen [спéсимен] *n* зразóк, взірéць

spectacular [спектéк'юлер] *adj* показний, значний, захóплюючий, видóвищний

spectator [спектéйтер] *n* глядáч, очевидець, спостерігáч

speculate [спéк'юлейт] *v* роздýмувати, розміркóвувати

speculation [спек'юлéйшн] *n* роздýмування, припýщення, теóрія

speech [спіч] *n* мóва, виступ

speechless [спíчлис] *adj* безмóвний, німий

speed [спід] *n* швидкість, прýдкість; *v* поспішáти, прискóрювати

spell [спел] *v* утвóрювати, складáти; *n* чáри, урóки

spend [спенд] *v* витрачáти, провóдити, виснáжуватися

spent [спент] *adj* виснажений, стóмлений

sphere [сфíер] *n* сфéра, планéта

spicy [спáйси] *adj* пряний, ароматичний, жвáвий, палкий

spill [спил] *v* розливáтися

spin [спин] *v* прясти, сукáти, мчáти, снувáти, вертітися

spirit [спи́рит] *n* дух, душа́, вда́ча, хара́ктер, на́стрій, жи́вість

spiritual [спири́чуел] *adj* одухотво́рений, духо́вний, релігі́йний, церко́вний

spit [спит] *v* плюва́ти, мрячи́ти

spite [спайт] *n* злість, доса́да, бажа́ння

spiteful [спа́йтфул] *adj* зло́бний, дошку́льний, уі́дливий

splash [сплешь] *v* бри́зкати, хлю́патися, шльо́пати

splendid [сплéндид] *adj* розкі́шний, блиску́чий, чудо́вий, вели́чний, прекра́сний

splendor [сплéндер] *n* ро́зкіш, пишно́та, блиск

split [сплит] *v* розко́люватися, розруба́ти, роздира́ти; *n* розко́лювання, трі́щина

spoil [спойл] *v* псува́тися, ни́щити, марнува́ти, грабува́ти

spoiled [спойлт] *adj* зіпсо́ваний, розбé-щений

spoken [спо́укен] *adj* у́сний

sponge [спандж] *n* гу́бка

spontaneous [спонтéйніес] *adj* мимові́ль-ний, спонта́нний, стихі́йний, без-посерé́дній

spoon [спун] *n* ло́жка

sport [спорт] *n* спорт, розва́га, гра

spot [спот] *n* пля́ма, ця́тка, мі́сце; *adj* ная́вний

spouse [спáуз] *n* чоловíк, дружи́на

spread [спред] *v* розстилáти, простягáтися, поши́рюватися; *n* розши́рення, розголóшування, покри́вало, скáтерть, рóзмах, прóстір

spring [сприн] *adj* весняни́й, пружи́нний; *v* стрибáти, підскáкувати, кидáтися; *n* веснá, стрибóк, пружи́на, джерелó, причи́на

sprinkle [спринкл] *v* кропи́ти, бри́зкати, посипáти

sprout [спрáут] *v* рости́, кíльчитися; *n* пáросток, кíльчик

spy [спай] *n* шпигýн; *v* шпигувáти, підглядáти

square [скуéр] *n* квадрáт, плóща; *adj* квадрáтний, прямокýтний, прáвильний, узгíднений

squash [скуóшь] *v* роздáвлювати, розчáвлювати, жýжлити

squeak [скуíк] *v* пищáти, рипíти, скрипíти; *n* писк, рип

squeeze [скуíз] *v* дави́ти, вичáвлювати, сти́скувати, гноби́ти; *n* стискáння, здáвлювання, тіснотá, обня́ття

squirrel [скуи́рел] *n* бíлка

stab [стеб] *v* встромля́ти, рáнити, колóти, шкóдити

stable [стейбл] *adj* стійки́й, стáлий, непохи́тний, тривáлий

staff [стаф] *n* працівники́, штат
stage [стейдж] *n* ета́п, ста́дія, сце́на
stagnant [сте́гнент] *adj* стоя́чий, в'я́лий, нерухли́вий, мля́вий
stain [стейн] *v* плями́ти, краси́ти; *n* краси́тель, пля́ма
stair [сте́ир] *n* схі́дець
stale [стейл] *adj* черстви́й, за́тхлий
stamp [стемп] *n* печа́тка, штамп, клеймо́, рід, ту́піт; *v* штампува́ти, ти́снути, таврува́ти, топта́ти
stand [стенд] *v* стоя́ти, перешкоджа́ти, трима́тися, перебува́ти, ста́вити, терпі́ти; *n* підста́вка, штати́в, сто́йка
standard [сте́ндерд] *n* зразо́к, но́рма, міри́ло, рі́вень; *adj* зразко́вий, типо́вий, станда́ртний
standing [сте́ндин] *n* стоя́ння, пова́га, ша́на, трива́ння
star [стар] *n* зоря́, світи́ло; *adj* зо́ряний, видатни́й, провідни́й
star [стар] *v* гра́ти головну́ роль в фі́льмі
stare [сте́ир] *v* встромля́ти
start [старт] *v* почина́ти, руша́ти, засно́вувати; *n* поча́ток, вируша́ння, по́штовх
starvation [старве́йшн] *n* го́лод, змо́рення
starve [старв] *v* голодува́ти
state [стейт] *n* стан, поло́ження, гі́дність; *v* заявля́ти, формулюва́ти; *adj* держа́вний

statement [стéйтмент] *n* заява, виклад, твéрдження, висловлення

station [стейшн] *n* мíсце, пункт, зупинка

stay [стей] *v* лишáтися, бýти, жити; *n* перебувáння, стримання, спинення

steady [стéди] *adj* постíйний, незмíнний, стíйкий, твердий, рíвний

steal [стіл] *v* крáсти, підкрадáтися, домагáтися

stealing [стíлин] *n* крадíжка

steep [стін] *adj* стрímкий; *n* крýча, занýрення, просóчення

step [степ] *n* крок, зáхід, щабéль, порíг; *v* крокувáти, ітú пíшки

stepchild [стéпчайлд] *n* пáсунок, пáдчерка

stepfather [стéпфазер] *n* вітчим

stepmother [стéпмазер] *n* мáчуха

stern [стиéрн] *adj* сувóрий, невблагáнний

stick [стик] *v* пáлиця, прут, ціпóк, щоглá, жердина

sticky [стики] *adj* липкий, клейкий

stiff [стиф] *adj* тугий, важкий, негнучкий, застиглий, вимушений

still [стил] *adj* нерухóмий, спокíйний, безшýмний *adv* дóсі, всéтаки, протé

stimulate [стим'юлейт] *v* спонýкувати, заохóчувати

stimulation [стим'юлéйшн] *n* спонукáння, заохóчування, стимулювáння

sting [стин] *v* жáлити, кусáти, колóти

stingy [стинги] *adj* скупи́й, скна́рий, убо́гий

stink [стинк] *v* смерді́ти

stinking [сти́нкин] *adj* смердю́чий

stir [стие́р] *v* воруши́тися, розмі́шувати, бо́втати, ру́хати

stirring [стие́рин] *adj* хвилю́ючий, дія́льний, звору́шливий

stock [сток] *n* запа́с, худо́ба, сировина́, рід, поро́да

stocking [сто́кин] *n* панчо́ха

stomach [ста́мек] *n* шлу́нок, живі́т

stone [сто́ун] *n* ка́мінь, кі́сточка, зе́рнятко; *adj* кам'яни́й

stony [сто́уни] *adj* кам'яни́стий, тверди́й, нерухо́мий, холо́дний

stool [стул] *n* стіле́ць, табуре́тка, ослі́нчик

stop [стоп] *v* зупиня́тися, закі́нчуватися, залиша́тися; *n* припи́нення, зупи́нка, край, кіне́ць, пере́рва

storage [сто́ридж] *n* схов, склад

store [стор] *n* крамни́ця, магази́н, запа́с, склад; *v* постача́ти, запаса́ти

storm [сторм] *n* бу́ря, ви́бух, замі́шання; *v* бушува́ти, лютува́ти, шалі́ти

stormy [сто́рми] *adj* бу́ряний, штормови́й, лю́тий, шале́ний

story [сто́ри] *n* оповіда́ння, по́вість, сюже́т, ка́зка

storyteller [сто́рителер] *n* казка́р, оповіда́ч

stout [стаут] *adj* огрядни́й, міцни́й, відва́жний, рішу́чий

stove [стоув] *n* піч, гру́ба, тепли́ця, суша́рня

straight [стрейт] *adj* прями́й, пра́вильний, че́сний; *adv* пря́мо, пра́вильно, че́сно, відве́рто

straighten [стрейтн] *v* випрямля́тися, випросто́вуватися

strain [стрейн] *v* натяга́ти, зловжива́ти, си́лувати; *n* перевто́ма, натяга́ння, напру́ження

strained [стрейнд] *adj* натя́гнений, напру́жений, неприро́дний

strange [стрейндж] *adj* чужи́й, невідо́мий, ди́вний, незвича́йний

stranger [стре́йнджер] *n* чужозе́мець, незнайо́мець

strangle [стренгл] *v* души́ти, задиха́тися

strawberry [стро́бери] *n* суни́ці, полуни́ці

stray [стрей] *v* блуди́ти, блука́ти, тиня́тися, броди́ти; *adj* бездо́мний, випадко́вий, заблу́длий, безла́дний

stream [стрім] *n* потíк, рíчка, течія́, стру́мінь; *v* текти́, ли́тися, розлива́тися

street [стріт] *n* ву́лиця

strength [стренс] *n* си́ла, мíцність, о́пір

strengthen [стре́нсен] *v* змíцнювати, підси́люватися

stress [стрес] *n* тиск, зусилля, напру́ження, тяга́р, зна́чення *v* підкре́слювати

stretch [стреч] *v* розтя́гуватися, подо́вжувати, тягти́ся, напру́жувати, розпрямля́ти; *n* витяга́ння, подо́вження, напру́ження, протя́жність

strident [страйднт] *adj* різки́й, скрипу́чий

strike [страйк] *v* ударя́ти, би́ти, попа́сти, запа́люватися, навіща́ти

striking [стра́йкин] *adj* вража́ючий, видатни́й, уда́рний

strip [стрип] *v* здира́ти, зніма́ти, зрива́ти, оголювати, грабува́ти

strive [страйв] *v* стара́тися, намага́тися, боро́тися

stroke [стро́ук] *n* уда́р, змах, хід, бій

stroll [строл] *v* прогу́люватися, блука́ти, мандрува́ти

strong [строн] *adj* си́льний, здоро́вий, рішу́чий

struggle [страгл] *v* боро́тися, би́тися, змага́тися; *n* боротьба́, змага́ння, зуси́лля

stubborn [ста́берн] *adj* упе́ртий, наполе́гливий, непідда́тливий

student [ст'ю́дент] *n* студе́нт, у́чень

study [ста́ди] *n* ви́вчення, нау́ка; *v* вивча́ти, досли́джувати

stuff [стаф] *n* матерія́л, речовина́, ткани́на; *v* набива́ти, втиска́ти, об'їда́тися

stuffy [стáфи] *adj* непровíтрений, дýшний, нуднúй

stumble [стамбл] *v* спотикáтися, помилятися, вагáтися

stun [стан] *v* оглушáти, бентéжити, вражáти

stupendous [ст'юпéндес] *adj* дивовúжний, чудóвий, безмíрний

stupid [ст'юпид] *adj* дурнúй, немýдрий, тупúй, нецікáвий

style [стайл] *n* стиль, манéра, шик, смак, фасóн

subdue [сабдý] *v* підкоряти, переборювати, заспокóювати, перемагáти, гасúти

subject [сáбжект] *n* тéма, предмéт, сюжéт

submerge [себмиéрдж] *v* затóплювати, занýрюватися, поринáти

submissive [сабмúсив] *adj* покíрний, смирéнний

submit [сабмíт] *v* підкорятися, подавáти

subordinate [себóрдинейт] *adj* залéжний, підлéглий, другорядний

substitute [сáбститут] *n* застýпник, замíна; *v* замінати, підставляти

substitution [сáбститушн] *n* замíна, застýпництво

subtract [себтрéкт] *v* віднімáти

suburb [сáбиерб] *n* прúгород, передмíстя

succeed [саксíд] *v* мáти ýспіх, встигáти, слíдувати, переймáти

success [саксéс] *n* ýспіх, удáча

successful [саксéсфул] *adj* успíшний, вдáлий, удáчливий

succession [саксéсшн] *n* послідóвність, настýпність, спадкоéмність

successive [саксéсив] *adj* настýпний, послідóвний

such [сач] *adj* такúй, той, якúй

suck [сак] *v* ссáти, смоктáти

sudden [садн] *adj* несподíваний, раптóвий, навáльний, нáглий

suffer [сáфер] *v* терпíти, страждáти, знóсити

sufficient [сафúшент] *adj* достáтній

suffocate [сáфекейт] *v* душúти, задихáтися

sugar [шýгер] *n* цýкор

suggest [саджéст] *v* пропонувáти, підкá-зувати, натякáти

suggestion [седжéсчен] *n* нáтяк, порáда, вказíвка

suicide [с'ю́исайд] *n* самовбúвство, самогýбець

suit [с'ют] *n* костю́м, óдяг, убрáння, прохáння; *v* годúтися, підхóдити

suitable [с'ю́тебл] *adj* підхóжий, придáтний, налéжний

sulky [сáлки] *adj* похмýрий, сердúтий, надýтий

sullen [са́лен] *adj* похму́рий, серди́тий, приглу́шений

sum [сам] *n* су́ма, кі́лькість, пі́дсумок

summer [са́мер] *n* лі́то, ро́зквіт

summit [са́мит] *n* верх, верши́на

sun [сан] *n* со́нце

Sunday [са́нди] *n* неді́ля

sunny [са́ни] *adj* со́няшний, ра́дісний, промени́стий

superb [супие́рб] *adj* розкі́шний, вели́чний, прекра́сний, бага́тий

superior [супіе́риер] *adj* ста́рший, ви́щий, кра́щий, незвича́йний

superiority [супіерио́рити] *n* перева́га, ви́щість, старши́нство

superstition [с'юперсти́шн] *n* забобо́н

supervise [суперва́йз] *v* нагляда́ти, заві́дувати

supervision [суперви́жн] *n* на́гляд, заві́дування

supper [са́пер] *n* вече́ря

supplement [са́плимент] *n* дода́ток

supplicate [са́пликейт] *v* блага́ти, проси́ти

supply [сепла́й] *v* постача́ти, доставля́ти, поповня́ти

support [сепо́рт] *n* підтри́мка, опо́ра; *v* підтри́мувати, сприя́ти, допомага́ти

suppose [сепо́уз] *v* припуска́ти, гада́ти, ду́мати

sure [шу́ер] *adj* вірний, надійний, безпе́чний, пе́вний

surely [шу́ерли] *adv* безсумнівно, вірно, неминуче, звича́йно

surface [сие́рфес] *n* пове́рхня, зо́внішність

surgeon [сие́рджен] *n* хіру́рг

surname [сие́рнейм] *n* прі́звище

surprise [серпра́йз] *n* здивува́ння, несподіванка; *adj* несподіваний, неочікуваний, неждáний; *v* дивува́ти, наско́чити, захопи́ти

surrender [сере́ндер] *v* здава́тися, піддава́тися

surround [сера́унд] *v* ото́чувати, обступа́ти

surroundings [сера́ундинз] *n* ото́чення, середо́вище, око́лиці

survey [сие́рвей] *n* о́гляд, обслі́дування, промі́рювання; *v* обслі́дувати, огляда́ти

survive [серва́йв] *v* ви́тримати, пережи́ти, уціли́ти

suspect [сеспе́кт] *v* підозріва́ти, сумніва́тися, не довіря́ти

suspicion [сеспи́шн] *n* підозрі́ння, підо́зра, відтíнок

sustain [сесте́йн] *v* підтри́мувати, живи́ти, зно́сити, підпіра́ти

swallow [суо́лоу] *v* ковта́ти, поглина́ти, сте́рпіти

swallow [суо́лоу] *n* ла́стівка

swampy [суо́мпи] *adj* болоти́стий, багни́-
стий, дрягови́нний

swan [суо́н] *n* ле́бідь

swear [суе́ир] *v* кля́сти́ся, ла́ятися, руча́-
тися; *n* кля́тва, прися́га, богоху́льство,
ла́йка

sweat [суе́т] *n* піт; *v* поті́ти, сирі́ти,
запітніва́ти

sweep [суіп] *v* мести́, зно́сити, торка́ти,
нести́ся; *n* виміта́ння, чи́стка, змах,
охо́плення

sweeping [суіпин] *adj* широ́кий,
нава́льний, швидки́й

sweet [суіт] *adj* соло́дкий, лю́бий,
приє́мний

swift [суйфт] *adj* швидки́й, ско́рий; *adv*
шви́дко, по́хапцем

swim [суйм] *v* пла́вати

swimming [суймин] *n* пла́вання; *adj*
пливу́чий, плава́льний, зали́тий

swing [суйн] *v* гойда́тися, хита́тися,
верті́тися, ві́шати; *n* гойда́ння,
колива́ння, ро́змах

switch [суйч] *n* вимика́ч, прут, по́мах; *v*
перемика́ти, направля́ти, шмага́ти

swollen [суо́лен] *adj* опу́хлий

sympathize [си́мпесайз] *v* співчува́ти,
симпатизува́ти

sympathy [си́мпеси] *n* співчуття́, жа́лість,
симпа́тія

system [сı́стем] *n* систе́ма, світ

T

table [те́йбл] *n* стіл, ро́зклад
tablecloth [те́йблклоз] *n* ска́терка,
скатерти́на
tag [тег] *n* ярличо́к, кіне́ць, цита́та
tail [тейл] *n* хвіст, коса́
tailor [те́йлер] *n* краве́ць
take [тейк] *v* бра́ти, взя́ти, захо́плювати,
лови́ти, сприйма́ти, діста́ва́ти, здобува́ти
tale [тейл] *n* оповіда́ння, по́вість, ви́гадка
talented [те́лентид] *adj* талано́ви́тий,
обдаро́ваний
talk [ток] *v* говори́ти, розмовля́ти,
ра́дитися, обгово́рювати; *n* розмо́ва,
бе́сіда, бала́чка, чу́тка
tall [тол] *adj* висо́кий
tame [тейм] *adj* сві́йський, приру́чений;
v прируча́ти, осво́ювати, смиря́ти
tangle [те́нгл] *v* заплу́туватися,
ускла́днюватися
tap [теп] *n* кран, сорт
tape recorder [тейп рико́рдер] *n* магнітофо́н
target [та́ргит] *n* ціль, міше́нь, завда́ння
tarnish [та́рнишь] *v* тьмяні́ти
task [таск] *n* завда́ння, зада́ча

taste [тейст] *n* смак, нáхил, уподóбання
tatter [тéтер] *n* лахмíття, клáпті; *v* шматувáти
tattered [тéтерд] *adj* обíрваний, обдéртий
tea [ті] *n* чай
teach [тіч] *v* вчи́ти
teaching [тíчин] *n* навчáння, вчéння
team [тім] *n* зáпряг, дружи́на
teapot [тíпот] *n* чайни́к
tear [тíер] *n* сльозá
tear [тéир] *v* рвáтися, зривáти, порáнити *n* прóріз, дíрка
tease [тіз] *v* дражни́ти, надокучáти, випрóшувати
tedious [тíдіес] *adj* стóмливий, нудни́й
teenager [тінéйджер] *n* пíдліток, юнáк, дíвчина
tell [тел] *v* говори́ти, казáти, розповідáти, пізнавáти
temper [тéмпер] *n* вдáча, харáктер, нáстрій; *v* стри́мувати, пом'якшувати, гартувáти
temporary [тéмперери] *adj* тимчасóвий
temptation [темптéйшн] *n* спокýса, звáба
tempting [тéмптин] *adj* принáдний, привáбливий, спокýсливий
ten [тен] *num* дéсять
tenant [тéнент] *n* наймáч, мéшканець, пожилéць

tend [тенд] *v* прямува́ти, вести́, простува́ти, пра́гнути, турбува́тися

tendency [те́нденси] *n* пра́гнення, на́хил, тенде́нція

tender [те́ндер] *adj* ні́жний, тенді́тний, до́брий, чутли́вий *v* пропо́нувати, надава́ти

tense [тенс] *adj* натя́гнутий, напру́жений

tension [те́ншен] *n* напру́женість, натя́гнутість

tent [тент] *n* наме́т, пала́тка

term [тие́рм] *n* пері́од, строк, умо́ви

terminal [тие́рминл] *n* кіне́ць; *adj* кінце́вий, заклю́чний, грани́чний

terminate [тие́рминейт] *v* кінча́тися, заве́ршуватися, відмо́витися, припини́ти

termination [тиерминейшн] *n* кіне́ць, межа́

terrible [те́ребл] *adj* жахли́вий, страше́нний

terrify [те́рифай] *v* жаха́ти, страха́ти, ляка́ти

terror [те́рер] *n* теро́р, жах, ляк, страхі́ття

test [тест] *n* випро́бування, міри́ло; *v* випро́бувати, перевіря́ти

testify [те́стифай] *v* сві́дчити, заявля́ти, висло́влювати

testimony [те́стимени] *n* сві́дчення, тве́рдження, упе́внення

textbook [те́кстбук] *n* підру́чник, посі́бник

than [зен] *conj* ніж, від, за, як

thank [сенк] *v* дя́кувати
thankful [се́нкфул] *adj* вдя́чний
that [зет] *pron* той, та, те, яки́й, хто;
conj що, щоб
theater [сіетер] *n* теа́тр
theft [сефт] *n* злоді́йство, краді́жка
then [зен] *adv* тоді́
there [зе́ир] *adv* там
thereabouts [зе́иребаутс] *adv* поблизу́,
приблизно
therefore [зе́ирфор] *adv* тому́, о́тже
these [зіз] *pron* ці
thick [сик] *adj* товсти́й, гру́бий, густи́й,
запо́внений
thicket [си́кит] *n* гуща́вина, ха́ща, кущі
thickness [си́книс] *n* товщина́, гру́бість,
густота́, шар
thief [сіф] *n* зло́дій
thin [син] *adj* тонки́й, худи́й, рідки́й,
слабки́й
thing [син] *n* річ, предме́т, створі́ння
think [синк] *v* ду́мати, обмірко́вувати,
вважа́ти, розумі́ти
thinker [си́нкер] *n* мисли́тель
thinking [си́нкин] *adj* ми́слячий, розу́мний
thirst [сие́рст] *n* спра́га, жадо́ба, жага́
thirsty [сие́рсти] *adj* спра́глий
thirteen [сиерті́н] *num* трина́дцять
this [зис] *pron* цей, ця, це
thorn [сорн] *n* колю́чка, шип

thorny [сóрни] *adj* колю́чий, терни́стий, дражли́вий

thorough [сóроу] *adj* пóвний, стара́нний, докла́дний, сумлíнний, тóчний

those [зóуз] *pron* тí

though [зóу] *conj* хоч, хоча́

thought [сот] *n* ду́мка, ми́слення, міркува́ння

thoughtful [сóтфул] *adj* зами́слений, глибóкий, ува́жний, чу́лий

thousand [са́узенд] *num* ти́сяча

thread [сред] *n* ни́тка

threat [срет] *n* погрóза

threaten [сретн] *v* погрóжувати

three [срі] *num* три

threshold [срéшхоулд] *n* порíг, переддвéр'я, поча́ток

thrill [срил] *n* трéпет *v* розхвилюва́тися, тремтíти, дрижа́ти

throat [срóут] *n* гóрло

throng [срон] *v* тóвпитися, юрми́тися

through [сру] *prep* чéрез, крíзь, по, прóтягом

throughout [сруа́ут] *prep* чéрез, по всьóму, прóтягом *adv* всю́ди, скрізь

throw [срóу] *v* ки́дати, посила́ти, змíнювати

thrust [сраст] *v* попиха́ти, штовха́ти, колóти, встрóмлювати, пробива́тися

thumb [сам] *n* вели́кий па́лець руки́; *v* заяло́зити, перегорта́ти

thunder [са́ндер] *n* грім, гу́ркіт

thunderous [са́ндерес] *adj* громови́й, оглу́шливий, грозови́й

thunderstorm [са́ндерсторм] *n* гроза́, громови́ця

Thursday [сие́рзди] *n* четве́р

thus [зас] *adv* так, о́тже, тому́

tickle [тикл] *v* лоскота́ти, зраді́ти

tide [тайд] *n* морськи́й припли́в і відпли́в, течія́, потік, на́прям

tidy [та́йди] *adj* оха́йний, чи́стий, зразко́вий, дбайли́вий

tie [тай] *v* зав'язуватися, шнурува́ти, скріпля́ти; *n* зв'язо́к, в'язь, крава́тка

tiger [та́йґер] *n* тигр

tight [тайт] *adj* щі́льний, сти́снутий, ті́сний, туги́й; *adv* ті́сно, ту́го, мі́цно

tighten [тайтн] *v* стя́гуватися, тісни́ти

till [тил] *prep* до; *conj* до́ти, по́ки

tilt [тилт] *v* нахиля́тися

timber [ти́мбер] *n* лісоматерія́л, коло́да, брус

time [тайм] *n* час, пора́, строк, речене́ць; *v* розрахо́вувати, устано́влювати час

timid [ти́мид] *adj* полохли́вий, боязки́й, соромли́вий

timidity [тими́дити] *n* полохли́вість, бо́язкість, соромли́вість, несмілú́вість

timing [та́ймин] *n* визнача́ння, розраху́нок ча́су́

tingle [тинґл] *v* дрижа́ти, горі́ти, паші́ти

tiny [та́йни] *adj* маню́сінький, кри́хітний

tip [тип] *n* кі́нчик, легки́й по́штовх, до́тик

tiptoe [ти́птоу] *v* підкрада́тися

tire [та́єр] *v* томи́тися

tired [та́єрд] *adj* вто́млений, зму́чений, ви́снажений

tissue [ти́с'ю] *n* ткани́на, па́смо, суві́й

title [тайтл] *n* за́голо́вок, на́зва, ти́тул

to [ту] *prep* до, у, в, на, для

today [тедей] *n* суча́сність; *adv* сього́дні

toe [то́у] *n* па́лець на нозі́

together [туґе́зер] *adv* разо́м, спі́льно, одноча́сно

tolerance [то́леренс] *n* терпи́мість, сте́рпність

tolerate [то́лерейт] *v* зно́сити, терпі́ти, дозволя́ти

tomb [тум] *n* моги́ла

tomorrow [темо́роу] *adv* за́втра

tone [то́ун] *n* тон, стиль, інтона́ція

tongue [та́н] *n* язи́к, мо́ва

too [ту] *adv* на́дто, ду́же, тако́ж

tooth [тус] *n* зуб

top [топ] *n* верх, верши́на, ма́ківка, шпиль; *v* вкрива́ти, перестрибну́ти, переви́щувати

torture [тóрчир] *n* катувáння, тортýри, мýка; *v* мýчити, катувáти, нíвечити

toss [тос] *v* метáти, кúдати, жбурлáти, носúтися, брáти

total [тóутл] *adj* пóвний, сукýпний, тотáльний

touch [тач] *v* торкáтися, стикáтися; *n* дóтик, спілкувáння, рúса, мазóк, відчуттá

touched [тачт] *adj* схвильóваний, зворýшений

touchy [тáчи] *adj* урáзлúвий, легкозаймúстий

tough [таф] *adj* міцнúй, твердúй, цупкúй, дýжий, непохúтний, упéртий

toward [теуóрд] *prep* до, на, бíля, під

towel [тáуел] *n* рушнúк

tower [тáуер] *n* вéжа, бáшта, опóра

town [тáун] *n* мíсто

toy [той] *n* íграшка, цáцька, зáбавка

trace [трейс] *n* слід, стéжка; *v* слідкувáти, простéжувати, роздивúтися, крéслити

track [трек] *n* слід, стéжка, рутúна, метá; *v* слідкувáти, простéжувати, пройтú

trade [трейд] *n* занáття, фах, ремеслó, профéсія, виробнúцтво

tradition [тредúшн] *n* старúй звúчай, традúція

traditional [тредúшнел] *adj* звичаéвий, традицíйний

traffic [тре́фик] *n* рух, тра́нспорт

tragic [тре́джик] *adj* трагеді́йний, сумни́й, жахли́вий

trail [трейл] *n* слід, сте́жка; *v* волочи́тися, тягну́тися, стели́тися, висте́жувати

train [трейн] *n* по́їзд, обо́з, почо́т, ряд

trained [трейнд] *adj* ви́вчений, ви́школений, трено́ваний

training [тре́йнин] *n* привча́ння, заправля́ння, тренува́ння

trait [трейт] *n* ри́са, прикме́та, позна́ка

traitor [тре́йтер] *n* зра́дник

traitorous [тре́йтерес] *adj* зра́дницький, віроло́мний

trample [тре́мпл] *v* топта́ти, дави́ти, гу́пати, приду́шувати

tranquil [тре́нкуил] *adj* споко́йний, ти́хий

tranquility [тренкуи́лити] *n* спо́кій, ти́ша

transcribe [тренскра́йб] *v* переписувати, аранжува́ти

transfer [тренсфие́р] *v* перено́сити, перево́дити, передава́ти

transform [тренсфо́рм] *v* змі́нювати, перетво́рювати

transformation [тренсфермейшн] *n* перетво́рювання, змі́на

transfusion [тренсф'ю́жен] *n* перелива́ння, змі́шування

transit [тре́нзит] *n* прохо́дження, проїзд

translate [тренслéйт] *v* переклада́тися, поя́снювати, здíйснювати

translation [тренслéйшн] *n* перéклад, перемíщення

translator [тренслéйтер] *n* переклада́ч

transmit [тренсмíт] *v* передава́ти, посила́ти, розно́сити

transparent [тренспéирент] *adj* прозо́рий, я́сний, очеви́дний, я́вний, щи́рий

transport [трéнспорт] *n* перево́зка, транспо́рт; *v* перево́зити, спо́внювати

trap [треп] *n* па́стка, западня́

trash [трешь] *n* сміття́, макулату́ра, по́гань

travel [тревл] *v* подорожува́ти, ру́хатися, переміща́тися; *n* поḯздка, по́дорож, мандрíвка

tray [трей] *n* піднóс, та́ця

treacherous [трéчерес] *adj* зра́дницький, віроло́мний, непéвний

treachery [трéчери] *n* зра́да, віроло́мство

tread [тред] *v* ступа́ти, ходи́ти, топта́ти

treasure [трéжер] *n* скарб, цíнності

treat [тріт] *v* пово́дитися, бра́ти, трактува́ти, частува́ти; *n* частува́ння, пригоща́ння, почасту́нок

treatment [трíтмент] *n* ста́влення, обхо́дження, лікува́ння

treaty [трíти] *n* до́говір, уго́да

tree [трі] *n* дéрево

tremble [трембл] *v* тремтíти, трепетáти, трястúся; *n* дрож, дрижáння, тремтíння

tremendous [темéндес] *adj* жахлúвий, страшнúй

trend [тренд] *n* нáпрям, стремлíння, тендéнція

trial [трáєл] *n* суд

tribe [трайб] *n* плéм'я, рід

trick [трик] *n* хúтрість, обдýрювання, трюк, вúхватка, манéра, витворя́ння; *v* обмáнювати, обдýрювати

tricky [трúки] *adj* важкúй, заплýтаний, хúтрий, спрúтний, пустотлúвий

trim [трим] *v* підстригáти, підчищáти, обтíсувати, прикрашáти, узгóджувати; *adj* чéпурний, охáйний, прúбраний

trip [трип] *n* пóдорож, поїздка, спотикáння; *v* спотикáтися, пáдати, помилúтися

triumph [трáємф] *n* трíюмф, перемóга, торжествó; *v* перемогтú, радíти

trivial [трúвіел] *adj* незначнúй, щодéнний, маловáжний

trouble [трабл] *n* неспóкій, хвилювáння, клóпіт, гóре, неприємність; *v* турбувáтися, тривóжити, стóмлювати, трудúтися

trousers [трáузерз] *n* штанú

true [тру] *adj* вíрний, правдúвий, спрáвжній, тóчний

truly [тру́ли] *adv* справді, дійсно, правди́во, ві́рно, то́чно

trust [траст] *n* дові́р'я, відповіда́льність, наді́я, опо́ра; *v* довіря́тися, поклада́тися

trustful [тра́стфул] *adj* дові́рливий

trusty [тра́сти] *adj* ві́рний, наді́йний

truth [трус] *n* пра́вда, і́стина

truthful [тру́сфул] *adj* правди́вий, пра́вильний, ві́рний

try [трай] *v* випробо́вувати, стара́тися, сто́млювати

T-shirt [ті шио́рт] *n* ма́йка

tuck [так] *v* засо́вувати, втика́ти, всади́ти, підгина́ти, хова́ти

tumble [тамбл] *v* па́дати, коти́тися, повали́тися, спотика́тися

tune [т'юн] *n* мело́дія, на́спів, зго́да; *v* настро́ювати, звуча́ти

turbulent [тиерб'ю́лент] *adj* бурхли́вий, бу́йний, неспокі́йний

turn [тиéрн] *v* крути́тися, оберта́тися, переки́нути; *n* поворо́т, за́крут, змі́на, че́рга, по́слу́га, здібність

turtle [тиéртл] *n* черепа́ха

twelve [туéлв] *num* двана́дцять

twenty [туéнти] *num* два́дцять

twilight [туа́йлайт] *n* при́смерк, су́тінки, світа́нок

twin [туи́н] *n* близню́к, двійни́к; *adj* близню́чний, здво́єний, одна́ковий

twinkle [туи́нкл] *v* мигті́ти, бли́мати, клі́пати; *n* миготі́ння, клі́пання
twist [туи́ст] *v* крути́тися, сука́ти, ви́тися
two [ту] *num* два
type [тайп] *n* тип, рід, гру́па
typical [ти́пикел] *adj* типо́вий, своєрі́дний, характеристи́чний

U

ubiquitous [юби́куитес] *adj* повсю́дний, всюдису́щий
ugly [а́гли] *adj* бридки́й, пога́ний, гидки́й, мерзо́тний
ultimate [а́лтимит] *adj* кінце́вий, остато́чний, основни́й, пе́рвісний, грани́чний
umbrella [амбре́ле] *n* парасо́ль
unable [ане́йбл] *adj* неспромо́жний, слабки́й, не́мічний
unanimity [юнени́мити] *n* односта́йність
unanimous [юне́нимес] *adj* одноголо́сний, односта́йний
unattended [анете́ндид] *adj* зане́дбаний, запу́щений, само́тній
unbearable [анбе́иребл] *adj* несте́рпний, невино́сний

unborn [анборн] *adj* майбу́тній, прий-
де́шній
uncertain [ансие́ртн] *adj* непе́вний,
ненаді́йний, мінли́вий
uncle [анкл] *n* дя́дько
unconcerned [анкенсие́рнд] *adj* байду́жий,
незаціка́влений
unconditional [анкенди́шенд] *adj*
безумо́вний, беззастере́жний
unconscious [анко́ншес] *adj* неприто́мний
undecided [андиса́йдид] *adj* нерішу́чий,
неви́рішений
undefined [андифа́йнд] *adj* невира́зний,
нея́сний, неозна́чений
under [а́ндер] *prep* під, ни́жче, за, згі́дно,
під, до
undergo [андерґо́у] *v* зазнава́ти,
перено́сити
underlie [андерла́й] *v* лежа́ти, станови́ти
осно́ву
underline [андерла́йн] *v* підкре́слювати
underneath [андерні́с] *prep* під; *adv* внизу́,
ни́жче
understand [андерсте́нд] *v* розумі́ти,
умовля́тися
understanding [андерсте́ндин] *n* розумі́ння,
ро́зум, розсу́дливість, виба́чливість,
кмітли́вість
undertake [андерте́йк] *v* почина́ти,
бра́тися, вжива́ти, перебира́ти

undesirable [андизáєребл] *adj* небáжаний, непридáтний, непідхóжий, непотрíбний

undoubted [андáутид] *adj* безсýмнівний, безперéчний

undoubtedly [андáутидли] *adv* без сýмніву, напéвно, слýшно

undress [андрéс] *v* роздягáтися; *n* домáшній óдяг

uneasy [анíзи] *adj* незрýчний, неспокíйний, стривóжений

uneducated [анéд'юкейтид] *adj* неосвíчений, невчéний

unemployed [анимплóйд] *adj* незáйнятий, безробíтний

unemployment [анимплóймент] *n* безробíття

unexpected [аникспéктид] *adj* несподíваний, раптóвий, нáглий

unfair [анфéир] *adj* несправедлúвий, нечéсний, односторóнній

unfaithful [анфéйсфул] *adj* віролóмний, невíрний, зрадлúвий

unfavorable [анфéйверебл] *adj* несприятливий, неласкáвий

unforgettable [анфергéтебл] *adj* незабýтній

unfortunate [анфóрчнит] *adj* нещáсний, жалюгíдний

unhappiness [анхéпинис] *n* недóля, нещáстя, гризóта, журбá

unhappy [анхéпи] *adj* нещáсний, знедóлений, сумовúтий, невдáлий

unhealthy [анхе́лси] *adj* неду́жий, слаби́й, хворобли́вий, шкідли́вий

unification [юнификейшн] *n* об'є́днання, уніфіка́ція

uniform [ю́ниформ] *adj* одномані́тний, одно́рідний, ста́лий, рі́вний

unify [ю́нифай] *v* об'є́днувати, уніфікува́ти

union [ю́ніен] *n* сою́з, одру́ження, пра́пор

unique [юні́к] *adj* уніка́льний, виняткóвий, незрівня́нний

unit [ю́нит] *n* одини́ця, части́на

unite [юна́йт] *v* сполуча́тися, єдна́тися

united [юна́йтид] *adj* з'є́днаний, сполу́чений, спі́льний

unity [ю́нити] *n* є́дність, згурто́ваність, зла́года, дружба́

universal [юнивие́рсел] *adj* всесві́тній, універса́льний, зага́льний

universe [ю́нивие́рс] *n* світ, ко́смос

unknown [анно́ун] *adj* невідо́мий

unlawful [анло́фул] *adj* протизако́нний, заборо́нений, недозво́лений

unleavened [анле́внд] *adj* прі́сний

unless [анле́с] *conj* якщо́ не

unlike [анла́йк] *adj* проти́вний, неподі́бний, відмі́нний

unlikely [анла́йкли] *adj* неправдоподі́бний, малоймові́рний

unlimited [анли́митид] *adj* необме́жений, безкра́їй

unlucky [анлáки] *adj* нещасли́вий, невда́лий, невда́тний, безтала́нний

unmistakable [анмистéйкебл] *adj* безпомилко́вий, очеви́дний, я́сний

unnatural [аннéчрел] *adj* неприро́дний, ненатура́льний, ди́вний

unpardonable [анпáрднебли] *adj* непрости́мий, непроба́чний

unperturbed [анпиертиóрбд] *adj* незворуши́ний, спокíйний

unpleasant [анплéзнт] *adj* неприє́мний, неми́лий, при́крий

unreal [анрíел] *adj* несправжнíй, нереа́льний, уя́влюваний

unreasonable [анрíзнебл] *adj* нерозсу́дливий, нерозва́жливий, надмíрний

unsettle [áнсéтл] *v* захита́ти, розла́днувати, ослабля́ти

unstable [áнстéйбл] *adj* нестíйки́й, мінли́вий

untrue [áнтру́] *adj* неправди́вий, невíрний, фальши́вий

unusual [ан'ю́жуел] *adj* незвича́йний, ди́вний, рíдкісний, видатни́й

unwelcome [ануéлкем] *adj* небáжаний, непро́шений

up [ап] *adv* вгорí, ви́ще; *prep* по, у, в, на

upbringing [áпбрингин] *n* вихо́вування

upgrowth [апгро́ус] *n* зріст, ро́звиток, росли́на

upheaval [апхівл] *n* зрушення, набрякання, струс, кипіння, переворот

upheave [апхів] *v* розладнувати, заворушитися

uphill [áпхил] *adj* тяжкий, крутий; *adv* на гору, стрімко, круто

upper [áпер] *adj* верхній, горішній

uppermost [áпермоуст] *adj* найвищий, найвидатніший; *adv* нагорі, насамперед

upright [апрáйт] *adj* прямий, стоячий, вертикальний *adv* прямо, сторч, вертикально, відверто

uprising [апрáйзин] *n* повстання, з'явлення, виникнення

uproar [апрóр] *n* гомін, шум, галас, заворушення

upset [апсéт] *v* перекидатися, нівечити, поплутати, розстроїти, схвилювати; *adj* перевернений, занепокоєний, зденервований, розладнаний

upstairs [апстéирз] *adv* нагорі

up-to-date [ап-ту-дéйт] *adj* сучасний, найновіший, модний

upwards [áпуердз] *adv* вгору, вверх, більше, вище

urban [иéрбен] *adj* міський

urge [иéрдж] *v* спонукувати, підганяти, переконувати, вимагати; *n* спонука, поштовх, стимул

urgent [иéрджент] *adj* негáйний,
наполéгливий, конéчний, нáглий
usage [ю́сидж] *n* спóсіб, манéра,
обхóдження, звичáй
use [юз] *v* вживáти, застосóвувати,
звикáти, стáвитися, споживáти
use [юс] *n* вживáння, застосувáння,
користувáння
used [юст] *adj* звúклий, ужúваний,
нóшений
useful [ю́сфул] *adj* корúсний, придáтний
useless [ю́слис] *adj* непотрíбний,
некорúсний
usual [ю́жуел] *adj* звичáйний, звúклий
usually [ю́жуели] *adv* звичáйно
utensil [ютéнсл] *n* пóсуд, нáчиння,
устаткувáння, прилáддя
utilitarian [ютилитéиріен] *adj* утилітáрний,
корúсний
utility [ютúлити] *n* корúсність, вúгідність,
догíдливість
utilize [ю́тилайз] *v* використóвувати,
послугóвуватися
utmost [áтмоуст] *adj* найважливíший,
доконéчний, крáйній
utter [áтер] *v* вимовлáти, вислóвлювати,
зітхáти, вúкрикнути; *adj* пóвний,
безумóвний, цілковúтий
utterance [áтеренс] *n* вúсловлення, вимóва

V

vacancy [вейкенси] *n* порожнеча, пустота, прогалина

vacant [вейкент] *adj* незайнятий, вакантний, непритомний, байдужий, пустий

vacate [векейт] *v* звільняти, залишати, покидати

vacation [векейшн] *n* залишення, відпустка

vagabond [вегебенд] *n* бродяга, волоцюга, ледар, бурлака

vagrant [вейгрент] *adj* бродячий, блукаючий; *n* волоцюга, волокита, бродяга

vague [вейг] *adj* невиразний, неясний, невизначений, далекий

vain [вейн] *adj* даремний, марний, безцільний, голослівний, пустий, поверховий

valiant [веліент] *adj* хоробрий, відважний, мужній, героїчний

valid [велид] *adj* важливий, дійсний, правильний, слушний

validity [велидити] *n* переконливість, законність, важливість

valley [вели] *n* долина, заглиблення, запалість

valuable [вéл'юебл] *adj* цíнний, корúсний, важлúвий

value [вéл'ю] *n* вáртість, цінá, важлúвість, знáчення; *v* цінувáти, дорожúти

valued [вéл'юд] *adj* цíнний

vanish [вéнишь] *v* зникáти, щезáти, пропадáти, гúнути, ховáтися

vanity [вéнити] *n* мáрність, суєтá

variable [вéириебл] *adj* мінлúвий, непостíйний, рíзний, змíнний

variance [вéириенс] *n* змíна, розбíжність, незгóда

variant [вéиріент] *adj* íнший, інáкший; *n* різновúд, відмíна, варіянт

variation [веріéйшн] *n* різновúд, змíна, коливáння, відхúлення

varied [вéирид] *adj* різноманíтний, рíзний, мінлúвий

variety [верáети] *n* різноманíтність, багатобíчність, різнорóдність

various [вéиріес] *adj* рíзний, різнорóдний

varnish [вáрнишь] *n* ляк, блиск

vary [вéири] *v* мінятися, різнúтися, розхóдитися

vast [васт] *adj* простóрий, ширóкий, незмíрний, величéзний

veal [віл] *n* телятина

vegetable [вéджитебл] *n* горóдина, óвочі; *v* рослúнний

vegetate [вéджитейт] *v* рости́, животі́ти, ни́діти

vegetation [веджитéйшн] *n* росли́нність, животі́ння

veil [вейл] *n* покри́вало, вуáль, серпáнок, прикриття́

vein [вейн] *n* жилá, вéна, нáстрій, схи́льність

venture [вéнчир] *n* звáга; *v* рискувáти, звáжуватися

verbal [виéрбл] *adj* ýсний, словéсний, буквáльний

verification [верификéйшн] *n* перевіря́ння, підтвéрдження, дóказ, спрáвдження

verify [вéрифай] *v* перевіря́ти, підтвéрджувати, довóдити, докáзувати

verminous [виéрминес] *adj* шкідли́вий, оги́дний, хи́жий, злочи́нний

versatile [виéрсетайл] *adj* різносторóнній, гнучки́й

verse [виéрс] *n* вірш, поéзія

vertical [виéртикел] *adj* прямови́сний, стóрчовий

very [вéри] *adv* дýже, си́льно, відмíнно; *adj* спрáвжній, сýщий

vexed [векст] *adj* роздратóваний, розсéрджений, роздосáдуваний, спíрний

vibrate [вайбрéйт] *v* дрижáти, вібрувáти, звучáти

vibration [вайбре́йшн] *n* вiбра́цiя, тремтíння, дрижа́ння, бринíння

vicious [ви́шес] *adj* злий, зло́бний, розпу́тний

victim [ви́ктим] *n* же́ртва

victimize [ви́ктимайз] *v* му́чити, обма́нювати, ошу́кувати, гноби́ти, тира́нити

victorious [викто́рiес] *adj* перемо́жний, звитя́жний

victory [ви́ктери] *n* перемо́га

view [в'ю] *n* вид, ви́гляд, кругозíр, на́мiр

vigor [ви́гер] *n* жва́вiсть, бадьо́рiсть, мото́рнiсть, мiць, си́ла, чи́ннiсть

vigorous [ви́герес] *adj* жва́вий, мото́рний, мiцни́й, си́льний

village [ви́лидж] *n* село́; *adj* сiльськи́й

vindictive [винди́ктив] *adj* мсти́вий

vinegar [ви́нигер] *n* о́цет

violate [ва́єлейт] *v* пору́шувати, лама́ти, оскверня́ти, си́лувати, пору́шувати

violation [ваєле́йшн] *n* наси́льство, пору́шення, оскве́рнення

violence [ва́єленс] *n* брута́льна си́ла, нава́льнiсть, запа́льнiсть, нестя́мнiсть, наси́льство

violent [ва́єлент] *adj* запальни́й, гаря́чий, си́льний, шале́ний, пори́вчастий, го́стрий, палки́й

violin [ваєли́н] *n* скри́пка

virgin [виéрджин] *n* дíва, дíвчина; *adj* непорóчний, незáймана, чúстий, непорýшений

virginity [виерджúнити] *n* невúнність, непорóчність, незáйманість

virile [вúрайл] *adj* змужнíлий, зрíлий, жвáвий, сúльний

virtue [виéрт'ю] *n* чеснóта, доброчéсність, правотá, мýжність, достóїнство, невúнність

virtuous [виéрт'юес] *adj* доброчéсний, цнотлúвий, невúнний

visible [вúзебл] *adj* вúдúмий, вúдний, очевúдний

vision [вижн] *n* зір, передбáчливість, зобрáження, áвище, видíння

visit [вúзит] *v* відвíдувати, вступáти, оглядáти; *n* відвíдування, візúта, гостювáння

visitor [вúзитер] *n* відвíдувач, гість

visual [вúз'юел] *adj* зоровúй, наóчний, вúдúмий

vital [вайтл] *adj* життéвий, суттéвий, істóтний, нищівнúй, смертéльний

vitality [вайтéлити] *n* життéвість, живýчість, жвáвість

vivid [вúвид] *adj* яскрáвий, жвáвий, гóстрий, сúльний

vocal [вóукел] *adj* голосовúй, ýсний, словéсний

vocalize [воукелайз] *v* одзвінчувати, вимовляти

vocation [воукейшн] *n* покликання, схильність, замилування, уподобання

vocational [воукейшенл] *adj* професійний, ремісничий

voice [войс] *n* голос, звук, думка

voiceless [войслис] *adj* безголосий, німий, безмовний

void [войд] *adj* позбавлений, недійсний, неправомірний, пустий, вільний

volume [вольюм] *n* том, книга, об'єм, кількість, ємність, сила, повнота

voluntary [волентери] *adj* добровільний, навмисний

volunteer [волентіер] *n* доброволець; *adj* добровільний, охочий *v* пропонувати, заявлятися

vote [воут] *n* голосування, рішення

vouch [вауч] *v* ручитися, підтверджувати

vow [вау] *n* клятва, обітниця, приречення

voyage [воїдж] *v* подорожувати, плавати

vulgar [валгер] *adj* брутальний, простий, грубий, плебейський, звичайний

vulnerability [валнеребилити] *n* уразливість, піддатливість, слабкість

vulnerable [валнеребл] *adj* уразливий, піддатливий

W

wage [уейдж] *n* заробітна плата; *v* боротися, звойовувати

wail [уейл] *n* завивання, зойк, голосіння, плач; *v* вити, голосити, квилити, скавучати

waist [уейст] *n* стан, талія, перехват, пояс

wait [уейт] *v* чекати, ждати, прислужувати

waiter [уейтер] *n* кельнер, офіціянт

waive [уейв] *v* відмовлятися, зрікатися, занехати

wake [уейк] *v* будитися, викликати, спонукувати, воскресати, порушувати, лунати, оживляти; *n* неспання, пробудження

waken [уейкен] *v* прокидатися, будити

walk [уок] *v* ходити, іти, крокувати, з'являтися; *n* ходьба, проходжання, доріжка

wall [уол] *n* стіна, споруда, вал, насип

wallet [уолит] *n* сумка, гаманець

wander [уондер] *v* блукати, мандрувати, заблудити, збочити

wanderer [уондерер] *n* мандрівник, блукач, приблуда

want [уонт] *v* хотіти, бажати, бракувати, вимагати

war [уóр] *n* війнá, боротьбá

wardrobe [уóрдроуб] *n* гардерóба, шáфа

warm [уóрм] *adj* тéплий, підігрíтий, палкúй, сердéчний, розпáлений, ожúвлений, схвильóваний, докýчливий; *v* грíтися, пожвáвлюватися, обрáдувати

warmth [уóрмс] *n* теплó, сердéчність, щúрість, запáл

warn [уóрн] *v* остерігáти, попереджáти, нагáдувати

warning [уóрнин] *n* осторóга, перестерéження, ознáка

warranty [уóренти] *n* запорýка, гарáнтія, повновáження

warrior [уóріер] *n* вóїн, боéць

wary [уéири] *adj* оберéжний, розвáжливий, обáчний

wash [уóшь] *v* мúтися, плюскотíти, зрóщувати; *n* миття́, прання́, білúзна, прибíй

waste [уéйст] *v* марнувáти, зіпсувáти, нúщити; *adj* зáйвий, марнúй, непотрíбний, непридáтний *n* розтрачáння, убýток

watch [уóч] *v* наглядáти, спостерігáти, вартувáти, пильнувáти, уважáти; *n* дóгляд, пильнувáння, дежýрство

watchful [уóчфул] *adj* оберéжний, чуткúй, увáжний

water [уо́тер] *n* вода́, водо́ймище, се́ча; *v* мочи́ти, зволо́жувати, розбавля́ти

waterfall [уо́терфол] *n* водоспа́д

watermelon [уо́термелен] *n* каву́н

waterproof [уо́терпруф] *adj* водонепрони́кний, непромока́льний

watery [уо́тери] *adj* водяни́й, мо́крий, водяни́стий, рідки́й, слізли́вий

wave [уе́йв] *n* хви́ля, мах, хвиля́стість, зави́вка; *v* хвилюва́тися, гойда́тися, ви́тися, майорі́ти, маха́ти

wavy [уе́йви] *adj* хвиля́стий, витки́й, кучеря́вий, бурхли́вий

wax [уе́кс] *n* віск

way [уе́й] *n* спо́сіб, вико́нування, шлях, путь, ві́ддаль, зви́ча́й, по́гляд

wayward [уе́йуерд] *adj* самові́льний, перекі́рливий, примхли́вий, неслухня́ний

we [уі] *pron* ми

weak [уік] *adj* слабки́й, безси́лий, не́мічний, кво́лий

weaken [уі́кен] *v* ослабля́ти, сла́бшати, висна́жувати, підрива́ти, тра́тити

weakly [уі́кли] *adj* слабки́й, не́мічний, безво́льний, хитки́й, нерішу́чий; *adv* сла́бо

weakness [уі́книс] *n* сла́бкість, кво́лість, безси́лля, слабохаракте́рність

wealth [уéлс] *n* достáток, багáтство, добробýт

wealthy [уéлси] *adj* багáтий, замóжний

weapon [уéпн] *n* збрóя

wear [уéир] *v* носи́ти, протирáти, промивáти, стóмлюватися

weary [уéири] *adj* стóмлений, знýджений

weather [уéзер] *n* погóда

wed [уéд] *v* жени́ти, вінчáти, одрýжуватися

wedding [уéдин] *n* весíлля, вінчáння, одрýження

Wednesday [уéнзди] *n* середá

week [уік] *n* ти́ждень

weekly [уíкли] *adj* тижнéвий; *adv* щоти́жня

weep [уіп] *v* плáкати, проливáти

weeping [уіпин] *adj* плакýчий

weigh [уéй] *v* вáжити, гнýтися

weight [уéйт] *n* вагá, тягáр, важли́вість, знáчення

weightless [уéйтлис] *adj* невагóмий

weighty [уéйти] *adj* вагóмий, важли́вий, обтя́жливий

weird [уіерд] *adj* таємни́чий, несамови́тий, ди́вний

welcome [уéлкем] *n* привітáння; *v* вітáти, щи́ро приймáти; *adj* бáжаний, приє́мний

welfare [уéлфеир] *n* добрóбут, достáтки

well [уéл] *adv* дóбре, гáрно, дýже, згíдливо, мíцно, доклáдно; *adj* здорóвий, сприя́тливий, дóбрий

well-behaved [уéл-бихéйвд] *adj* гáрно вúхований

well-fed [уéл-фéд] *adj* відгодóваний, товстúй

well-known [уéл-нóун] *adj* відóмий, слáвний, популя́рний

well-to-do [уéл-те-дý] *adj* замóжний, багáтий

west [уéст] *n* зáхід

wet [уéт] *adj* мóкрий, волóгий, дощовúй, вогкúй, заплáканий; *v* мочúти, волóжити

what [уóт] *adj* той, якúй

wheat [уíт] *n* пшенúця

wheel [уíл] *n* кóлесо

when [уéн] *adv* колú; *conj* якщó, колú, хоч; *pron* дóки

where [уéир] *adv* де, кудú, звíдки

whether [уéзер] *conj* чи

which [уúч] *pron* котрúй, хто, що

while [уáйл] *n* час, хвилúна; *conj* дóки

whine [уáйн] *v* квилúти, скúглити, скавучáти; *n* постóгнування, скúглення, скавучáння

whip [уúп] *v* шмагáти, бúти, хльостáти

whirl [уиéрл] *v* кружля́ти, вертíтися, вимáхувати

whisper [уíспер] *n* шéпіт, шарудíння, шéлест, чýтка; *v* шепотíти, шелестíти, шарудíти

whistle [уíстл] *v* свистíти; *n* свист

white [уáйт] *adj* бíлий, невíнний, блідíй

who [ху] *pron* хто, якíй

whole [хóул] *adj* цíлий, весь, пóвний, рíдний

wholly [хóули] *adv* цілкóм, пóвністю, зóвсім

whom [хум] *pron* когó, комý

whose [хуз] *pron* чий, чия́, чиé, чиí

why [уáй] *adv* чомý, навíщо

wicked [уíкид] *adj* нечестíвий, злий, нікчéмний, погáний

wickedness [уíкиднис] *n* злíсність, нікчéмність, пíдлість

wide [уáйд] *adj* ширóкий, велíкий, простóрий, безмíрний; *adv* далéко

widely [уáйдли] *adv* шíроко

widen [уáйдн] *v* розширя́тися

widow [уíдоу] *n* вдовá

widower [уíдоуер] *n* вдівéць

width [уíдс] *n* ширинá, вíддаль

wife [уáйф] *n* дружíна, жíнка

wig [уíг] *n* перýка

wild [уáйлд] *adj* дíкий, необрóблений, незасéлений, полохлíвий, бурхлíвий, безлáдний

wilderness [уáйлдернис] *n* пустíня, пýща

will [уйл] *n* во́ля, бажа́ння, хоті́ння, наста́влення, недоброзичли́вість; *v* хоті́ти

willful [уйлфул] *adj* свaві́льний, норовли́вий, навми́сний

willing [уйлин] *adj* охо́чий, доброві́льний, ра́дий

win [уйн] *v* вигравáти, перемагáти, добувáти, захопи́ти

wind [уйнд] *n* ві́тер, за́пах

wind [уа́йнд] *v* обмо́туватися, ви́тися, збивáти, накру́чувати, оку́тувати

winding [уа́йндин] *adj* зви́вистий, кру́чений

window [уйндоу] *n* вікно́

windy [уйнди] *adj* вітряни́й

wine [уа́йн] *n* вино́

wing [уйн] *n* крило́

wink [уйнк] *v* моргáти, клі́пати, бли́мати

winner [уйнер] *n* перемо́жець

winter [уйнтер] *n* зимá

wipe [уа́йп] *v* витирáти, вини́щувати

wisdom [уйздем] *n* му́дрість

wise [уа́йз] *adj* му́дрий, розсу́дливий, обі́знаний, розу́мний

wish [уйшь] *v* бажáти, хоті́ти, пра́гнути, жадáти; *n* бажáння, пра́гнення, охо́та, постано́ва

wistful [уйстфул] *adj* заду́мливий, тужли́вий, сумни́й, жа́лісний

wit [уйт] *n* ро́зум, доте́пність

witch [уич] *n* ворóжка, чаклýнка, вíдьма, знáхар

with [уиз] *prep* з, за

withdraw [уиздрó] *v* відвóдити, ухопи́ти, відклика́ти

wither [уи́зер] *v* сóхнути, в'я́нути, бля́кнути

withhold [уизхóулд] *v* стри́мати, здéржуватися, припиня́ти

without [уиза́ут] *prep* без, зóвні, за

withstand [уизстéнд] *v* протистоя́ти, витри́мувати, опира́тися, перемага́ти

witness [уи́тнис] *n* свíдок; *v* засвíдчувати

witty [уи́ти] *adj* дотéпний

wizard [уи́зерд] *n* чарівни́к, маг

wobby [уóби] *adj* хитки́й, дрижа́чий

woe [уóу] *n* гóре, ли́хо, скорбóта, нещáстя, недóля, біда́

woeful [уóуфул] *adj* жалюгíдний, скорбóтний, пригнóблений, болю́чий, понýрий

wolf [улф] *n* вовк

woman [ýмен] *n* жíнка

wonder [уáндер] *n* здивува́ння, пóдив, дивови́жа, чýдо; *v* дивува́тися, ціка́витися

wonderful [уáндерфул] *adj* чудóвий, ди́вний

wood [уд] *n* дéрево

woody [ýди] *adj* дерев'яни́стий, лісистий

wool [ул] *n* во́вна, шерсть, ру́но
woolen [у́лен] *adj* шерстяни́й
word [уие́рд] *n* сло́во, повідо́млення, нака́з
work [уие́рк] *n* робо́та, пра́ця, труд, заня́ття, ді́я, вчи́нок; *v* працюва́ти, труди́тися, роби́ти
worker [уие́ркер] *n* робітни́к, працівни́к
world [уие́рлд] *n* світ, га́лузь, ца́рина, кругозі́р
worn [уо́рн] *adj* но́шений, ужи́ваний, томли́вий
worry [уа́ри] *v* хвилюва́тися, турбува́тися, му́читися, терза́тися; *n* турбо́та, кло́піт, му́ка, триво́га
worship [уо́ршип] *n* культ, шануна́ння, поклоні́ння, богослужі́ння, відпра́ва; *v* поклоня́тися, шанува́ти, боготво́рити
worth [уие́рс] *adj* ва́ртий, гі́дний, бага́тий; *n* ва́ртість, важли́вість, майно́
worthy [уо́рзи] *adj* гі́дний, ва́ртий, відпові́дний, високошано́ваний
wound [унд] *n* ра́на, урі́зання; *v* ра́нити, ура́зити
wrap [реп] *v* заку́тувати, обгорта́ти, оповива́ти
wrath [рос] *n* лють, гнів
wrathful [ро́сфул] *adj* обу́рений, серди́тий, гні́вний
wreck [рек] *n* ава́рія, зни́щення
wrestle [рестл] *v* боро́тися

wretched [ре́чид] *adj* неща́сний, жалюгі́дний, бідола́шний
wrinkle [ринкл] *n* змо́ршка, скла́дка
wrist [рист] *n* зап'я́сток
write [райт] *v* писа́ти
writer [ра́йтер] *n* письме́нник, а́втор
writing [ра́йтин] *n* писа́ння, твір, по́черк
wrong [рон] *adj* непра́вильний, помилко́вий, непідхо́жий, виворі́тни́й

X

X-ray [е́ксре́й] *n* рентге́н

Y

yawn [йон] *n* по́зіхи, позіха́ння *v* позіха́ти
year [їе́р] *n* рік
yearly [їе́рли] *adj* щорі́чний; *adv* щоро́ку
yearn [йорн] *v* тужи́ти, пра́гнути, жада́ти, болі́ти
yearning [йе́рнин] *n* вели́ка ту́га, уболі́ва́ння
yell [єл] *v* крича́ти, голоси́ти
yellow [є́лоу] *adj* жо́втий

yes [ес] *adv* так, авжéж

yesterday [éстерди] *adv* учóра, вчóра

yet [ет] *adv* ще, вже, ужé, крім тóго, дóсі, пóки

yield [ілд] *v* давáти, родúти, постачáти, погóджуватися, здавáти

you [ю] *pron* ти, ви

young [йан] *adj* молодúй, юний, недáвній, вчáсний

youngster [йáнгстер] *n* юнáк, хлóпець, дíвчина, дитúна

youth [юс] *n* юність, юнáцтво, мóлодість

youthful [юсфул] *adj* молодúй, юний

Z

zealous [зéлес] *adj* запопáдливий, завзя́тий, старáнний

zero [зíероу] *n* нíщó, нуль *adj* нульовúй

zone [зóун] *n* зóна, пóяс

zoo [зу] *n* зоопáрк

zoology [зоуóледжи] *n* зоолóгія

GLOSSARY
OF UKRAINIAN-ENGLISH
MENU TERMS

APPETIZERS

бурякова мішанка beet puree

варені яйця з хроновою підливою boiled eggs with horseradish gravy

ікра щуча home made pike caviar

ікра зі свіжої рнби домашнього приготування home made caviar of fresh fish

капустяний салат cabbage salad

київський оселедець Kiev-style herring

крокети по-українськи Ukrainian-style egg croquet

м'ясний салат meat salad

м'ясний салат з буряками та грибами meat and vegetable salad

мелений оселедець ground herring

мішанка з моркви та яблук carrot and apple puree

оселедець свіжомаринований fresh marinated herring

оселедець з підливою herring with gravy

оселедець з яблуками herring with apples

помідори під майонезом tomatoes with mayonnaise

рнб'ячий фаршований завиванець з майонезом stuffed fish roulade in jelly and mayonnaise

салат одеський з морськими креветками
Odessa-style shrimp salad

салат з цвітної капусти та варених яєць
cauliflower salad with boiled eggs

салат з цвітної капусти, помидорів, огірків та
яблук cauliflower salad with tomatoes, cucumbers and apples

салат з червоної капусти red cabbage salad

салат з червоної капусти та яблук red cabbage
salad with apples

салат з капусти, моркви, перцю і яблук cabbage, carrot, pepper and apple salad

салат з капусти, яблук та цибулі cabbage,
apples and onion salad

салат з квашеної капусти та грибів sauerkraut and mushroom salad

салат з моркви та яблук carrot salad with
apples

салат з яйцями salad with eggs

салат зі щавлю та шпинату sorrel and spinach
salad

селянська сирна закуска farmer cheese with
vegetables

селянська сирна закуска з городиною farmer
cheese appetizer with vegetables

селянський салат із сиром та городиною farmer cheese salad with vegetables

сир з яйцем cheese and egg appetizer

студенець з судака pike-perch in jelly

студенець beef jelly stew

студенець з курячими яйцями meat jelly with
scrambled eggs

студенець з судака українська pike-perch in
jelly Ukrainian-style

студенець зі свинини jelly from pork

судак заливний київський pike-perch Kiev-style

телязво veal jelly

терті буряки shredded beets

томатні грінки toast with tomatoes

тремтянця зі свинячої голінки jelly from
pork leg

фаршовані яйця stuffed eggs

BORSHCH & SOUPS

борщ нирковий borshch with kidney

борщ з грибами та сливами borshch with
mushrooms and plums

борщ з квашеними яблуками borshch with
sour apples

борщ з вушками borshch with dumplings

волинський борщ borshch Volyn-style

волинський веґетаріянський борщ Volyn-
style vegetarian borshch

галицький борщ borshch Halytsky-style

гетьманська юшка hetman soup

гетьманський борщ borshch à la hetman

дніпрянська юшка з риби Dnipro fish soup

зелений український борщ green Ukrainian-
tyle borshch

київський веґетаріянський борщ Kiev-style
vegetarian borshch

куряча юшка chicken soup

львівський борщ borshch Lviv-style

молочна юшка з цвітною капустою milk
  soup with cauliflower
молочна юшка з морквою та капустою milk
  soup with vegetables
пісний борщ з карасями lean borshch with
  crucians
полтавська юшка з галушками Poltava-style
  soup with halushkas
полтавський борщ Poltava-style borshch
простенька юшка simple soup
простенький борщ simple borshch
розумний борщ smart borshch
селянський борщ farmer borshch
таратута холодна cold beet soup
український борщ Ukrainian borshch
херсонський борщ Kherson-style borshch
холодний нирковий борщ cold borshch with
  kidney
холодний селянский борщ cold farmer
  borshch
чернігівський борщ Chernihiv-style borshch
чорно-синій борщ з баклажанами borshch
  with eggplant

MEAT DISHES

битки селянські country-style meat
варене порося з хріном boiled pork with
  horse-radish
гуска з яблуками goose with apples
гуска фаршована stuffed goose
завиванець зі свининн pork roll-ups

завиванець зі свинячої голінки roll-ups from
  pork shank

завиванець індичий roll-ups from turkey

завиванець полтавський зі свинини roll-ups
  Poltava-style

капустяні голубці stuffed cabbage

картопляники з м'ясом potato cakes with meat

качка тушкована stewed duck

кендюх фаршований stuffed pork stomach

когути традиційні chicken stewed with dump-
  lings

ковбаса домашня зі свинини home made pork
  sausage

ковбаса черкаська sausage Tcherkasy-style

курча, фаршована грибами та рисом young
  chicken stuffed with mushrooms and rice

курячі млинці chicken pancakes

курячі млинці з грибами chicken pancakes
  with mushroom stuffing

мелене м'ясо по-полтавськи ground meat Pol-
  tava-style

мелене м'ясо в сметанному соусі meatloaf in
  sour cream sauce

мелене м'ясо з морквою і сметанним соусом
  meatloaf with carrot and sour cream sauce

мелене м'ясо звичайне ground meat

м'ясні січеники з гречаною кашею meat cutlets
  stuffed with buckwheat kasha

м'ясні тіфтельки у томаті meatballs sautéed in tomatoes

овочеве телязво veal and vegetable stew

перець фаршований ягнячою начинкою pepper with lamb stuffing

перець, фаршований м'ясом та рисом pepper with meat and rice stuffing

помідори фаршовані stuffed tomatoes

порося з хроном pork with horseradish

порося зі сливами pork with plums

порося, тушковане з картоплею stewed pork with potatoes

свинина житомирська pork stewed Zhytomyr-style

свинина, тушкована у буряковім квасі pork stewed in beet sauce

свиняче м'ясо тушковане stewed pork fillet

свинячі ребра тушковані stewed pork ribs

свинячі ребра з капустою pork ribs with cabbage

січеники з хроном minced beef cutlet with horseradish

смажена качка, фаршована лапшею та грибами roast duck with noodles and mushroom stuffing

смажена качка, фаршована яблуками fried duck stuffed with apples

телячий завиванець veal roll-ups

фаршоване порося смажене stuffed fried pork

ягняча засучанка lamb stew

ягня з пшоном lamb with millet

ягня запарене з підливою steamed lamb with sauce

ягня запечене з квасолею baked lamb with navy beans

ягня зі сливами lamb with prunes

ягня напівтушковане з грибами sautéed lamb with mushrooms

ягня напівтушковане з овочами sautéed lamb with vegetables

ягня напівтушковане зі сливами sautéed lamb with plums

ягня смажене з квасолею fried lamb with beans

ягнячі ребра з рисом lamb ribs with rice

ягнячі січеники minced lamb cutlets

FISH DISHES

варена тріска cooked cod

варений в'юн cooked eel

гарячі хрустечка з тріски та селянського сиру crackers from cod fillet and farmer cheese

запіканка з палтуса з картоплею baked pudding from halibut (turbot) with potatoes

запіканка з сома з картоплею baked pudding from sheat-fish with potatoes

камбала під майонезом flounder with mayonnaise

карасі у сметані crucians in sour cream

короп з цибулею carp with onion

короп з гречаною кашею й грибами carp with
buckwheat and mushrooms

короп з кисло-солодкою підливою carp with
sweet and sour gravy

короп з медом carp with honey

лин з капустою tench with cabbage

лящ з яблуками та хроном bream with apple
and horseradish

паштет з тріски з селянським сиром paté
from cod and farmer cheese

риб'ячі ковбаски з підливою fish sausages in
sauce

риб'ячі тіфтельки з тріски та селянського
сиру fishballs from cod and farmer cheese

риб'ячі товченики дніпрянські fish cutlets
Dnipro-style

риб'ячі товченики з тріски та селянського
сиру cod and farmer cheese cutlets

риб'ячі завиванці київські fish roll-ups Kiev-
style

риб'ячий завиванець fish roll-ups

риб'янка assorted fish

смажена камбала з грибами й квашеними
огірками fried flounder with mushrooms and
gherkins

смажена навага fried navaga

смажений сом з томатами fried sheat-fish
with tomatoes

судак з грибами pike-perch with champignons

судак, тушкований у сметані pike-perch
sautéed in sour cream

тріска з капустою cod with cabbage

тріска, варена в молоці cod cooked in milk

тріскові товченики cod cutlets

фаршована щука звичайна по-українському
stuffed pike Ukrainian-style

щучі крученики pike roll-ups

VEGETABLE DISHES

асперж печений у молоці asparagus baked in
milk

бабка з моркви carrot babka

бабка щавлева sorrel babka

буряки тушковані в сметані beets stewed in
sour cream

буряки тушковані з майонезом, грибами та
томатами beets stuffed with mushrooms and
tomatoes

буряки тушковані з рисом, яблуками та
селянським сиром beets stuffed with rice,
apples and farmer cheese

бурякові млинці з селянським сиром pancakes
from beets and farmer cheese

воздушний пиріг з цвітної капусти cauliflower
quiche pie

варена картопля зі сливами potatoes stewed with prunes

деруни з яйцем potato pancakes with eggs

деруни звичайни potato pancakes, simple

голубці з рисом та грибами cabbage stuffed with rice and mushrooms

галушки картопляні potato dumplings

капуста веґетаріанська тушкована з овоча-ми cabbage stuffed with vegetables

картопля, фаршована грибами potatoes with mushroom filling

картопляна запіканка, фаршована з м'ясом shepherd's pie stuffed with potatoes and meat

картопляні січеники potato cutlets

картопляні товче-ники по-кнївському potato cutlets Kiev-style

картопляні товченики з грибами та рисом potato cutlets with mushrooms and rice

картопляні завиванці з горохом potato roll-ups with peas

картопляніікі potato pancakes

квашена капуста тушкована грибами stewed sauercraut with mushrooms

кныдлі potato buns with plums

кольрабі з рисом та м'ясом kohlrabi stuffed with rice and meat

кукурудза з овочами steamed corn with vegetables

лежні картопляні potato roulade with sauer-kraut

межнво баклажанне stewed eggplant

меживо з перцю stewed peppers

млинці з моркви carrot pancakes

млинці з кольрабі pancakes from kohlrabi

мнішки potato and farmer cheese balls

печена морква з селянським сиром baked
carrots with farmer cheese

печена капуста baked cabbage

пішник з капусти cabbage pudding

пішник з моркви carrot pudding

січенки з капусти та яблук cabbage and
apple cutlets

січенки з моркви carrot cutlets

сині баклажани з грибами та цибулею egg-
plants with mushrooms and onions

тіфтельки селянські carrot-farmer cheese
meatballs

фаршована цибуля stuffed onion

фаршовані баклажани з пшоном stuffed egg-
plants with millet

фаршовані помидори stuffed tomatoes

товчонка mashed kidney, poppy seeds and pota-
toes

фаршований перець із селянським сиром
pepper stuffed with farmer cheese

цвітна капуста смажена у маслі cauliflower
fried in butter

цвітна капуста смажена у хлібних окру-
шинах cauliflower fried in bread crumbs

червона капуста, тушкована з квасолею red
cabbage stewed with kidney beans

червона капуста, тушкована з яблуками red cabbage stewed with apples

хоми селянські farmer pea buns

GRAIN DISHES AND KASHAS

гречаники buckwheat loaf

гречаники з капустяним листям buckwheat patties in cabbage leaves

гречані пампушки з часником buckwheat buns with garlic

кукурудзяна кулеша corn kisiel

мамалига corn kisiel

млинці з картоплі та сиру potato-cheese buns

DUMPLINGS

вареники в сметані dumplings baked in sour cream

вареники з картоплею dumplings with potato filling

вареники з картоплею та грибами dumplings with potato and mushroom filling

вареники з м'ясом та капустою dumplings with meat and cabbage filling

вареники з м'ясом dumplings with meat filling

вареники з печінкою dumplings with liver filling

вареники з рибою dumplings with fish filling

вареники з свинячими легенями dumplings with pork lung filling вареники з селянським сиром dumplings with farmer cheese

HALUSHKY

вишневі галушки halushky with cherries
галушки борошняні dumplings from farina
галушки гречані halushky from buckwheat
галушки яблучні apple halushky
галушки з селянського сиру halushky from farmer cheese
галушки з хлібними окрушниками bread crumb halushky
макові галушки poppyseed halushky
свинячі галушки halushky with pork
солодкі галушки butter halushky
українські галушки Ukrainian halushky

BUNS, ROLLS AND COOKIES

батуринські коржики Baturin-style cookies
білі пампушки з часником wheat buns with garlic
волинські вергуни Volyn-style rolls
київські вергуни Kiev-style rolls
конотопські вергуни Konotop-style rolls
львівські вергуни Lviv-style rolls
медівники-шулики з маком honey-spiced cookies with poppy seeds
медові пряники honey-spice cookies
пампушки buns

пампушки з повидлом buns with marmalade
прості вергуни simple rolls
суботинські вергуни Subotyn-style rolls

BABKAS, CAKES AND PIES

бабка сирно-яблучна cheese-apple babka
вишнева бабка cherry babka
вишневий пиріг cherry cake
вишневий пиріг зі окрушинок cherry crumb pie
гарбузовий пиріг з медом pumpkin pie with honey
папушник pound cake
пиріг чернигівський Tchernyhiv-style cake
пиріг з горіхами та яблуками apple pie with nuts
пиріг з рибою fish pie
повидлянка fruit cake
сирний пиріг cheesecake
сирний пиріг з мигдалем cheesecake with almonds
сирно-морквяна бабка cheese-carrot babka
сметанник sour cream cake
солодкий літній пиріг з фруктами summer fruit cake
соложеники з яблуками layer cake from blintzes with apples
святковий папушник holiday cake
шоколадний пиріг chocolate cake
яблучний пиріг apple cake

яблучний завиванець apple roll-up pie

EGG DISHES

омлет з м'ясним фаршем omelette with meat stuffing

омлет з селянським сиром omelette with farmer cheese

смажені яйця з цибулею fried eggs with onions

яєчна scrambled eggs

яєшня з хлібними окрушинками scrambled eggs with bread crumbs

яєчна запіканка з грибами egg zapikanka with mushrooms

яйця в сметані eggs in sour cream

SAUCES

біла підлива з цибулею white onion sauce

грибна підлива mushroom sauce

гостра томатна підлива hot tomato sauce

молочна підлива milk sauce

м'ясна підлива темна brown meat bouillon

проста біла підлива basic white sauce

проста біла підлива риб'яча basic white fish sauce

підлива-майонез mayonnaise sauce

BEVERAGES

броварськнй квас beer kvas
бурякова ряжанка yogurt-and-beet drink
буряковий квас beet drink
буряковий напій beet drink
вишневий напій cherry drink
гарбузовий напій pumpkin drink
дієтичний напій diet drink
запорізький квас Zaporizha-style kvas
здоровий напій health drink
журавлиновий напій cranberry drink
кава по-варшавському coffee Warsaw-style
кавовий напій coffee drink
київське медове пиво honey beer Kiev-style
козацький квас cossack kvas
лимонад lemonade
медо-вишневий напій honey-cherry drink
медове пиво по-домашньому homemade honey
    beer
медове пиво по-іншому honey beer
медово-лимонний напій honey-lemon drink
молочний напій з селерою та сиропом milk-
    and-celery drink with cheese
молочно-горіховий напій milk-and-walnut
    drink
молочно-малиновий напій milk-raspberry-and-
    apple drink
молочно-малиновий напій з морозивом milk-
    and-raspberry drink with ice-cream
молочно-персиковий напій milk-and-peach
    drink

напій з дині та кавуна melon-watermelon drink

напій «морква з морозивом» carrot-and-ice-cream drink

овочевий напій vegetable drink

пивочай beer drink

селянський напій farmer's drink

стародавнє медове пиво old fashioned honey beer

суничний десертний напій strawberry dessert drink

суничний напій strawberry drink

український напій Ukrainian drink

шоколад з яєчними жовтками cocoa with egg yolks

хлібний квас kvas from stale bread

яєчний чай egg tea

яблучний напій apple drink